Schlachthaus

David Rieff

Schlachthaus

Bosnien
und das Versagen
des Westens

Aus dem Amerikanischen
von Yvonne Badal

Luchterhand

Die Originalausgabe erschien 1995 unter dem Titel
Slaughterhouse. Bosnia and the Failure of the West
bei Simon & Schuster, New York.

© David Rieff 1995
© der deutschsprachigen Ausgabe:
   Luchterhand Literaturverlag GmbH, München 1995

Das Gedicht »Blood and Lead« entstammt dem Band
Out of Danger von James Fenton, © James Fenton 1994
Abdruck mit freundlicher Genehmigung durch
Intercontinental Literary Agency, London
Übertragung des Gedichtes von Michael Walter

Abdruck der Bosnien-Karte mit freundlicher
Genehmigung durch *Der Spiegel*

Herstellung: Ina Munzinger, Berlin
Gesetzt aus der Aldus und Syntax
Druck & Bindung: Clausen & Bosse, Leck
Alle Rechte vorbehalten. Printed in Germany 1995
ISBN 3-630-87980-2

Inhalt

1. Kapitel 9

2. Kapitel 45

3. Kapitel 75

4. Kapitel 109

5. Kapitel 139

6. Kapitel 169

7. Kapitel 201

8. Kapitel 235

9. Kapitel 277

10. Kapitel 313

Anmerkungen 329

Hört was sie getan.
Und nicht, was sie gesagt.
Was mit Blut geschrieben,
Wurde in Blei gesetzt.

Blei zerreißt das Herz.
Blei zerreißt das Hirn.
Was mit Blut geschrieben,
Wurde erneut gesetzt.

Das Herz ist eine Trommel.
Der Trommelwirbel grollt.
Der Groll ist im Blut.
Das Blut ist in der Luft.

Hört was sie getan.
Hört was noch geschieht.
Hört auf das Blut.
Hört auf die Trommel.

JAMES FENTON

Dem Gedenken an Dr. Hakija Turaljić, Vizepräsident der Republik Bosnien und Herzegowina, der von bosnisch-serbischen Kämpfern auf dem Weg vom Flughafen nach Sarajevo in einem Panzerwagen des französischen UN-Bataillons erschossen wurde, obwohl er sich angeblich unter seinem Schutz befunden hatte.

1

DIES IST DIE GESCHICHTE einer Niederlage. Als ich im September 1992 zum ersten Mal nach Bosnien reiste, schien der Sieg des ethnischen Nationalismus und Faschismus wahrscheinlich, war aber noch nicht gesichert. Berichte über den Völkermord der Serben an den bosnischen Moslems waren dank des unermüdlichen Einsatzes einiger humanitärer Helfer und Journalisten bereits an die Öffentlichkeit gedrungen, doch schienen die meisten Menschen im Westen unfähig, sich der schrecklichen Nachricht zu stellen. Einen Monat vor meiner Ankunft auf dem Balkan hatte Roy Gutman von *Newsday* die Existenz eines Archipels geheimer Konzentrationslager enthüllt, welche die bosnischen Serben in Nordbosnien errichtet hatten. Ed Vulliamy vom *Guardian* und ein britisches Fernsehteam von ITN waren die einzigen Ausländer, denen es bis dahin gelungen war, hineinzukommen. Bis ich nach Nordbosnien gelangte, hatte man bereits einige Lager geräumt. Andere – darunter so berüchtigte wie Omarska, Manaca und Trnopolje – wurden gerade geschlossen. Doch in nahezu jeder anderen Hinsicht schien sich die Lage ständig zu verschlechtern. Als die Welt von der »ethnischen Säuberung« dieses Landesteils von ihrer nichtserbischen Bevölkerung erfuhr, wurde sie bereits in allen Städten und Dörfern in immer größerem Ausmaß und immer schamloser betrieben.
Ich war gekommen, um für eine amerikanische Zeitschrift einen Bericht über die ethnische Säuberung zu schreiben,

ohne überhaupt verstanden zu haben, was mit diesem Begriff gemeint war. Seither bin ich immer wieder zurückgekehrt. Man sagt, die Presse habe sich zu sehr in die Geschehnisse in Bosnien involvieren lassen und wäre besser unparteiischer geblieben. Da ist etwas Wahres daran; aber es fällt schwer, bei ethnischer Säuberung und Massenmord unparteiisch zu bleiben. Nach ein paar Aufenthalten in Bosnien wollte ich nirgendwo anders mehr sein. Bald schon hatte ich alle anderen Pläne zurückgestellt, entschlossen, meine Reisen durch dieses Schlachthaus, zu dem die Republik Bosnien und Herzegowina seit dem Frühjahr 1992 geworden war, so wahrhaftig und aufrüttelnd wie nur möglich zu schildern. Wenn die furchtbaren Vorgänge in Bosnien den Menschen nur eindringlich genug nahegebracht werden könnten, dachte ich damals, würde dem Gemetzel gewiß Einhalt geboten.

Rückblickend betrachtet hätte ich es besser wissen müssen und nicht auf die Macht der ungeschützten Wahrheit vertrauen dürfen. Der Himmel hatte sich über Auschwitz nicht verdunkelt, und er sollte es auch über den Bergen Bosniens nicht tun. Das ist eines der Dinge, die ich in den letzten Jahren gelernt habe. Anfangs hatte ich noch die Hoffnung gehabt, daß meine Stimme im Chor mit der all jener etwas bewirken könne, die soviel tapferer waren als ich und ihr Leben riskierten, um Zeugnis abzulegen von dem Geschehen. Bis weit in den Winter 1994, solange scheinbar noch Aussicht bestand, daß die bosnische Sache nicht restlos zum Scheitern verurteilt war, schien es auch wichtig zu zeigen, warum ich und viele andere ausländische Schreiber, Fotografen und Fernsehreporter entschlossen blieben – oft gegen die Einwände von Freunden und Vorgesetzten –, unsere Zeit der bosnischen Seite zu widmen: Wir waren nicht nur der Meinung, daß das, was geschah, eine Tragödie war – alle Kriege sind tragisch –, sondern auch überzeugt, daß es hier um die Werte ging, für

die die Republik Bosnien und Herzegowina stand. Denn das waren genau dieselben, die wir im Westen so beharrlich hochhalten: die Ideale einer multikulturellen – im reinen und bewährten eher als im amerikanischen und herkömmlichen Sinne dieses überstrapazierten Begriffs – und der Toleranz verpflichteten Gesellschaft, deren nationale Identität sich von gemeinsamer Staatsbürgerschaft und nicht von ethnischer Zugehörigkeit ableitet. Nach nur kurzer Zeit in Bosnien war ich davon überzeugt – und bin es noch heute –, daß wir in der reichen Welt nicht nur die moralische Verpflichtung haben, Bosniens Unabhängigkeit zu verteidigen, sondern auch ein zwingendes Eigeninteresse. Doch diese Schlacht ist verloren. Was bleibt, ist die Pflicht, Zeugnis abzulegen – eine Verpflichtung gegenüber den Toten wie den Lebenden.
Die Sache Bosniens war und wird immer gerecht sein. Sie hätte die Sache des Westens sein müssen. Auf der Seite Bosniens zu intervenieren, wäre Selbstverteidigung gewesen, nicht Barmherzigkeit. Die USA sind trotz der Spannungen auf diesem Kontinent noch immer die erfolgreichste multikulturelle Gesellschaft der Geschichte. Auch die Länder Westeuropas werden zunehmend multirassisch und multiethnisch. Wenn sie *Glück* haben, werden sie auch multikulturell. Aber in dieser von Blut und Eisen gezeichneten Zeit, in der das bosnische Gemetzel nur der Anfang war, kann es nicht genügen, diese Werte als unsere eigenen zu proklamieren. Freiheit kann sich nur behaupten, wenn man sie verteidigt. Es ist ebensowenig zu erwarten, daß sie auf Dauer in den wenigen vergoldeten Nischen dieser Welt erhalten bleiben könnte, wie eine Spezies überleben kann, wenn Zoos die einzigen Orte sind, wo sie sicher sind. Der Sarajevoer Filmemacher Ademir Kenović, der sich, obwohl er die Stadt relativ leicht hätte verlassen können, zu bleiben entschlossen hatte, um die Belagerung zu dokumentieren, hat einmal gesagt: »Nur weil es im Keller brennt, heißt das

noch lange nicht, daß die Leute im Penthouse die Flammen am Ende nicht auch zu spüren kriegen.«
Wenn ich hier klar die Meinung vertrete, daß die Bosnier nicht nur die Opfer der Kämpfe sind, sondern auch das Recht auf ihrer Seite haben, will ich damit weder sagen, daß man ihre eigenen Verbrechen und Dummheiten ignorieren und sie von ihrem Teil Verantwortung für den Ausbruch der Kämpfe oder deren Dauerhaftigkeit freisprechen sollte, noch so tun, als sei das Geschehen in Bosnien eine Schwarz-Weiß-Angelegenheit. Krieg verdirbt und entwürdigt. Oft fördert er das Schlechteste im Menschen zutage, welcher Seite er sich auch zugehörig fühlen mag. Nur selten bringt er die menschlichen Schwächen nicht zum Vorschein. Immer geht es ebenso – wenn nicht mehr – um Geld und Macht wie um Ideale. Es geht um Rache, Verbrechen und deren Vertuschung. Und Krieg lehrt uns, daß sich selbst unser schlimmster Verdacht immer wieder einmal bestätigen wird, sogar bei Menschen, die wir bewundern. Um nur eines von vielen Beispielen zu nennen: Die tapferen Verteidiger Sarajevos haben den Schwarzmarkt mindestens so verbissen verteidigt wie ihre Stadt. Und doch tut das ihrer Tapferkeit keinen Abbruch. Wie wir alle sind auch die Bosnier Menschen und keine Engel.
Auf politischer Ebene waren die Dinge nicht weniger kompliziert. Denjenigen von uns, die das Verhalten der bosnischen Regierung bereits vor Ausbruch der Kämpfe beobachtet hatten, war völlig klar, daß sich die führenden Mitglieder der Regierung wie Präsident Alija Izetbegović und Ministerpräsident Haris Silajdžić zu Friedenszeiten den multikulturellen Werten sehr viel weniger verpflichtet gefühlt hatten und ihr Glauben an die Zivilgesellschaft sehr viel weniger gefestigt gewesen war als von dem Moment an, in dem sie die Vernichtung ihres Landes vor Augen hatten. Vor April 1992 war Alija Izetbegović der Führer einer moslemischen Nationalpartei gewesen und hatte mehr

über die Rechte und Bedürfnisse der Moslems in Bosnien gesprochen als über die der bosnischen Bevölkerung als Ganzes. Zwei Jahre später war er ein *bosnischer* Führer, und die Politik, die er nun vertrat, gründete auf eben jenen Idealen, für die er zuvor kaum mehr als ein Lippenbekenntnis übrig gehabt hatte. Es ist wohl wahr, daß man sich nicht nur aus Überzeugung, sondern gezwungenermaßen zu diesen Idealen bekannte und daß sie Ende 1994 eine immer geringere Rolle zu spielen begannen – jedenfalls seitdem deutlich geworden war, daß die Großmächte gar nicht daran dachten, mehr für das Überleben Bosniens zu tun. Seit Beginn der Kämpfe hatte die Regierung Izetbegović versucht, den Westen zu einer militärischen Intervention zu bewegen. Wahr ist auch, daß die islamischen Fundamentalisten in Izetbegovićs SDA (Stranka Demokratske Akcije, Partei der Demokratischen Aktion) vor allem in Zentralbosnien immer mehr Einfluß gewannen, je länger der Konflikt dauerte und je mehr der Nachschub für die bosnische Regierungsarmee vom Iran, von Pakistan, Saudi-Arabien und der Türkei abhängig wurde. Jeder, der längere Zeit in Bosnien verbracht hat, war jedoch beeindruckt davon, wie fast nahezu alle Anhänger der Regierung den multikulturellen Idealen verbunden blieben.

Daß im Herbst 1994 immer mehr Menschen in Bosnien begannen, sich als Moslems zu begreifen und von multikulturellen Vorstellungen abzuwenden, für deren Erhalt sie nun schon beinahe drei Jahre verzweifelt gekämpft hatten, konnte letztlich nicht überraschen. Als Moslems wurden sie umgebracht; als Moslems wurden sie aus ihren Häusern vertrieben. »Erst war ich Jugoslawe«, sagte einmal ein Freund in Sarajevo zu mir. »Dann war ich Bosnier. Jetzt werde ich ein Moslem. Meine Entscheidung ist das nicht. Ich glaube ja nicht einmal an Gott. Aber sag mir, was soll ich tun nach zweihunderttausend Toten? Jeder braucht ein Land, wo er hingehört.«

Jedenfalls waren es nicht die Fehler von Izetbegović und Silajdžić, die den Krieg ausgelöst haben. Von dem Moment an, als sich Jugoslawien aufzulösen begann, war klar, daß die kroatischen wie die serbischen Nationalisten weit weniger an Territorien interessiert waren als daran, aus ihnen Staaten mit einer bestimmten ethnischen Zusammensetzung herauszuschlagen. Nur die Bosnier, all ihren widersprüchlichen Signalen zum Trotz, traten für einen Bürgerstaat ein. Vom günstigen serbisch-nationalistischen Standpunkt aus war das Ganze ziemlich einfach. Wenn es kein Jugoslawien geben konnte, durfte es auch kein Bosnien geben, denn mit einem serbischen Bevölkerungsanteil von zweiunddreißig Prozent stand es der Verwirklichung des Traumes im Wege, alle Serben in ihrem eigenen Staat zu vereinen. »Selbst wenn Izetbegović ein Engel gewesen wäre«, erklärte mir ein Belgrader Rechtsanwalt, »und das war er wirklich nicht, wäre es zum Krieg gekommen.« Welche Motive Izetbegović ursprünglich auch gehabt haben mag – und unabhängig von der Tatsache, daß er vor Ausbruch der Kämpfe versäumt hatte, mehr zur Beruhigung der bosnischen Serben und Kroaten zu tun – : das Bosnien, das er bald schon verzweifelt zu verteidigen versuchte, war trotz all seiner Makel eine lebendige Anklage gegen Fanatismus und Bigotterie. Und genau deshalb war Bosnien von Bedeutung – nicht etwa aufgrund der völlig absurden Vorstellung, daß es ein idealer Staat sei oder hoffen könnte, es jemals zu werden; ein Staat, bewohnt von einzigartig rechtschaffenen und einzigartig toleranten Menschen. Bosnien hätte gerettet werden müssen. Es hätte gerettet werden können.

Eine Intervention wäre weder billig noch einfach gewesen. Jede andere Einschätzung war pures Wunschdenken, genauso wie eine Idealisierung der Bosnier. Jede Intervention hätte von der Nato unternommen werden müssen, denn nur sie verfügte über ausreichende militärische Macht und politische Autorität, um die Serben zu zwingen, ihren Angriffskrieg zu beenden. Und der Krieg, den die Nato hätte beginnen müssen, hätte einen hohen Preis gekostet an Leben, Geld und verlorenen Illusionen. Etwas anderes zu behaupten, wie viele es taten, die die unterschiedlichsten Varianten einer Intervention forderten, war schlicht töricht. Sie wollten ein Resultat, das ohne Krieg nicht zu erreichen war, aber sie wollten nicht der Tatsache ins Auge blicken, daß auch ein gerechter Krieg schreckliches Leid hervorruft. Im Krieg kann alles mögliche geschehen, stets aber führt er zur Ermordung von Unschuldigen. All das Gerede im Verlauf der bosnischen Kämpfe, daß der Westen nur das einseitige Waffenembargo der Vereinten Nationen gegen die bosnische Regierung aufheben und ein paar »chirurgische Luftangriffe« ausführen müsse, sollte man als das sehen, was es war: als hoffnungsloses Lavieren – merkwürdigerweise waren es ausgerechnet die übriggebliebenen europäischen und nordamerikanischen Linken, die diese Idee nun aufbrachten, nachdem sie sich bei allen vorangegangenen Interventionen von Vietnam bis Kuwait mit Recht darüber mokiert hatten. Wer sich für sie ausgesprochen hat, dem kann man vorwerfen, daß er eine große historische Tragödie auf billigste Weise abtun wollte.

Die ständigen Rufe nach Aufhebung des Waffenembargos gegen Bosnien haben letztlich wenig bewirkt, obwohl ein solcher Schritt durchaus von symbolischer Bedeutung hätte sein können. Wer dafür plädiert und überdies geglaubt hatte, die Aufhebung des Embargos werde eine entscheidende Änderung der Lage bewirken, tat so, als ob die Waffen in das von der bosnischen Regierung kontrollierte, eingeschlossene Gebiet wie durch Osmose gelangen könnten und als ob die serbischen und kroatischen Feinde Bosniens untätig zusehen würden, wie sich das Kräfteverhältnis auf dem Schlachtfeld radikal veränderte. Vielleicht hatten sie gemeint, weil die Armee der bosnischen

Serben schwere Verbrechen begangen hat, sei sie auch dumm oder unfähig. In Wahrheit war sie keines von beidem. Nato-Soldaten hätten töten und sterben müssen, um die Waffen hineinzubekommen. Die Gegner einer Intervention, das muß man ihnen zugestehen, waren sich über die folgenschwere Bedeutung einer solchen Aktion offenbar sehr viel mehr im klaren als viele Befürworter.
Doch diese Debatte ist ohnehin vorüber. Der Westen – dieser seltsame Begriff, der kaum mehr bedeutet als die Großmächte Europas und Nordamerika – hat sich entschieden, *auf keinen Fall* zu intervenieren. Statt dessen hat er unter der Ägide des UN-Flüchtlingshochkommissariats (UN-HCR) eine der größten und kühnsten humanitären Hilfsaktionen der jüngeren Geschichte ins Leben gerufen und gleichzeitig entschieden weniger kühne diplomatische Verhandlungen geführt. Denn deren Ziel war es nicht, wie bald deutlich wurde, Bosnien zu retten, sondern, wie Politiker es gern formulieren, »die Krise einzudämmen«. Allen sogenannten Friedensplänen gemein war die Vorstellung, daß die einzig mögliche Lösung des Konflikts irgendeine Art von Teilung entlang ethnischer Grenzen sei.
Anfänglich hatte man die bosnische Souveränität wenigstens noch nicht völlig fallengelassen. Die internationalen Unterhändler – Cyrus Vance als Repräsentant der Vereinten Nationen und David Owen als Vertreter der Europäischen Gemeinschaft – hatten eine Landkarte Bosniens gezeichnet, die ihrer Meinung nach fair genug war, um die Serben, die ja bereits siebzig Prozent des bosnischen Territoriums erobert hatten, zur Annahme überreden zu können. Bosnien-Herzegowina sollte nach diesem Plan in zehn halbautonome Kantone aufgeteilt werden, wobei drei von den Serben, drei von den Kroaten und drei von den Moslems kontrolliert werden sollten. Der zehnte, der den Großraum Sarajevo einschloß, sollte von Repräsentanten aller drei nationalen Gruppen Bosniens verwaltet werden.

Dahinter stand der Gedanke, die bosnische Souveränität in allen Territorien der Republik zumindest nominell zu erhalten, auch wenn die Zentralregierung in Sarajevo letztlich so gut wie keine Kontrolle mehr gehabt hätte. Als der Vance-Owen-Plan abgelehnt wurde, was wesentlich darauf zurückzuführen ist, daß die Clinton-Regierung nicht bereit war, ihn zu billigen, war der Weg endgültig frei für die Teilung. Die einzige offene Frage – da sie nicht gelöst werden konnte, zog sich der Krieg hin –, war, welche Gebiete die Serben behalten und welche sie an die bosnische Regierung zurückgeben würden.

Im Grunde konnten die Diplomaten nur deshalb so handeln, weil sie – anders als wir Journalisten – von Anfang an wußten, daß es keine Intervention geben würde. Haben sich Regierungen erst einmal gemeinsam zu etwas entschlossen, haben die Medien überhaupt keinen Einfluß mehr – der sogenannte »CNN-Effekt« ist dann vorbei. Und die europäischen Regierungen hatten eindeutig den Entschluß gefaßt, für Bosnien nichts weiter zu tun, als humanitäre Hilfe zu leisten. Paradoxerweise haben es aber womöglich gerade die mutigen humanitären Helfer der Vereinten Nationen und der regierungsunabhängigen Organisationen (NGOs, Non Governmental Organizations) wie auch das Engagement einiger Diplomaten – die eine Intervention ebensowenig erzwingen konnten wie Journalisten oder humanitäre Helfer – den Serben am Ende noch erleichtert, ihren Feldzug in Bosnien fortzusetzen. Denn gerade die Tatsache, daß überhaupt etwas getan wurde, hatte den Großmächten, allen voran der Europäischen Gemeinschaft, die Flucht nach hinten überhaupt erst ermöglicht. Jedesmal, wenn sich in Frankreich, Großbritannien oder den Vereinigten Staaten der Ruf nach Intervention erhob, haben die Minister der jeweiligen Regierung – mit noch größerem Nachdruck allerdings auch die Vertreter der Vereinten Nationen, die ja angeblich objektiv gegenüber Bosnien eingestellt waren, was jedoch viele von uns Kriegsberichterstattern schon bald heftigst bezweifelten – sogleich betont, eine Intervention sei unmöglich, weil sie »die humanitären Bemühungen gefährden würde« – eine Phrase, die sie bald schon wie ein Mantra wiederholten.

Jedenfalls haben seit Ausbruch der Kämpfe im ehemaligen Jugoslawien weder Briten noch Franzosen noch Amerikaner auch nur die geringste Bereitschaft gezeigt, militärisch einzugreifen. Vor allem die Regierungsvertreter der Vereinigten Staaten haben ständig versichert, sie träten für ein Überleben der Jugoslawischen Föderation ein. Am 21. Juni 1991 drohte der damalige US-Außenminister James Baker in Belgrad den Führern Kroatiens und Sloweniens, daß die Vereinigten Staaten ihre staatliche Unabhängigkeit nicht anerkennen würden. Zwei Tage später überbrachten Abgesandte der Europäischen Gemeinschaft eine ähnliche Botschaft. Doch der Zerfall Jugoslawiens, den schon Anfang des Jahres ein CIA-Bericht vorausgesagt hatte, war bereits in vollem Gange. Vier Tage nach Bakers Rede erklärten sich Kroatien und Slowenien zu »souveränen und unabhängigen Staaten«. Zwei Tage später, am 27. Juni, marschierten Truppen der JNA (Jugoslawische Volksarmee) von Stützpunkten in Kroatien aus nach Slowenien. Obwohl es bereits im Vorjahr zu Zusammenstößen gekommen war, waren es letztlich diese Gefechte, die das Signal zum Beginn der eigentlichen Kämpfe in Jugoslawien gaben.

Der Konflikt in Slowenien dauerte nur ein paar Tage. Zur Überraschung der JNA-Kommandeure hatten die slowenischen Landesverteidigungstruppen verbissen gekämpft. Der jugoslawische Verteidigungsminister General Velijko Kadijević beschloß, seine JNA-Truppen zurückzuziehen und den Kampf nicht fortzusetzen. Damit hatte Belgrad de facto die Unabhängigkeit Sloweniens anerkannt. Nicht akzeptieren wollte es jedoch die Unabhängigkeit Kroatiens.

Der Grund dafür war der ethnische Nationalismus der Serben, denn während es in Slowenien so gut wie keine Serben gab, lebte in Kroatien eine beträchtliche serbische Minderheit. Und im Namen der Verteidigung dieser Serben – nicht etwa um Jugoslawien zu erhalten – begann die JNA Mitte Juli 1991 ihre Offensive gegen Kroatien, die ein Drittel Kroatiens unter serbische Kontrolle bringen sollte, wobei ein Großteil dieser Gebiete an Bosnien grenzte. Die Serben behaupteten kurzerhand, diese Gebiete seien nun nicht mehr Teil Kroatiens, sondern die »Serbische Krajina-Republik«. Damit hatte Großserbien für viele bereits während des Zerfalls von Jugoslawien begonnen, Gestalt anzunehmen.

Die Kämpfe in Kroatien dauerten bis Anfang 1992. Dubrovnik, Kroatiens Klein-Venedig, geriet wiederholt unter Artilleriebeschuß, und die ostkroatische Stadt Vukovar wurde buchstäblich dem Erdboden gleichgemacht. Unter starkem Druck aus Bonn beschloß die Europäische Gemeinschaft die diplomatische Anerkennung Kroatiens und Sloweniens. Cyrus Vance, der fast während der gesamten zweiten Hälfte des Jahres 1991 einen Waffenstillstand zwischen Serben und Kroaten ausgehandelt hatte, warnte den deutschen Außenminister Hans-Dietrich Genscher und den turnusmäßig amtierenden holländischen EG-Generalsekretär Hans van den Broek, daß damit ein Krieg in Bosnien unvermeidlich würde. Beide aber winkten uneinsichtig ab. Am 15. Januar 1992 sagte gar Bundeskanzler Helmut Kohl, man werde schon bald merken, wie richtig diese Anerkennungspolitik sei, weil der Bürgerkrieg sonst nie ein Ende finden werde.

Im Frühjahr 1992 gelang es Vance, Serben und Kroaten zu einem Waffenstillstand in Kroatien zu bewegen. Nachdem dort etwa vierzehntausend UN-Blauhelme stationiert worden waren, stoppte er zwar die Kämpfe, den militärischen Bodengewinn der Serben aber machte er nicht rückgängig.

Wenn die UN-Truppen in Kroatien überhaupt zu etwas in der Lage waren, dann war es die Verwaltung der immer dauerhafteren Demarkationslinie zwischen serbisch und kroatisch kontrolliertem Territorium. Theoretisch hatte der Vance-Plan zu einer politischen Einigung führen sollen. Die serbischen Truppen sollten entwaffnet und durch UN-Truppen ersetzt werden. Praktisch hatte er allerdings ein Schlupfloch offen gelassen, indem er naiverweise den Fortbestand funktionsfähiger Polizeieinheiten erlaubte. So ließen die Serben ihre Soldaten einfach den grünen Drillich gegen die blaue Polizeiuniform tauschen. In den serbisch kontrollierten Gebieten der kroatischen Krajina und des östlichen Slawonien sollte sich kaum etwas ändern. Und im Frühjahr griffen, wie Vance vorhergesagt hatte, die Kämpfe auf Bosnien über.

Bereits im August 1991 hatte Alija Izetbegović gewarnt, daß der serbische Präsident Slobodan Milošević »das ganze Bosnien will. Der will alles.« Während die Jugoslawische Föderation mehr und mehr zu einem Großserbien unter anderem Namen wurde, hatte Izetbegović gemeinsam mit dem makedonischen Präsidenten Kiro Gligorow verzweifelt versucht, eine konstitutionelle Lösung für die Krise zu finden. Im Dezember 1991, voraussehend, daß Jugoslawien nicht wiederauferstehen würde, hatte Izetbegović um die Anerkennung durch die Europäische Gemeinschaft und um UN-Friedenstruppen gebeten. Letzteres wurde abgelehnt, obwohl sich das Hauptquartier der UN-Truppen für die Überwachung des Waffenstillstands in Kroatien zu dieser Zeit in Sarajevo befand. Und die EG reagierte auf Izetbegovićs Bitte um Anerkennung mit der Forderung, die bosnische Regierung müsse zuerst eine Volksabstimmung über die bosnische Unabhängigkeit abhalten. Sie fand am 29. Februar 1992 statt. Bosnische Moslems und bosnische Kroaten, die etwa dreiundsechzig Prozent der Bevölkerung der Republik ausmachten, stimmten überwältigend mit Ja.

Die Führung der bosnischen Serben hatte ihre Leute jedoch zum Boykott des Referendums aufgerufen und ihrer Forderung in den abgelegeneren Dörfern noch dadurch Nachdruck verliehen, daß sie einfach die Einrichtung von Wahlbüros verhinderte. Außer in den Städten war der serbische Boykott nahezu überall erfolgreich. Der Ausbruch der Kämpfe war nur noch eine Frage der Zeit.
Anfang März begannen serbische Freischärler, Straßensperren zu errichten. So hatten auch die Kämpfe in Kroatien begonnen. Ende des Monats annektierten sie mit offener Unterstützung durch die JNA-Truppen Gebiete im gesamten Bosnien. Am 6. April 1992 begann die Belagerung Sarajevos. Noch im selben Monat fiel Banja Luka, die zweitgrößte Stadt Bosniens, an serbische Truppen. Das bosnische Schlachten hatte begonnen.
Ich sage ganz bewußt »Schlachten«, denn was dort geschah, als Krieg zu bezeichnen, würde nicht nur die Tatsachen verdrehen, sondern, was noch schlimmer wäre, dem Geschehen einen Anstrich von Würde verleihen. Vor Beginn der Kämpfe hatte Alija Izetbegović wiederholt betont, daß es gar keinen Krieg geben könne, weil eine Seite – die seine – keinesfalls kämpfen würde. Die Vorstellung, daß auf diese Weise das Blutbad hätte verhindert werden können, war nur eine der vielen sträflich naiven Ideen des bosnischen Präsidenten. Doch von einem »bosnischen Krieg« zu reden, ist nicht weniger naiv. Ungeachtet aller Grausamkeiten hat selbst ein Krieg seine Würde und seine Gesetze. Soldaten, jedenfalls wenn sie sich an ihre Regeln halten, behaupten zu Recht, daß sie einem ebenso ehrenvollen wie schrecklichen Gewerbe nachgehen. Etwas anderes zu denken, hieße, sich nichts vorstellen zu können, wofür es sich zu sterben lohnte. Wenn aber Bosnien irgend etwas bewiesen hat, dann, daß das eine schmähliche Lüge ist. Und für das, was die Serben in Bosnien angerichtet haben, kann und darf es keinen Anspruch auf Ehre geben. Die Serben kamen, sie

schlachteten ab, sie eroberten, und die Welt sah zu. Wie Haris Silajdžić, der einstige Außenminister und spätere Ministerpräsident von Bosnien immer und immer wieder gesagt hat: »Was hier geschieht, ist Völkermord. Im Westen nennen es viele Menschen Krieg. Aber dies ist kein Krieg; dies ist ein Schlachten.«

Während ich dies schreibe, dauert der Völkermord an. Und dies hat alle Hoffnungen zunichte gemacht, daß ein Buch, ein Videoband oder eine öffentliche Rede über Bosnien tatsächlich etwas Positives bewirken könnte. Dafür ist es nun zu spät. Was durch Grausamkeiten wie Ermordung und Verschleppung, Zerstörung und gewaltsame Vertreibung erreicht wurde – die neuen Gebietsfakten, wie es im Polit-Jargon heißt –, werden weder Worte noch gute Vorsätze je wieder rückgängig machen. Die Zerstörung von Bosnien-Herzegowina ist eine Tatsache. Das heißt jedoch nicht – und es ist wichtig, daß man angesichts einer Niederlage selbst dann nicht sentimental wird, wenn man die Bilder der Katastrophe vor Augen hat –, daß es in Bosnien nicht noch schlimmer hätte kommen können. Eines, was einen eine Reise in den Krieg lehrt, ist, daß es immer noch schlimmer kommen kann. Zu Beginn des Winters 1993 hatte Peter Galbraith, der amerikanische Botschafter in Kroatien, bei einem privaten Abendessen trübsinnig bemerkt, er wäre nicht überrascht, wenn die Kämpfe endlos weitergingen. »Beirut hat siebzehn Jahre gedauert«, sagte er. Kurz bevor Mitte Februar 1994 die Granaten auf dem Marktplatz in Sarajevo explodierten – was zur Verblüffung vieler einheimischer wie ausländischer Bewohner Sarajevos die Großmächte endlich dazu brachte, den ersten Waffenstillstand dieses Konflikts durchzusetzen, indem sie ihre Muskeln spielen ließen und sich entschlossen zeigten, ihn notfalls mit militärischer Gewalt zu erzwingen –, war es auch mir erschienen, als könne die Beschießung der Stadt ewig dauern. Aber was war eigentlich so neu an dem Vorfall gewesen? Am Tag zuvor hatte eine Granate im Außenbezirk Dobrinja zehn Menschen getötet, und nichts hatte sich geändert. Zehn Tage davor war eine Granate im Neubaugebiet Ciglanje eingeschlagen und hatte sechs Schulkinder beim Schlittenfahren getötet, und nichts hatte sich geändert. Was eigentlich war das Magische an dem Verlust von achtundsechzig Leben, gemessen an den zweihunderttausend Toten, die ihnen vorangegangen waren?

Irgend etwas muß es gewesen sein. Aber vermutlich waren gerade wir, die wir dem Geschehen am nächsten standen, am wenigsten gerüstet, um verstehen zu können, was diesen Stimmungsumschwung ausgelöst haben könnte. Kurz nach dem Massaker auf dem Marktplatz nach New York zurückgekehrt – die Atmosphäre um mich war noch voll von den Bildern und vom Widerhall der Explosion –, erhielt ich einen Anruf von einer ehemaligen Freundin, einer aufrechten, unpolitischen Frau ohne besonderes Interesse an Bosnien. »Ich fühle mich so elend«, sagte sie, und es war deutlich zu spüren, daß sie es ehrlich meinte. Und doch fragte ich mich, vielleicht etwas kaltherzig, weshalb. Wieso haben diese Toten den einfachen Bürger auf einmal zu Tränen gerührt und bei den Mächtigen zu einem kurzen Ausbruch von Entschlossenheit geführt? Aber es war so. Der Umschwung der öffentlichen Meinung zwang die Nato, darauf zu bestehen, daß die Serben wenigstens ihren Beschuß auf Sarajevo einstellten, auch wenn sich, wie sich herausstellen sollte, diese Entschlossenheit weder auf Goražde noch die anderen Enklaven im ostbosnischen Drina-Tal erstreckte. Trotz allen triumphierenden Geredes, das vor allem aus Washington zu hören war, wo die Clinton-Regierung das Verdienst des Waffenstillstands eilig für sich beanspruchte, hatte die Tragödie kein Ende gefunden. Nur die Schauplätze wurden für kurze Zeit verlagert.

Natürlich mußte jeder, der um die Menschen in Bosnien besorgt war, selbst über den unsichersten Frieden für Sarajevo froh sein, auch wenn es noch so unwahrscheinlich schien, daß er halten würde. Aber machen wir uns nichts vor: Weder die Aufhebung der Belagerung von Mostar und einiger anderer, weniger bekannter Städte noch der Konföderationsvertrag zwischen der bosnischen Regierung und den Vertretern der bosnischen Kroaten, ja noch nicht einmal der Rückgang der Todeszahlen – also die Tatsache, daß Zehntausende nicht zu jener Viertelmillion hinzukamen, die zwischen Frühjahr 1992 und Frühjahr 1994 umkamen – hat verhindern können, daß das Geschehen in Bosnien eine Niederlage bedeutete, und zwar für uns alle, nicht nur für die Bosnier. Denn wo immer das Morden vorübergehend eingestellt wurde, diente dies als humanitäres Feigenblatt, um die Teilung Bosniens weiter betreiben zu können. Das heißt, wenn die Bosnier Glück hatten. Einer Gruppe nationalistischer Extremisten unter den bosnischen Serben, von ihren Verbündeten und Förderern im serbischen Restjugoslawien bestens ausgerüstet, war es mit geschickter Propaganda und Terror gelungen, die Mehrheit der bosnischen Serben für die Sache Großserbiens zu gewinnen. Sie zerstörten Bosnien, so wie sie es angekündigt hatten. Es ist unbegreiflich, wie irgend jemand etwas anderes behaupten kann, nachdem die Serben bereits zweiundsiebzig Prozent von Bosnien kontrollierten und der zu dieser Zeit bevorzugte internationale Teilungsplan vorsah, der bosnischen Regierung *höchstens* dreiundfünfzig Prozent des Gesamtterritoriums von Bosnien-Herzegowina zu überlassen.[1] Nicht weniger unbegreiflich ist, wie sich jemand überrascht zeigen kann, daß dies auf bosnischer Regierungsseite zum leicht vorhersehbaren Aufstieg eines wenn schon nicht islamischen Fundamentalismus im maghrebinischen oder iranischen Sinne, so doch wenigstens eines moslemischen Nationalismus führte. Doch wie es um die langfristigen Aussichten für einen Teilungsplan auch stehen mag, den die Großmächte – und unter ihnen vor allem Frankreich und Großbritannien – nahezu seit Beginn der jugoslawischen Krise für wünschenswert gehalten hatten: Bosnien wird nie mehr die Gestalt zurückerhalten, die es vor den Kämpfen gehabt hatte.

Natürlich wird es Bosnien auch weiterhin geben, so wie es seit über tausend Jahren in der einen oder anderen Form existiert hat. Aber es wird nicht mehr das kleine, von orthodoxen Serben, katholischen Kroaten und moslemischen Bosniern bewohnte multireligiöse Land sein, das es vor Beginn des Schlachtens war. Dafür haben die systematischen Versuche der Serben, ihre moslemischen Nachbarn auszurotten, sie aus ihrer Heimat zu vertreiben und all ihre historischen Zeugnisse – vor allem die religiösen und architektonischen – zu zerstören, bereits gesorgt. Daß dies der dritte große Völkermord an einer europäischen Minderheit im 20. Jahrhundert ist, geben sogar die Kritiker der bosnischen Moslems in der Uno und in Kreisen der westlichen Regierungen zu.

Die Vernichtung von zweihunderttausend Menschen, einer Geschichte des Pluralismus und der Toleranz und die Zerstörung des außergewöhnlichen Amalgams, das Bosnien einmal gewesen war, wird mit Sicherheit dazu führen, daß in Zukunft statt der kulturellen Vielfalt, die es im urbanen Bosnien in Städten wie Tuzla, Banja Luka, Mostar und vor allem in der Hauptstadt Sarajevo vor Beginn der Kämpfe im April 1992 wirklich gegeben hat – wenngleich nicht ohne Mißlichkeiten, Heucheleien und kaum unterdrückte Antipathien –, Frömmelei und Unerbittlichkeit herrschen werden. Und dafür werden sich die bosnischen Moslems früher oder später rächen.

Diese Voraussage ist nicht übertrieben, denn jeder, der eine Weile in Bosnien war, konnte grimmige Racheschwüre hören. Nicht nur die bosnischen Offiziere in den Front-

stellungen, auch die Politiker in ihren spärlich beleuchteten Büros oder die bosnischen Exilanten in Düsseldorf oder Frankfurt lassen daran keinen Zweifel. »Europa wird bezahlen für das, was uns angetan wurde«, sagte mir ein bosnischer Regierungsbeamter, als es noch so aussah, als würde der im Februar 1994 ausgehandelte Waffenstillstand für Sarajevo halten. Und während dieser Waffenruhe kam fast noch mehr Bitterkeit auf als zur Zeit der aktuellen Kämpfe, denn kaum standen die Menschen nicht mehr ständig unter dem Beschuß von Heckenschützen und waren von der schlimmsten Not befreit, hatten sie Zeit zum Nachdenken. In diesen Momenten wurde immer mehr Bürgern Sarajevos und immer mehr Vertretern der politischen Szene die Indifferenz Europas und der USA gegenüber dem Geschehen in Bosnien bewußt. »Clinton wird uns nicht helfen«, sagte ein Regierungsbeamter. »Er sorgt sich um seine Gesundheitsreform und nicht um unser Überleben.«
Nach zwei Jahren, die sie dem Peacekeeping der Uno ausgesetzt waren, hatten die Bosnier begriffen, wie unfähig und wirkungslos das in der Charta der Vereinten Nationen verankerte Weltordnungssystem ist. Sie hatten begriffen, daß es weder eine alte noch eine neue Weltordnung gab. Und selbst jene Prinzipien schienen ihnen kaum mehr als ein Witz, die bei Gründung der Uno vor einem halben Jahrhundert aufgestellt worden waren und mit denen die Welt rechtlich verpflichtet werden sollte, künftig genau die Art von Aggression zu verhindern, mit der die Belgrader Serben auf Bosnien losgingen, und genau den Genozid, den sie an den bosnischen Moslems verübten. Die Verteidiger der bosnischen Sache im Ausland wie der altgediente New Yorker Senator Daniel Patrick Moynihan mochten noch so oft sagen, daß sie das internationale System am liebsten »in Fetzen reißen« würden, oder neue Maßnahmen und notfalls sogar militärische Aktionen gegen die Serben fordern:

Aus der Sicht Bosniens gab es nicht einmal ein System, das in Fetzen gerissen werden könnte. Die Bosnier hatten um Hilfe gebeten. »Wir haben kein Mandat, um zu helfen«, hatte die Uno geantwortet. Die Europäer sagten: »Eine Hilfe würde nur einen Ausgleich auf dem Schlachtfeld herstellen, und das wollen wir nicht«, während die Amerikaner wissen ließen: »Wir würden ja gern helfen, aber wir können nicht.« Und so starben die Bosnier eben weiter – ohne Verteidigungsschutz und der Möglichkeit beraubt, sich selbst verteidigen zu können.
Und dieses Desaster nannten die Diplomaten Sieg. Die Uno brüstete sich, sie übe ihr »Mandat« unter schwierigsten Umständen aus. Die Europäer gratulierten sich gegenseitig, daß ihre Diplomatie die bosnische Krise – so tragisch die Lage in Bosnien auch sei – erfolgreich habe »eindämmen« können. Und Präsident Clinton, der während seines Wahlkampfs versprochen hatte, der ethnischen Säuberung, falls er gewählt werden sollte, Einhalt zu gebieten, und dann während der ersten achtzehn Monate seiner Amtszeit dem Geschehen untätig zusah, wies Christiane Amanpour, die CNN-Korrespondentin in Sarajevo, verärgert zurecht, weil sie es gewagt hatte, seine Charakterisierung der amerikanischen Politik als konsequent und erfolgreich in Frage zu stellen. »Madam«, wand sich Clinton, »wir machen hier keine Purzelbäume.« Wie sehr Europa und die Vereinigten Staaten schon jetzt bemüht sein mögen, Bosnien und die Vorgänge dort zu vergessen – zwei Monate nach dem Waffenstillstand für Sarajevo im Frühjahr 1994 hatte sich das Interesse der Journalisten und Politiker bereits Korea und Südafrika zugewandt; Sarajevo war sozusagen »Schnee von gestern« –: Bosnien hat Europa weder vergessen noch vergeben.

Diese Einstellung schien und scheint mir noch immer verständlich, auch wenn sie objektiv selbstzerstörerisch sein mag; auch wenn sie vielen Bosniern das Leben kosten könnte, so wie das unerbittliche Gedächtnis der Palästinenser viele Leben gefordert hat; ja selbst wenn sie mich um die Zukunft des Alten Kontinents fürchten läßt. Europa und die Vereinigten Staaten hätten dem Völkermord Einhalt gebieten können und haben sich geweigert, es zu tun. Die Uno hätte ihr Mandat als Aufforderung interpretieren können, die ethnischen Säuberungen zu beenden. Und UN-Generalsekretär Boutros Boutros-Ghali hätte die Verteidigung Bosniens zu seiner dringlichsten Aufgabe machen können, anstatt sich darauf zu versteifen, daß er nur Angestellter einer internationalen Organisation sei, im Grunde trotz aller guten Vorsätze und Ziele nur ein besserer Stenotypist des Diktats der Mitgliederstaaten. Es wäre nicht zuletzt in seinem eigenen Interesse gewesen, denn entweder sind die Vereinten Nationen ein multiethnisches, multikulturelles Gebilde, oder sie sind überflüssig. Die ständigen Mitglieder des Weltsicherheitsrats hätten die Rolle der Uno in Bosnien genau definieren können, das heißt, wenn Boutros-Ghali darauf hingewirkt hätte. Doch er hat Bosnien oder das Konzept des Vielvölkerstaates nicht einmal verbal verteidigt. Im Gegenteil, eine Hauptbeschäftigung Boutros-Ghalis und seiner Repräsentanten war, alles zu tun, um jede nur mögliche militärische Unterstützung von außen zu verhindern, die die Bosnier sich hie und da womöglich gesichert hatten.

All dies hat die Bosnier und jene, die sich um Bosnien sorgten, so verbittert und unversöhnlich gemacht. Die Geschichte der bosnischen Niederlage wird damit auch zur Geschichte der Schande Westeuropas und Nordamerikas. Was in Bosnien geschehen ist, hat den Bankrott jeder einzelnen europäischen Sicherheitsinstitution vor Augen geführt, von der Nato bis hin zur Organisation für Sicherheit und Zusammenarbeit in Europa (vormals KSZE). Zudem hat es deutlich gemacht, daß es nirgends die geistige

Bereitschaft oder moralische Kraft gab, sich mit den Krisen der Welt nach dem Kalten Krieg zu befassen oder der Gefahr künftiger Kriege vorzubeugen, die nicht zwischen Staaten, sondern innerhalb eines Staates geführt werden. Es wäre eine Selbsttäuschung, würde man sich nun damit zufriedengeben, nur die Niederlage zu analysieren. Zwar ist es ein Gemeinplatz der menschlichen Geschichte, daß der recht hat, der die Macht hat. Die Niederlage des Rechts ist mittlerweile so allgegenwärtig und scheint so unvermeidlich wie die Sterblichkeit des Individuums. Doch diese Niederlage war unnötig. Sie hätte verhindert werden können. Dem Genozid hätte sofort Einhalt geboten werden können und müssen. Und damit, daß dies nicht geschah, kann man sich nicht einfach abfinden.
Doch es ist geschehen. Zweihunderttausend bosnische Moslems starben und über zwei Millionen wurden vertrieben, obwohl das Fernsehen in aller Welt darüber berichtete. Ein Staat, der am 7. April 1992 formell von der Europäischen Gemeinschaft und den Vereinigten Staaten und am 22. Mai 1992 von den Vereinten Nationen anerkannt worden war, durfte zerstört werden. Die Militärs und Beamten der Vereinten Nationen sahen seiner Vernichtung zu, boten »humanitäre« Hilfe an und beschwerten sich, daß die internationale Gemeinschaft nicht willens war, mehr zu tun. Freilich hatten sie dafür auch Grund, denn die Uno hätte nur anders handeln können, wenn die Großmächte bereit gewesen wären, ihr ein anderes Mandat zu erteilen. Die Uno war Erfüllungsgehilfe, nicht Urheber dieser schändlichen Politik. Zwei aufeinanderfolgende amerikanische Präsidenten, der eine Republikaner, der andere Demokrat, hatten immer und immer wieder verkündet, sie seien Vertreter der einzigen noch verbliebenen Supermacht, und doch hatten beide darauf bestanden, daß es ihnen unmöglich sei, eine Intervention in Gang zu bringen oder auch nur eine Aufhebung des Waffenembargos zu

bewirken. Anders als viele behauptet haben, war dies jedoch nicht die Folge irgendeines unbarmherzigen, unentrinnbaren Gesetzes der Geschichte. Es zeigte vielmehr, welche Wahl all jene getroffen hatten, die die reiche Welt regierten, oder das von ihr begründete internationale System verwalteten. In einem Brief an einen Freund berichtete Lord Byron über das öffentliche Erhängen dreier Diebe, dessen Zeuge er während eines Aufenthalts in Rom gewesen war. Vielleicht fürchtete er, sein Bericht könnte den Eindruck erwecken, er habe das Schauspiel genossen, und so fügte er hinzu: »Ich hätte sie gerettet, wenn ich gekonnt hätte.« Die Sprecher der Großmächte argumentierten umgekehrt. Mehr als zwei Jahre behaupteten sie, entsetzt zu sein über das, was sie sahen, bestanden aber auf ihrer Machtlosigkeit. Auf den einzelnen als Individuum traf das sicher zu. Aber die Nationen und Institutionen, deren Repräsentanten sie waren, blieben von der Hinrichtung Bosniens unbeeindruckt. Für sie hätte der Spruch gegolten: »Ich hätte es retten können, entschied mich jedoch dagegen.« Und die Uno sah weiter zu: »Wie Eunuchen bei der Orgie«, sagen die Menschen in Sarajevo.
Aber so ist eben die Lage der Welt nach dem Kalten Krieg. (Wir scheinen für unsere Zeit nur Bezeichnungen mit dem Zusatz »nach« oder »post« zu finden wie »Nachkriegszeit« oder »postmodern«, um uns von früheren Kategorien distanzieren zu können.) Über zwei Jahre lang flog ich zwischen New York, Kroatien und Bosnien hin und her. Jedesmal, wenn ich zurückkam und mich wieder in das Leben zu Hause einzufügen versuchte, gaben mir meine Freunde ernsthaft zu verstehen, daß es keine andere Alternative gäbe. »Wir« hätten andere Dringlichkeiten, andere Dinge, die uns am Handeln hinderten, andere Überlegungen in Rechnung zu stellen. »Es geht um die Wirtschaft, Dummkopf«, hatten Clintons Wahlkampfstrategen ständig wiederholt. Die Linken, die über den Einsatz ameri-

kanischer Machtmittel zur Rettung Bosniens nicht einmal nachzudenken bereit waren, hätten hinzufügen können: »Es geht um den amerikanischen Imperialismus, Dummkopf.« Der brave amerikanische Durchschnittsbürger hätte wohl gesagt: »Es geht um unsere Kinder, und Bosnien ist ein europäisches Problem.« Und Leute, die über all die anderen Tragödien auf dem Globus Bescheid wußten, hätten gefragt: »Und was ist mit Angola, Sudan, Osttimor, Tibet, Haiti, Ruanda?« Ich erinnere mich, daß einer meiner Bekannten sogar einen Ausspruch von Hegel zitierte – zu meiner Erleichterung nicht den über »das Ende der Geschichte«, der durch Francis Fukuyama in aller Munde war, sondern den treffenderen über die »Schlachtbank der Geschichte« –, um sein Argument zu untermauern, daß das Geschehen in Bosnien nur das durch die Medien am weitesten verbreitete Grauen sei. Solche Dinge hätten sich zu allen Zeiten überall auf der Welt ereignet.

Bevor ich begann, nach Bosnien zu reisen, wäre ich vielleicht versucht gewesen, dem zuzustimmen, was Boutros Boutros-Ghali am 31. Dezember 1992 bei seinem Besuch in Sarajevo gesagt hatte: Was dort geschehe, sei »ein Krieg des reichen Mannes«. Als der gute Mensch der Dritten Welt, der er ist, war der UN-Generalsekretär überzeugt, daß Bosnien ein Krieg des »weißen Mannes« sei. Und die verblüfften Bürger Sarajevos ermahnte er: »Ich verstehe Ihre Enttäuschung, aber die Situation, in der Sie sich befinden, ist besser als die in zehn anderen Ländern der Welt... Ich könnte sie Ihnen aufzählen.« Dann verließ er die Stadt.

Nachdem ich eine Weile in Bosnien verbracht hatte, ging es mir nicht darum, ob ich dem zustimmen konnte oder nicht, sondern nur um das Gefühl, daß diese ganze vergleichende Martyrologie und die Frage, wer die meisten Leichen zählen konnte, ebenso belanglos waren wie der Streit um den höchsten Opferstatus, der in den frühen neunziger Jahren auf dem Campus jedes besseren amerikanischen

College zur Mode geworden war. Seit ich in Bosnien war, konnte ich einfach nicht mehr das Leid des einen Volkes gegen das Leid eines anderen aufrechnen. Klassifiziere die besten Dichter der Zeit Jakobs I. nach ihrer Bedeutung. Klassifiziere die schlimmsten menschlichen Tragödien auf der Welt nach dem Grad des Grauens. Dergleichen ist im akademischen Bereich ebenso sinnlos wie im politischen. Ich konnte die Debatten einfach nicht mehr ernst nehmen, ob nun die Belagerung Sarajevos schlimmer sei als die Belagerung der Stadt Cuito in Angola, oder ob das Leiden der bosnischen Moslems schlimmer sei als das der Christen und Animisten im Südsudan. Ich wußte, was ich gesehen hatte und was in Bosnien geschah, und ich wußte, was es moralisch bedeuten würde, über diese Ereignisse zugunsten irgendeines anderen und womöglich noch schrecklicheren Geschehens hinwegzugehen. Es hieße Zahlen gegen die Wahrheit zu setzen. Und ich wußte auch, daß die Ereignisse in Bosnien nicht hätten geschehen müssen, daß der Westen das Blutbad hätte verhindern können. Und wenn der Westen nun von all den anderen Metzeleien sprach, denen er seine Aufmerksamkeit zuwenden müsse, war das im Grunde nur eine raffinierte Rechtfertigung des eigenen Nichtstuns.

Zu dem Leben zurückzukehren, das man geführt hatte, bevor man ein Gemetzel miterlebte, läßt einen – zumindest wenn man ein Bürger der reichen Welt ist – an der Scheinheiligkeit und Selbstzufriedenheit fast ersticken, die alles umgeben, was einem einmal vertraut und angenehm war. Man beginnt sich wie ein Fremder zu fühlen in dem Leben, das man sich einmal eingerichtet hatte. In gewissem Sinne und bis zu einem gewissen Grad muß jeder Schreiber versuchen, Außenseiter zu sein. Doch obwohl ich mir dessen bewußt war, haben mich meine ständigen Reisen zwischen Orten wie Sarajevo oder Banja Luka und Manhattan in einem Maße von meinen Freunden und meiner eigenen Vergangenheit entfremdet, wie ich es nie für möglich gehalten hätte. Ich hatte nicht nur das Gefühl, aus dem Reich der Toten zurückgekehrt zu sein, sondern irgendwie selbst nicht mehr von dieser Welt zu sein.

Ich denke, daß das nicht nur mir so ging. Selbst abgebrühten Kriegsberichterstattern fiel es schwer, zu verarbeiten, was sie in Bosnien erlebt hatten. Wenn ich nun hier nicht allein für die Sache Bosniens schreibe – und das, obwohl ich meinem Wesen nach immer mißtrauisch war, wenn es um »eine Sache« ging, und zudem ohnehin glaube, daß diese Sache verloren ist –, sondern auch als Protest gegen die herzlose Gleichgültigkeit, den oberflächlichen Pessimismus und die Heuchelei, die all das Morden in Bosnien umgeben, überrascht meine eigene Haltung mich selbst wahrscheinlich mehr als irgendwen sonst. In meinem früheren Leben, dem Leben vor Bosnien, hatte ich mir selbst geschmeichelt, ich sei gegen ein Gefühl wie das der Entrüstung völlig immun. Doch ebensowenig wie ich erwartet hatte, je in Bosnien zu landen, hatte ich damit gerechnet, das Gefühl zu haben, mich nie mehr davon erholen zu können.

Das hat nichts damit zu tun, daß ich mich dort wohl gefühlt hätte, und schon gar nichts damit, daß ich das Gefühl hatte – wie viele Leute, wenn sie sich in ein Land oder eine Sache verlieben –, irgendwie dort »hinzugehören«. In der ganzen Zeit, die ich in Bosnien verbracht habe, gab es keinen einzigen Augenblick, in dem ich mich nicht wenigstens ein bißchen gefürchtet hätte, aber viele, die mich in Angst und Schrecken versetzten. Damals wie heute stand und stehe ich der bosnischen Regierung ausgesprochen kritisch gegenüber – sowohl was ihre Politik als auch was ihre Naivität anbelangt. Und die Art und Weise, wie Bosnier über sich und den Rest der Welt sprachen, diese Mischung aus Selbstbetrachtung und mangelndem Realismus, hat mich oft gelangweilt oder gar geärgert. Dennoch schien es mir leichter, in Bosnien zu sein, mochte die Lage auch noch so hoffnungslos und verzweifelt scheinen, als anhören zu müssen, was man gewöhnlich im Westen über Bosnien zu hören bekommt oder, schlimmer noch, feststellen zu müssen, was verschwiegen und ignoriert wird.

Daran, daß man in Ländern wie Deutschland und Italien so wenig über Bosnien hörte, obwohl es doch so nahe liegt, hatte ich mich bald gewöhnt. Bezeichnend war für mich der Moment, als Präsident Clinton das Holocaust-Museum in Washington, D.C. eröffnete – ein Jahr nach Beginn des Gemetzels, lange nach Beginn der Belagerung Sarajevos, lange nachdem die bosnischen Serben aus den Tälern Ostbosniens die meisten ihrer mehrheitlich moslemischen Bewohner vertrieben hatten und lange nachdem fast alle Moscheen in Nordbosnien gesprengt und damit die Spuren des europäischen Islam getilgt worden waren, der fünf Jahrhunderte lang diese Region mitgeprägt hatte. Es war ein Tag großen Getöses, zusammengepreßter Zähne, gedeckter Kleidung und rhetorischer Höhenflüge. Der kroatische Präsident Franjo Tudjman, der einmal seine Skepsis in bezug auf die historische Wahrheit des Holocaust zum Ausdruck gebracht hatte, befand sich ebenso unter den Gästen wie zahlreiche Überlebende, darunter Elie Wiesel, der – es sei ihm hoch angerechnet – Clinton wegen Amerikas Bosnienpolitik zur Rede stellte. Der Präsident, der das Gespräch lieber auf Allgemeines beschränken wollte, hatte aber doch einen Vorschlag zu machen. Damit ein Genozid wie der am europäischen Judentum während der Nazizeit nie wieder geschehen könne, so Bill Clinton, sei außergewöhnliche Wachsamkeit gefordert. »Wir müssen das Gedächtnis einsetzen«[2], sagte er.

Daß Präsident Clinton vom Gedächtnis sprach, als sei es irgendein moralisches Abwehrraketensystem, war nur die eine, weniger bedeutsame Seite der Geschichte. Das wirk-

lich moralisch Verwerfliche war, daß er optimistisch über die Zukunft sprach, während – worüber er sich absolut im klaren sein mußte und woran Wiesel ihn überdies bald vom Podium herab erinnern sollte – gerade mitten in Europa ein neuer Genozid stattfand. Der Völkermord an den bosnischen Moslems ist sowenig identisch mit dem, was den Juden angetan worden war, wie die Ausrottung des europäischen Judentums mit dem Genozid von 1915 an den Armeniern. Beide Genozide waren es gewesen, die die internationale Nachkriegsordnung zur Annahme so wichtiger Abkommen gebracht haben wie den vier Genfer Konventionen und der Völkermordkonvention von 1949 und vor allem der Charta der Vereinten Nationen. Und genau diese Abkommen wurden nun in Bosnien systematisch gebrochen.
Allein schon die Belagerung Sarajevos war ein Kriegsverbrechen. Und auf dem Schlachtfeld war es schwierig, etwas zu finden, was *kein* Kriegsverbrechen war. Die ethnischen Säuberungen waren natürlich nicht allein Kriegsverbrechen, sondern schlicht Völkermord. Als Clinton bei der Eröffnung des Holocaust-Museums Worte wie »Nie wieder« bemühte, während der Genozid in Bosnien weiterging und Clinton nichts unternahm, um ihn zu stoppen, hatte er die Grenze von Gedankenlosigkeit zu Geschmacklosigkeit überschritten. Seine Worte waren buchstäblich bedeutungslos. Denn da nichts unternommen wurde, um den gerade stattfindenden Genozid aufzuhalten, bedeutete die Phrase »Nie wieder« nichts anderes als: Nie wieder dürfen Deutsche in den vierziger Jahren europäische Juden töten. Clinton hätte genausogut sagen können: »Nie wieder eine Kartoffelhungersnot« oder: »Nie wieder das Abschlachten der Albigenser«. Muß man, wie sich die Dinge entwickeln, nicht erwarten, daß ein künftiger amerikanischer Präsident im Jahr 2050 ein »Museum der Ethnischen Säuberung« eröffnen wird?

Im Wahlkampf 1992 hatte der Präsidentschaftskandidat Clinton versprochen, alle Mittel einzusetzen, um den Völkermord in Bosnien zu beenden – ein Clinton-Mitarbeiter hatte mich später gereizt gefragt: »Wieso nehmen die Leute Wahlkampfversprechen heutzutage eigentlich so ernst?« – oder wenigstens um die bosnische Regierung in die Lage zu versetzen, sich selbst verteidigen zu können. Zwei Jahre später sollte Charles Redman, der von Präsident Clinton mit der Ausarbeitung eines Friedensplans für Bosnien beauftragte Beamte des US-Außenministeriums, das prinzipielle Einverständnis Amerikas mit einer Teilung mit den Worten rechtfertigen: »Wir mußten diese moralische Hürde nehmen«, um auf einen Frieden zusteuern zu können. Doch die Amerikaner blieben wenigstens rhetorisch dabei, daß es der bosnischen Regierung erlaubt sein müsse, sich gegen die serbische Aggression zu wehren. Ende 1994 entschieden sie, das Waffenembargo nicht länger zu unterstützen. Die Europäer leugneten gar, daß überhaupt eine Aggression stattgefunden habe und sprachen statt dessen vom bosnischen Bürgerkrieg. Beharrlich widersetzten sie sich der Aufhebung des Waffenembargos, das die Vereinten Nationen vor Beginn der Kämpfe in Bosnien als Teil jenes Pakets von Maßnahmen beschlossen hatten, mit dem die Serben für den Krieg bestraft werden sollten, den sie gegen das abtrünnige Kroatien führten. Und bei dieser Politik blieben die Europäer ungeachtet der Tatsache, daß die Kämpfe in Kroatien beendet waren und das Embargo nun nur noch dazu dienen konnte, die Sache der Serben in Bosnien voranzutreiben. Die Serben und ihre serbisch-bosnischen Helfershelfer verfügten von Anfang an über mehr als genug Waffen. Sie hatten die Arsenale der Jugoslawischen Volksarmee geerbt und konnten das wenige, das ihnen fehlte, von den Russen und Griechen bekommen. Die Lage der Kroaten war da komplizierter. Nachdem die Kämpfe im April 1992 begonnen hatten, waren sie zunächst mit der bosnischen Regierung verbündet gewesen. Als nach einem Jahr jedoch klar war, daß Bosnien sogar nach dem Vance-Owen-Plan im Prinzip nach ethnischen Gesichtspunkten geteilt werden sollte, begannen die Kroaten rasch selbst mit ethnischen Säuberungen. Ins Sperrfeuer gerieten die kroatischen Truppen erst, als es ihnen nicht gelang, den moslemischen Ostteil Mostars einzunehmen, und die bosnischen Regierungstruppen in Zentralbosnien erfolgreich zum Gegenangriff übergingen. 1994, nachdem sie auf dem Schlachtfeld nicht weiterkamen und von den Amerikanern und Deutschen stark unter Druck gesetzt wurden, beschlossen die Kroaten, erneut mit der Regierung in Sarajevo gemeinsame Sache zu machen. Sie kämpften sogar Seite an Seite mit den bosnischen Regierungstruppen in einer Offensive, welche die serbischen Belagerer Ende Oktober 1994 aus der Stadt Kupres vertreiben sollte. Den Kroaten, die während der ganzen Zeit jede Menge Waffen auf dem freien Markt hatten kaufen können, verschaffte die Wiederbelebung der Allianz mit der bosnischen Regierung nun auch noch ihren Anteil an den Waffen, die die bosnische Armee in ihr Territorium einschmuggeln konnte. Schließlich ist Bosnien von Land eingeschlossen, und was immer dort hinein soll, muß kroatisches Gebiet passieren.

Der wahre Grund für die Aufrechterhaltung des Embargos war natürlich schon lange, sicherzustellen, daß so wenig Waffen wie nur irgend möglich die bosnische Regierungsseite[3] erreichten. Obwohl das Embargo bereits am 25. September 1991 vom UN-Sicherheitsrat beschlossen worden war, also noch bevor Bosnien seine Unabhängigkeit erklärt hatte, hat niemand daran Anstoß genommen, daß am Ende ausschließlich die bosnische Regierung davon betroffen wurde. Der britische Außenminister Douglas Hurd vertrat sogar die Ansicht, daß das militärische Ungleichgewicht, das durch das Embargo gewahrt wurde, aus eben diesem

Grund aufrechterhalten werden müsse. »Wir wollen kein Gleichgewicht auf dem Schlachtfeld«, sagte er mehr als einmal. Offenbar fürchtete Hurd, die Regierungstruppen könnten den Serben die Stirn bieten, sobald sie besser bewaffnet wären. Und wer wußte schon, was dann geschehen könnte. Da war es schon besser, wenn die Serben siegten, auch wenn das nicht die glücklichste Lösung sein mochte. Wenigstens hätten dann die Kämpfe ein Ende.

Es gab Beamte in der britischen Regierung, die nur allzu bereit waren, ebendies geschehen zu lassen. »Wir hätten«, schrieb ein gewisser Herr R. D. Wilkinson vom Planungsstab des britischen Außenministeriums an die konservative britische Autorin Nora Beloff, »die Zerstückelung Jugoslawiens niemals akzeptieren dürfen, ohne zuerst die Probleme der Minoritäten und Grenzverläufe gelöst zu haben, und im Grunde nicht einmal, bevor wir ein humanes Bevölkerungsaustauschprogramm in Angriff genommen hätten. Die Anerkennung Bosniens, ja schon die Ermunterung zur Erklärung der Unabhängigkeit, war die größte Gedankenlosigkeit.« Die Amerikaner hingegen wollten nicht das politische Gewicht in die Waagschale werfen, das zur Rettung Bosniens nötig gewesen wäre. »Wir können nicht zulassen, daß Bosnien die größte liberale Hoffnung einer ganzen Generation gefährdet«, soll der ehemalige Senator von Colorado und Clinton-Berater Tim Wirth über den Präsidenten gesagt haben. Und verstimmte Mitarbeiter Clintons berichteten, es habe einen kritischen Moment gegeben, als die Regierung daran dachte, den Verteidigungsminister nach Sarajevo zu schicken: Hillary Rodham Clinton habe sich vehement gegen diesen Schritt ausgesprochen, weil dies für die Dauer des Aufenthalts des Verteidigungsministers in Bosnien die Gesundheitsreform aus den Schlagzeilen verdrängt hätte. Wenn ich solche Geschichten hörte, konnte ich nur an die Toten denken und daß sie nicht hätten sterben müssen. Und dieser Gedanke verfolgt mich noch immer, ungeachtet des politischen Schicksals der »größten liberalen Hoffnung« einer ganzen Generation.

Die feindselige britisch-französische Haltung gegenüber Bosnien in Verbindung mit den Ausflüchten der Amerikaner führte dazu, daß die bosnische Regierungsseite in all diesen Jahren des Gemetzels die meisten Toten zu beklagen hatte. Bereits vor Ausbruch der Kämpfe hatten die Serben über nahezu alle Arten von Waffen verfügt. Anders als Slowenien hatte Bosnien-Herzegowina seine Streitkräfte erst zusammengestellt, nachdem die ersten Schüsse gefallen waren. Und schon seit Beginn der Kämpfe konnten die Serben ihren Nachschub nahezu ungehindert aus dem serbischen Restjugoslawien durch Bosnien nach Kroatien schaffen. Zweck der ethnischen Säuberungen war es nicht zuletzt, diese Versorgungsrouten vor Guerilla Angriffen zu schützen. Die Serben besetzten fast alle Höhenzüge – oberster Grundsatz jeder Militärstrategie. Ob wir besorgt die Hügel und Berge um Sarajevo betrachteten oder das Vlašić-Massiv in Zentralbosnien mit seinem beherrschenden Blick auf die untenliegenden moslemischen und kroatischen Städte: diejenigen von uns, die meist mit bosnischen Regierungstruppen unterwegs waren, verbrachten ihre Zeit vor allem damit, mit vom ständigen Starren auf die Geschützpositionen auf der anderen Seite steifem Nacken vor dem Beschuß Deckung zu suchen. Während sich die meisten serbischen Kämpfer wie Mitglieder der regulären JNA, der Jugoslawischen Volksarmee, kleideten und verhielten, was sie ja mehrheitlich auch waren, galt das Interesse der Medien hauptsächlich den »Tschetniks« – jenen bärtigen Freischärlern, die mit dem Emblem des serbischen »weißen Adlers«, Totenkopf-Anstecknadeln und den Patronengurten großkalibriger Maschinengewehre herumliefen und deren Vorbilder die monarchistischen Tschetniks waren, die im Zweiten Weltkrieg unter dem Kommando von

General Draja Mihailović gegen Titos Partisanen gekämpft hatten. Vor den Kämpfen in Bosnien hatte ihr Kommandant Ratko Mladić die JNA-Truppen im Krieg gegen Kroatien befehligt. Erst nachdem es den Serben gelungen war, ein Drittel Kroatiens zu erobern, hatte er sich nach Pale in Marsch gesetzt, jener Vorstadt von Sarajevo, die der selbsternannten »Srpska Republika«, der »Serbischen Republik Bosnien-Herzegowina«, als Hauptstadt dient. Mladić hatte alle Reste der JNA in Bosnien übernommen: ihre Waffenlager, ihre Kasernen und die meisten ihrer regulären Offiziere und Soldaten. Das sollte sich bezahlt machen.
»Die Serben sind wenigstens Soldaten«, sagte zu Beginn des Winters 1993 ein kanadischer Offizier der UN-Truppen in Sarajevo zu mir. »Was man über ihr Verhalten auch denken mag, für mich sind sie wenigstens eine bekannte Größe.«
Daß ihre größte Leistung das Morden war – ein Morden mit sorgfältig geplanten politischen und militärischen Zielen, denn die ethnischen Säuberungen waren nicht nur ein Kriegsverbrechen, sondern auch ein taktisches Mittel, um erobertes Territorium zu halten, ohne sich um die widerspenstige unterworfene Bevölkerung kümmern zu müssen –, schien niemand zu stören. Und das konnte die Frustration der Journalisten nur noch steigern, da sie nicht nur über die Kämpfe zu berichteten hatten, sondern auch über die Rolle der Uno, die höchstens bereit war, die Folgen der Kämpfe zu mildern, nicht aber, in sie einzugreifen. Der Durchschnittsoffizier der UNPROFOR (Abkürzung für United Nations Protection Force, die Schutztruppe der Vereinten Nationen, die von der bosnischen Regierungsseite gern verspottet wurde, indem vor das Wort »Schutz« die Silbe »Selbst-« gesetzt wurde) empfand die Atmosphäre in der Offiziersmesse von Pale, von ein paar kriegsbedingten Unterschieden und Besonderheiten des Balkan einmal abgesehen, nicht wesentlich anders als dort, wo er gewöhnlich

seine Mahlzeiten einnahm oder sich entspannte. Die Offiziere der bosnischen Regierungsarmee hingegen waren normalerweise Zivilisten, die erst im Laufe der Kämpfe das Soldatsein gelernt hatten. Sie lümmelten auf ihren Stühlen herum, bewegten sich entschieden unmilitärisch und machten den Eindruck, als seien sie vollkommen unbeleckt von den diversen Ritualen und Konventionen, die nahezu überall auf der Welt untrennbar mit allem Militärischen verbunden sind. Die wenigen, die vor dem Krieg Soldaten gewesen waren, waren höchstens in rangniederen Positionen zu finden. Jedenfalls gab es bei den bosnischen Regierungstruppen kaum einen höheren Offizier, der vor dem Krieg in der JNA mehr als Major gewesen war.

Was die Bosnier hatten, waren ihre Illusionen und vor allem ihr Glaube, daß das, was seit Beginn des Mordens mit ihnen geschah, irgendwie auf einem entsetzlichen kategorischen Fehler beruhen müsse. Offenbar hatten sie in einer Art spiegelbildlicher Umkehr des Bildes, das Boutros-Ghali abschätzig von ihrer mißlichen Lage gezeichnet hatte, geglaubt, daß ihnen allein die Tatsache, Europäer zu sein, vor den Greueln eines Krieges Schutz böte. Europa war für sie der Kontinent, der die kosmopolitischen Werte, für die sie einstanden, zur Norm erhoben hatte. Vor allem in Sarajevo hatte man noch unmittelbar vor Ausbruch der Kämpfe die Erwartung, daß sich das Leben in dieser Stadt auch künftig nicht wesentlich von dem in anderen eleganten, kleineren Städten Europas wie Triest oder Graz unterscheiden würde. Selbst als die Bosnier begriffen hatten, daß ihre Vorstellung von dem, was ihnen die Zukunft bringen würde, auf grausame Weise falsch war, gelang es nur wenigen, sich ganz von ihren alten Erwartungen loszusagen. In den Wäldern und auf den Feldern Europas konnten in den neunziger Jahren des 20. Jahrhunderts doch keine Kriege mehr stattfinden, und schon gar nicht zwischen Menschen, für die ein Ferienhaus am Meer, ein Zweitwagen und eine Universitätsausbildung selbstverständliche Dinge waren. Kriege fanden in der armen Welt statt. In einem reichen Land wie dem ehemaligen Jugoslawien war, auch wenn es eine blutige Geschichte hatte, nur ein gut gesicherter, zivilisierter Friede vorstellbar.

Als der Krieg dann über sie hereinbrach, begann sich die städtische Mittelschicht in Bosnien vor allem in Sarajevo, Mostar, Tuzla und Banja Luka schmerzlich bewußt zu werden, daß sie zwar die Reden der serbischen Nationalisten wie des serbischen Präsidenten Slobodan Milošević und des bosnischen Serbenführers Radovan Karadžić gehört, aber nicht richtig hingehört hatte. Doch Vergleiche zwischen Milošević und Hitler, wie sie immer wieder gezogen wurden, waren dumm und unangemessen, nicht mehr als der unbesonnene Reflex eines Zeitalters, das im Sumpf rhetorischer Exzesse feststeckt und sich darauf versteift, alles Gute müsse das Beste sein und alles Schlechte das Schlimmste. Die Unfähigkeit Sarajevos, hinzuhören, erinnert an den Ausspruch von Karl Kraus: »Wenn ich an Hitler denke fällt mir nichts ein.« Selbst heute können viele der kosmopolitischen Bürger Sarajevos noch nicht recht fassen, was mit ihnen geschehen ist. Eben diese Wahrnehmungsstörung, dieses Mißverstehen der eigenen historischen Situation ist es, was die Reaktion der Bosnier auf den Krieg, der sie in den Abgrund zog, von den Afghanen oder Angolanern unterscheidet. In Bosnien war das allgemeine Leid, das jeder Krieg mit sich bringt, immer auch von diesem Hauch des Erstaunens begleitet, das jeder empfindet, der geglaubt hat, seine materiellen Lebensumstände müßten ewig glücklich bleiben. Soviel zu der Vorstellung, daß auf Fukuyamas »Ende der Geschichte«, das ja in Wirklichkeit nur das Ende des Kommunismus war, ein eher langweiliges und behagliches Konsumzeitalter folgen würde.

Heute gebe ich zu, daß auch ich geglaubt hatte, die blutigen Epochen hätten wenigstens für die weißen Europäer ein Ende gefunden. Ich wußte, daß Europa aus historischer Sicht keine besonders begünstigte Region gewesen war und daß es hier in bestimmten Epochen – wie in der ersten Hälfte des 20. Jahrhunderts, um nur die Zeit zu nennen, auf die ich mein Augenmerk hätte richten müssen – ganz besonders grausig zuging. All das wußte ich, und doch hatte ich es im tiefsten Inneren nicht wahrhaben wollen, was immer ich angesichts der Tragödien unseres Jahrhunderts von den Gulags bis zu Auschwitz empfinden mochte. Diese Ereignisse hätten sich für mich genausogut in einem vergangenen Erdzeitalter abspielen können. Die Krise, die sich in Europa zusammenbraute, hielt ich, bevor ich nach Bosnien kam, für dieselbe, welche die reiche Welt mit dem Zuzug ihrer ehemaligen Sklaven überall durchzumachen schien.

In immer größerer Zahl migrierten die Menschen aus der armen, nichteuropäischen Welt in die Länder der Europäischen Union und nach Nordamerika, um die Arbeiten zu verrichten, welche die Einheimischen nicht mehr übernehmen wollten. Diese Immigranten und die Probleme, die durch andere Kulturen, Rassen und Sprachen entstanden, schienen mir das große, nur schwer zu bewältigende Dilemma zu sein, das die Zukunft für die reiche Welt bereithielt. Daß ein solcher Wandel auch zu einer Krise führen würde, lag auf der Hand. In Europa hat Einwanderung keine Tradition. Und anders als die USA, die sich gerade selbst wieder durch Einwanderung transformierten, besaß Europa für solche Vorgänge keinen Erfahrungskontext. Doch eine Krise bedeutet noch lange nicht Krieg, obgleich ich mir in trübsinnigeren Momenten leicht ein zukünftiges Europa vorstellen konnte, in dem Repression und eine radikale Entdemokratisierung die Norm wären. *Jenes* Europa bestünde einerseits aus Bürgern und andererseits aus

Immigranten. Mit anderen Worten, es stünde der Sklavenhaltergesellschaft Athens näher als der sozialdemokratischen Welt des westeuropäischen Konsenses wie er nach 1945 und vor 1989 bestand. Was ich mir jedoch nicht vorstellen konnte, war das Krachen von Panzergranaten und das Geklirr, das ertönt, wenn die Kugeln von Scharfschützen Fensterscheiben treffen, durch gepflegte Parkanlagen peitschen oder in Supermärkten, eleganten Cafés, Kunstgalerien, Autowerkstätten und in den historischen Zentren einer Stadt wie Sarajevo einschlagen. Das hatte ich mir genausowenig vorstellen können wie die Bosnier selbst, bevor sie das Undenkbare in den Abgrund riß.

2

EIGENTLICH WAR ICH wie durch Zufall nach Bosnien gekommen. Ich hatte keine Erfahrungen mit Krieg und war überzeugt, daß die Kämpfe in Europa nicht etwa Vorboten der Zukunft seien, sondern ein schrecklicher, herzzerreißender Anachronismus. Im Sommer 1992 sah ich das Gemetzel in Bosnien daher vermutlich genauso abstrakt wie viele Westeuropäer oder Nordamerikaner. Obwohl bereits umfassende Informationen über das Geschehen nach außen gedrungen waren, ergab sich für mich kein Zusammenhang, aus dem heraus ich hätte reagieren können. Wenn im Fernsehen die schrecklichen Bilder von diesem Blutbad auftauchten, war ich spontan voller Mitgefühl, doch wenn die Abendnachrichten nicht darüber berichteten, war auch dieses Gefühl wieder verschwunden. Und verstanden hatte ich nichts. In jenem Sommer – der Krieg in Kroatien war vorbei und die Zerstörung Bosniens schon im Gange – konnte man gutinformierte Menschen beiderseits des Atlantik voller Befremden über das Geschehen sprechen hören. Es war üblich geworden, moralische Solidarität gepaart mit Hilflosigkeit zum Ausdruck zu bringen. Die Menschen schien weniger zu schockieren, daß überhaupt »ethnische Säuberungen« stattfanden – damals noch ein relativ neuer Begriff – oder Sarajevo belagert wurde, als daß dies Anfang der neunziger Jahre mitten in Europa geschehen konnte.
Ich erinnere mich, daß mir die typischen Wendungen, sobald das Gespräch auf Bosnien kam, in der Tat nur jenes

ungläubige Staunen zu bestätigen schienen, von dem das Entsetzen der Menschen angesichts der schrecklichen Vorgänge in Bosnien immer begleitet war, weil solche Dinge *in Europa* geschehen konnten. Immer wieder fragten sie, wie das »hier« geschehen konnte, wobei sich das »hier«, was kaum überraschte, ebenso auf Manhattan, Georgetown und Cambridge, Massachusetts, bezog wie auf Frankfurt, Mailand oder Paris. Bei dem Gedanken, daß Sarajevo, *eine europäische Stadt*, durch serbische Artillerie von den umliegenden Hügeln aus systematisch in Schutt und Asche gelegt wurde, schüttelten sie ungläubig den Kopf. Es hätte eigentlich niemand überraschen sollen, daß Europa nicht nur ein geographischer, sondern auch ein moralischer Begriff war. Denn trotz der augenscheinlichen Krise des europäischen Selbstvertrauens – verknüpft mit heftigen Anwürfen gegen den »Eurozentrismus«, die, wie es der französische Schriftsteller Pascal Bruckner formuliert hat, zu einer ungerechtfertigten »Demoralisierung des Abendlands« geführt hätten –, war die Vorstellung, Europa sei aus moralischer Sicht ein zivilisierterer Lebensraum als andere Weltgegenden, sehr viel tiefer verankert, als manche wahrhaben wollten. Wenn, was auf dem Balkan vorging, darauf schließen ließ, daß es keine klare Trennungslinie mehr zwischen den Werten Europas und jenen anderer Teile der Welt zu ziehen gab – zwischen *the West and the rest*, wie konservative Amerikaner gern sagen –, dann war das eine äußerst unerfreuliche Erkenntnis, die der Westen, für den ein Krieg nahezu unvorstellbar geworden war, nur schwer verdauen konnte.

Ich war nicht nach Europa gekommen, um einen Krieg zu erleben. Ich hatte gerade mit der Arbeit an einem Buch über die Folgen des Zustroms neuer, unerwünschter Massen von Flüchtlingen und Migranten begonnen, die aus jenen Gegenden nach Europa strömten, die die meisten von uns – wenn auch mit schlechtem Gewissen, da dieser Begriff so weit gefaßt ist, daß er in vieler Hinsicht inhaltsleer ist – noch immer Dritte Welt zu nennen pflegen. Aber sie kamen auch aus der erst seit kurzem in Sicht gekommenen »blonden« Dritten Welt, die aus den verwüsteten Regionen des ehemaligen sowjetischen Imperiums bestand, vor dem Westeuropa bis 1989 durch Stacheldraht und totalitäre Regime geschützt gewesen war. Seit langem schon hatten mich Grenzgebiete angezogen, geographische wie psychologische. Nach der Vereinigung der beiden deutschen Staaten besaß die Oder für mich mindestens soviel Anziehungskraft wie der Rio Grande oder Florida Bay. Weil ich viele europäische Großstädte noch aus der Zeit vor der Masseneinwanderung kannte, konnte ich bei jeder Rückkehr nach Europa erstaunt feststellen, daß sie mich immer mehr an Los Angeles erinnerten, das mittlerweile mehrheitlich von Ostasiaten, Mexikanern und anderen Mittelamerikanern bewohnt wird. Die Einwohnerschaft einer Stadt wie Brüssel, die vor knapp einer Generation ethnisch wie rassisch noch relativ homogen war, bestand inzwischen zu mehr als einem Viertel aus Türken, Maghrebinern und Afrikanern. Daß sich Los Angeles zum Modell für das städtische Amerika des 21. Jahrhunderts entwickelt hat, ist weit weniger erstaunlich, als daß in der Stadt, die zur Verwaltungsmetropole der neuen Europäischen Union geworden war, eine analoge demographische Transformation stattfand. Dort schien im kleinen ein Europa vorweggenommen zu werden, das schon bald ebenso multikulturell und multirassisch sein würde.

Aber in Europa fiel es viel schwerer, einer derartigen Veränderung Sinn abzugewinnen. In den Vereinigten Staaten war Wandel schon immer die Norm gewesen, wie sehr jede Generation »orthodoxer« Amerikaner sich innerlich auch dagegen gewehrt haben mochte, nur um sich am Ende doch mit den immer neuen Wellen fremdländischer Neuankömmlinge abfinden zu müssen. Europa hingegen galt als unwandelbar oder doch zumindest als stabil. Die Tatsache, daß jeder, der den Pershing Square in Downtown Los Angeles vor einem halben Jahrhundert gekannt hat, ihn heute bis zur Unkenntlichkeit verändert finden muß, ist wohl oder übel Ausdruck eines wesentlichen Teils des amerikanischen Lebens. Aber daß es in den Seitenstraßen des Grand' Place nun von Döner-Kebap-Kneipen nur so wimmelt und türkische Frauen mit Kopftüchern und langen anatolischen Gewändern das historische Stadtbild beleben, das mit seinen eleganten Boutiquen eher auf die Bedürfnisse von Eurokraten und belgischen Geschäftsleuten zugeschnitten ist, ist eine ganz andere Sache. Denn nicht nur amerikanische Touristen hatten geglaubt, daß die europäische Identität beständiger und weniger veränderlich sei und daß Europa – egal wie »amerikanisch« es seit dem Ende des Zweiten Weltkriegs in vieler Hinsicht auch geworden sein mochte – doch nicht ganz so amerikanisiert sei. Doch nach dem Ende des Kalten Krieges hatte sich Immigration zu dem großen Problem entwickelt, mit dem Europäer zu kämpfen hatten.

Für einen Amerikaner schien dies ein ganz vertrauter Vorgang, und nach ebendieser »Amerikanisierung« der europäischen Zukunft hatte ich mich – nach langen Studienaufenthalten in den südöstlichen und südwestlichen Grenzgebieten der Vereinigten Staaten – in Europa auf die Suche begeben: ein Projekt, das gleichermaßen aus Erstaunen wie aus der Überzeugung geboren worden war, daß wir uns im 21. Jahrhundert alle gegenseitig umbringen, wenn wir nicht multikulturell werden. Monatelang hatte ich mich in europäischen Städten und da vor allem in den Ausländerwohnvierteln deutscher Städte herumgetrieben, um herauszufinden, inwiefern die Folgen der Migration in Europa und den USA wirklich miteinander vergleichbar waren. Auf meinen Reisen besuchte ich so viele staatliche und kommunale Flüchtlingslager und -wohnheime wie möglich. Ich notierte alles, was ich sah, und hoffte, wie jeder Autor zu Beginn eines neuen Projekts, daß das Buch, das ich schreiben wollte, allmählich vor meinen Augen Gestalt annehmen würde.

Ich verbrachte meine Tage mit Asylanten, Skinheads oder Sozialarbeitern, und wo immer ich hinkam, war der Krieg in Jugoslawien das Thema der Abendnachrichten. Doch von Rostock-Liechtenhagen aus gesehen, wo Neonazis ein Asylantenheim angezündet hatten, oder von Mölln, wo sie eine türkische Familie bei lebendigem Leibe in ihrem Haus verbrannt hatten, oder von der polnischen Seite der Oder aus, wo sich Nacht für Nacht ganze Schwärme illegaler Arbeiter aus dem nahen Warschau und dem fernen Somalia versammelten, um durch das hüfthohe Wasser zur deutschen Seite hinüberzuwaten, schien mir der Zusammenbruch Jugoslawiens zwar tragisch, letzlich aber nur ein Nebenschauplatz zu sein – jedenfalls verglichen mit dem Thema, dem ich nachging, oder mit dem Zusammenbruch der Sowjetunion drei Jahre zuvor. Mein Verständnis der Welt war vom Kalten Krieg geprägt. Die Tatsache, daß nun wenigstens die Gefahr einer atomaren Vernichtung gebannt war, die ja den Kalten Krieg seit dem Tage meiner Geburt begleitet hatte, stimmte einen 1992 zwar nicht mehr ganz so euphorisch wie 1989, dennoch machte sich auch noch in diesem Jahr kaum ein vernünftiger Mensch besondere Sorgen über den allgemeinen Lauf der Dinge.

Was war denn schon der Untergang Jugoslawiens gemessen an der endgültigen und längst überfälligen Zerstörung des kommunistischen Systems? Sicher war Jugoslawien ein interessantes Land, und für Ausländer wie mich war es immer schwer gewesen, es ebenso zu verurteilen wie Bulgarien, Polen oder selbst Ungarn mit seinem liberaleren »Gulaschkommunismus« eines Kadar – was aber auch nur daran gelegen haben mag, daß wir von der titofreundlichen Propaganda, die sonst hauptsächlich antikommunistischer

westlicher Medien derart eingelullt gewesen waren, daß wir gar nicht mehr wahrnahmen, was dort wirklich vorging. Tito schien uns, wie unrecht wir damit rückblickend auch hatten, sehr viel weniger verdammenswert als jeder andere Führer im Ostblock. Gewiß war er ein Despot, doch wie Castro oder Ho Chi Minh einer, von dem man den Eindruck hatte, daß er sich nicht nur groß, sondern im Grunde viel zu groß empfand für das Land, das er führte. Allerdings sollte er, im Gegensatz zu Castro oder Ho und eher wie Franco – und wohl eher unfreiwillig – ein viel demokratischeres System herbeiführen helfen als es seine eigene Ideologie oder Lebensgeschichte hätten vermuten lassen. Aber nüchtern betrachtet, was spielte das letztlich für eine Rolle? Auf oft riskante Weise und manchmal eher zufällig hatte das Land zwischen Ost und West laviert. In den späten vierziger Jahren war es nur dank amerikanischer Subventionen und in der Ära des deutschen Wirtschaftswunders nur durch die Geldüberweisungen seiner Gastarbeiter aus Westeuropa lebensfähig gewesen, später nur mit Hilfe von Petrodollars aus dem Nahen Osten, und gegen Ende der Herrschaft Titos nurmehr durch schlechtbedachte Darlehen und Kredite des Internationalen Währungsfonds und der Weltbank: War Jugoslawien nicht immer schon sowas wie ein Nebenschauplatz der Geschichte?
1980, als der Massenmord des Pol-Pot-Regimes in Kambodscha bekannt wurde, hatte niemand ernsthaft behauptet, was dort geschah, sei nur deshalb wichtig, weil Kambodscha eine geopolitisch bedeutende Rolle spiele. Dafür, daß man dies unerträglich fand, gab es schlicht moralische Gründe. Und in Extremfällen – insbesondere im Falle eines Genozids oder solchen Massenmords – gibt es eine moralische und (wenn man daran glaubt, daß die Genfer Völkermordkonvention von 1949 ihre Unterzeichner bindet) sogar eine rechtliche Verpflichtung zur Intervention, um eine Fortdauer des Geschehens zu verhindern. Doch

schon zu Zeiten der Morde in Kambodscha hatte es so manche gegeben, die darauf hinwiesen, daß es gleichzeitig jede Menge anderer, ebenso schwer zu beendender Tragödien auf der Welt gäbe. Vielleicht war Kambodscha ja wirklich nur »ein geräuschvolles Desaster« gewesen, wie James Grant, damals Leiter des Kinderhilfswerks der Vereinten Nationen UNICEF, dem britischen Schriftsteller William Shawcross gesagt hatte. Emotionslos betrachtet, war es vielleicht wirklich nur eines von vielen und keineswegs das schlimmste. Wieso also sollte nun das, was 1992 im ehemaligen Jugoslawien geschah, etwas Besonderes sein? War es die Tatsache, daß sich diese Tragödie in Europa ereignete, in diesem glücklichen, privilegierten Kontinent, wo höchstens Naturkatastrophen und einzelne kriminelle Gewalttaten, nicht aber Kriege zu erwarten waren? Verdiente das Geschehen deshalb besondere Beachtung? Wieso Bosnien? Wieso nicht ...? Die Liste der Länder schien immer länger zu werden.
Vielleicht fiel es Leuten wie Margaret Thatcher und anderen Konservativen, die nicht daran zweifelten, daß die europäische Zivilisation nicht nur Privilegien mit sich brachte, sondern in ihrer Sphäre auch hohe Maßstäbe für das politische Verhalten setzte, eben deshalb so viel leichter, zur Verteidigung Kroatiens und später Bosniens aufzurufen. Für sie war die serbische Aggression, die sie zu Recht als solche bezeichneten – und damit all das scheinheilige Gerede über Bürgerkrieg, den dort aufkommenden moslemischen Fundamentalismus oder eine dem Balkan eigene Neigung zur Gewalttätigkeit vom Tisch wischten –, einfach falsch, unannehmbar, etwas, dem ein Ende gemacht werden mußte.
Für Liberale, die bereits desillusioniert von der Idee einer europäischen Zivilisation waren, wie sehr sie ihr in der Tiefe ihres Herzens auch noch verpflichtet sein mochten, war die Lage sehr viel komplizierter. Seit einer Generation

hatten sie versucht, sich von ihrer tradierten eurozentrischen Selbstbezogenheit zu lösen und die Welt nicht nur aus der Perspektive ihrer eigenen kleinen Ecke, sondern in ihrer Gesamtheit zu sehen. Das machte die Auseinandersetzung mit oder gar die Sorge um Jugoslawien ungleich schwieriger, denn sie hatten sich bereits an den Gedanken gewöhnt, daß Europa eines der wenigen Gebiete der Welt sei, um das man sich nicht sosehr zu sorgen brauchte; ja, daß das sogar *falsch* sei. Wer es dennoch tat, konnte sicher sein, von jemandem beschuldigt zu werden – sei es von Boutros Boutros-Ghali bei den Vereinten Nationen oder einem linken Zeitungskolumnisten –, vor allem vom Leid der weißen Europäer betroffen zu sein. Schließlich hatte sich selbst der UN-Generalsekretär, während er sich am Neujahrsabend 1992 in Sarajevo aufhielt, die beklatschte Bemerkung erlaubt, die Bosnier seien um vieles besser dran als die Opfer so vieler anderer Gemetzel, die irgendwo anders in der Welt stattfanden.
Diese Haltung war zumindest hinderlich, ein moralisches Hemmnis, das die Verwirrung, die dieser Krieg bei vielen Menschen ausgelöst hatte, noch vergrößerte. Selbst von den Verfechtern der Sache Bosniens konnte man bedauernd hören, daß sie sich zu ihrer Überraschung auf die Seite von Frau Thatcher oder diverser Beamter der Reagan-Administration schlagen mußten. Hinzu kam, daß viele Liberale Frankreichs, Großbritanniens und vor allem Nordamerikas während des Krieges in Kroatien zwar über die Taten der Serben entsetzt waren, sich aber noch immer an die Greueltaten erinnerten, welche die kroatischen Faschisten während des Zweiten Weltkriegs verübt hatten. Sie riefen sich ins Gedächtnis, daß Kroatien einmal von Ante Pavelić und seiner faschistischen Ustascha-Partei geführt worden und für die Ermordung von Hunderttausenden Serben und Juden verantwortlich gewesen war. Und dies verleitete sie zu der völlig unsinnigen Annahme, alle Kroaten seien bis

zum heutigen Tage in der Wolle gefärbte Faschisten und Antisemiten. Daß ausgerechnet Deutschland und Österreich die Kroaten am meisten unterstützten, konnte diese Vorbehalte, die man in vielen Nato-Ländern hatte, nur noch bestätigen. Die Kroaten selbst vertraten ihre Sache im Ausland auch nicht gerade geschickt. Ihr Präsident Franjo Tudjman, der vor seiner Bekehrung zum Nationalismus kommunistischer Kader und General der Jugoslawischen Volksarmee gewesen war, hatte ein Buch veröffentlicht, in dem er bezweifelte, daß ein jüdischer Holocaust überhaupt stattgefunden hat. Zwar bestritt er energisch, Antisemit zu sein, aber es schien ihm offenbar wichtiger, seine Regierungskoalition zusammenzuhalten, als die Mitglieder seiner Partei der Kroatisch-Demokratischen Union (Hrvatska Demokratska Zajedniča, HDZ) auszuschließen, die ihre Sympathien für die Ustascha ganz offen bekundeten. Eine noch größere Rolle spielte jedoch, daß die Serben im öffentlichen Bewußtsein des Westens als die Guten während des Zweiten Weltkriegs dastanden. Sich auf die Seite ihrer Feinde zu stellen, gegen die proserbische Kreise ohnehin große Vorbehalte hatten, war sogar nach der Zerstörung der Stadt Vukovar nicht ganz einfach. In Frankreich, wo es besonders starke proserbische Gefühle gab, war es schier unmöglich, für Kroatien auch nur Verständnis zu zeigen. Alain Finkielkraut, einer der ersten französischen Schriftsteller, die es dennoch taten, bestätigte dies mit der Wahl seines polemischen Buchtitels: *Wie kann man nur Kroate sein?*

Angesichts all dieser miteinander im Widerstreit stehenden Erinnerungen und Vorurteile, die das Denken des einzelnen beeinflußten, war es rückblickend nicht überraschend, daß die Balkan-Berichterstattung von CNN, Antenne 2 oder Sky News einerseits dafür sorgte, daß die Vorgänge allgegenwärtig waren, sich das Fernsehpublikum andererseits aber weniger betroffen fühlte als von Ereignissen, die viel weiter weg stattfanden. Ich nehme an, daß nicht nur ich mich bei der Belagerung der Stadt Vukovar und ihrer totalen Zerstörung vor der Einnahme durch die Serben gefragt habe, ob die Kroaten nicht vielleicht doch etwas getan hatten, was ein solches Vorgehen gegen sie rechtfertigte. Ich erinnere mich, daß ich angesichts der im Fernsehen gezeigten Bilder von der völlig sinnlosen Bombardierung der Altstadt von Dubrovnik mit Schiffsraketen, die an den Mauern der alten Festung detonierten und die einmaligen historischen Bauten in Brand setzten, zwar zusammengezuckt war, zugleich aber auch gedacht hatte, daß sich die kroatischen Verteidiger doch endlich ergeben könnten, um diese Stadt zu retten. Ein wurzelloser Jude wie ich konnte angesichts des Beschusses dieser Stadt einfach nicht begreifen, daß der kroatische Nationalismus etwas sein sollte, für das es sich zu sterben lohnte.

Dabei war Dubrovnik noch ein relativ einfacher Fall gewesen, jedenfalls hatte das Fernsehen ihn so dargestellt. Der Versuch, diese Stadt zu zerstören, war eindeutig Vandalismus und nicht Krieg – auch wenn die kroatischen Behörden den tatsächlichen Grad der Zerstörung in den ersten Berichten, wie sich später herausstellte, übertrieben hatten. Dieser Vorgang zeigte zudem beispielhaft, wie die Geschehnisse im ehemaligen Jugoslawien aufgenommen wurden, nämlich fast immer ohne eine Analyse des politischen oder historischen Kontexts. Die Reporter vor Ort wußten meist besser Bescheid und taten auch ihr möglichstes, um ihr Wissen zu vermitteln, doch scheint mir heute, als seien sie von dem Schema, nach dem sie zu arbeiten hatten, völlig erdrückt worden. Was sie in die Wohnzimmer brachten, waren hauptsächlich sentimentale Deutungen des Geschehens – es sei denn, man war in der Lage, ihr Informationsangebot im historischen Kontext zu sehen –: die gemarterte Stadt, die Flüchtlingsfamilie, der grausame Milizionär. Diese Prototypen hat es natürlich gegeben, niemand hätte seit Beginn der Kämpfe auch nur eine Woche in Bosnien verbringen können, ohne ihnen zu begegnen. Heute, so abgedroschen das auch klingt, bin ich noch überzeugter als damals, daß die Serben in diesem Krieg die Schuldigen sind, obwohl ich sie mir damals nur als die von CNN dargestellten »Tschetniks« hatte vorstellen können, und mein einziges Wissen über sie aus den Berichten stammte, die mir Christiane Amanpour von CNN über ihre Greueltaten geliefert hatte.

Das Fernsehspektakel um den Krieg hatte mich leichtgläubig gemacht. Ich erinnere mich beispielsweise nicht, je darüber nachgedacht zu haben, ob an diesen Dingen *mehr* dran sein könnte, als was gezeigt wurde – selbst wenn etwas so merkwürdig eindeutig präsentiert wurde wie der Fall Dubrovnik. Die Oberflächlichkeit, mit der ich urteilte, hatte es mir leichtgemacht – paradoxerweise trotz oder vielleicht sogar wegen meiner emotionalen Reaktionen –, mich auf andere Probleme wie auf die große Migration, den Zusammenbruch des Kommunismus oder den Aufstieg eines neuen, konfuzianischen Kapitalismus in Ostasien zu konzentrieren, obwohl ich mir zugleich völlig bewußt gewesen war, daß das Morden in unmittelbarer Nähe geschah. Die kroatische Hauptstadt Zagreb war nur zwei Flugstunden von Frankfurt entfernt, Sarajevo lag nur fünfundvierzig Flugminuten weiter weg – wenn der bosnische Luftraum nicht für jeglichen Flugverkehr außer für Hilfsflüge der Vereinten Nationen und Nato-Kampfflugzeuge gesperrt gewesen wäre, worum sich die serbischen Hubschrauber allerdings wenig scherten.

Wissen ist nicht Macht. Wenn der Untergang Jugoslawiens, den das Fernsehen bis in letzte Einzelheiten dokumentierte, eines gezeigt hat, dann dies. Als ich zum ersten Mal nach Bosnien kam, verfügte ich bereits über jede Menge Information, wahrscheinlich über mehr als die meisten anderen Zivilisten, die sich je in ein Kriegsgebiet begeben hatten. Ich kannte genau die geographischen Gegebenheiten von Orten, an denen ich nie zuvor gewesen war. Vor meiner ersten Ankunft in Sarajevo wußte ich bereits, daß ich nur dann eine Fahrgelegenheit vom Flughafen zum Holiday Inn, wo die meisten Journalisten wohnten, bekommen würde, wenn ich mir zuerst von UNPROFOR eine Genehmigung für den Transport mit einem gepanzerten Mannschaftswagen (Armored Personnel Carrier, APC) zum damals noch in der Post- und Telefonverwaltung (PTT) untergebrachten UN-Hauptquartier besorgte. Diese Strecke in einem ungepanzerten Wagen zu fahren, wäre angesichts der Scharfschützen tödlicher Leichtsinn gewesen. Auch war mir bereits bekannt, daß man sich, um anschließend vom PTT zum Holiday Inn zu kommen, um eine zweite Fahrgelegenheit bemühen sollte. Wenn weder ein APC der Uno noch der gepanzerte Landrover eines Korrespondenten zur Verfügung stand, war es mit einem gewöhnlichen Pkw sicherer, auf Umwegen zu fahren und nicht auf der längst Heckenschützenallee genannten Hauptstraße wie vor dem Krieg. Das alles wußte ich natürlich aus den CNN-Reportagen. Zwar hielt Sarajevo zu Beginn meines Aufenthalts noch immer jede Menge Überraschungen parat, doch ausgesehen hat es fast genauso, wie ich es erwartet hatte. Und doch wußte ich *nichts*.

Gewöhnlich glauben die Leute, Information und Wissen seien ein und dasselbe. Fatal ist nur, daß sie auch glauben, wenn sie erst einmal über wichtige Informationen verfügen, würden sie sofort handeln – ein altbekannter Irrtum. Noch heute glauben viele, wenn die Welt nur vom Holocaust gewußt hätte, hätte sie auch etwas dagegen unternommen – wenn nicht gerade die »bösen« Deutschen, so doch die »anständige« Welt. Zwei Jahre in Bosnien haben mich eines anderen belehrt. Hätte es damals Bilder aus Auschwitz in der Weltpresse gegeben, hätte die Welt höchstwahrscheinlich genausowenig gehandelt – es sei

denn, ein Eingreifen wäre denen, die die Macht dazu hatten, gelegen gekommen. Tatsächlich hat die Übertragung der Bilder von achtundsechzig Toten und über zweihundert Verletzten auf dem Zentralmarktplatz von Sarajevo endlich zu einer Reaktion geführt. Aber schon vor dieser Bluttat hatte es jede Menge Bilder von Greueltaten gegeben, und es wird sie wohl auch in Zukunft geben. Wie lange wird das emotionale Interesse der Menschen noch anhalten? Noch einen Monat? Ein Jahr? Gewiß nicht viel länger, ob es nun um Bosnien geht oder um irgendein Gemetzel im ehemaligen Sowjetreich, für das Bosnien nur der Auftakt war.
Emotionen waren ein schlechter Führer während des kroatischen Krieges, und sie waren ein schlechter Führer während des Gemetzels in Bosnien, denn sie pendeln von einem Extrem ins andere. Einmal konnten aufrechte Menschen – vor allem Westeuropäer – über Vukovar und Dubrovnik Tränen vergießen und ihre Regierungen auffordern, das sezessionistische Kroatien und Slowenien schnellstens anzuerkennen. Dann wieder, nachdem sie erkannt oder zu erkennen geglaubt hatten, daß diese Anerkennung nicht zum Ende der Kämpfe und der Zerstörung, sondern sogar zu einem neuen Krieg im zuvor friedlichen Bosnien-Herzegowina geführt hat, gaben sie genauso schnell alle Hoffnung auf und schlossen sich der von so vielen Westeuropäern und UN-Beamten propagierten Vorstellung an, die Anerkennung sei von vornherein ein Fehler gewesen. Nur über die Jugoslawische Föderation, behaupteten sie nun im nachhinein, wäre die ethnisch motivierte Gewalt einzudämmen gewesen, zu der die Südslawen ohnehin neigten.
Plötzlich schien auch ihnen die im europäischen Bewußtsein längst herrschende Vorstellung einzuleuchten, daß der Balkan schon immer zur Gewalt geneigt habe. Der irische Schriftsteller und Politiker Conor Cruise O'Brien hatte vielen aus der Seele gesprochen, als er 1992 schrieb: »Es gibt Länder, in denen viele Menschen Krieg und die mit ihm

einhergehenden Plünderungen, Vergewaltigungen und Tyrannei jeder Art friedlicher Beschäftigung vorziehen. Eines dieser Länder ist Afghanistan. Ein anderes ist das Jugoslawien nach dem Zusammenbruch des zentralistischen kommunistischen Regimes.« Die geschichtliche Lehre, die aus dieser Auffassung zu ziehen war, lautete, daß es eben nur das tragische historische Schicksal der Serben, Kroaten und Bosnier sei, sich ungefähr einmal pro Generation gegenseitig abzuschlachten. Und die logische politische Folgerung besagte, daß Bosnien-Herzegowina außerhalb des Verbunds einer Jugoslawischen Föderation sowieso nicht als Staat betrachtet werden könne. Zwar habe es einen Sitz in den Vereinten Nationen, doch das sei einem Fehler Europas zu verdanken. Eine solche rechtliche Anerkennung sollte, was immer sich die Bosnier vorgestellt haben mochten, keine echte Legitimität beinhalten.

Das Problematische an jeder zutiefst emotionalen Reaktion auf ein politisches Ereignis – obwohl leicht zu mobilisieren, ist Gefühl nahezu das Gegenteil echter Überzeugung – ist, daß sie einem erlaubt, seine Ansichten ständig zu ändern. Über das Geschehen auf dem Balkan wurde seit Beginn der Tragödie schon so vieles gedacht und gesagt. Vor Ausbruch des serbisch-kroatischen Kriegs 1991 hatten die meisten Westeuropäer und Nordamerikaner mit den Serben sympathisiert. Nach Vukovar und Dubrovnik wurden dann die Kroaten zu Helden. Und als der Kampf in Bosnien begann, zogen die bosnischen Moslems, die eigentlichen Opfer der Kämpfe, die Sympathien der ganzen Welt auf sich. Als dann im Frühjahr 1993 Moslems und Kroaten plötzlich ihre Messer wetzten, herrschte allgemeine Verwirrung, bis die ständigen Gewaltakte der bosnischen Serben den bosnischen Moslems erneut den Status jener verschafften, mit denen zu sympathisieren von einem erwartet wurde. Angesichts der vielen, die so wenig wußten und so viel fühlten, war es kaum überraschend, daß es den europäischen und amerikanischen Politikern, die ja nichts gegen die serbische Aggression unternehmen wollten, immer wieder gelingen sollte, die Wogen des Volkszorns und die Wallungen des öffentlichen Mitleids zu glätten, wenn die Medien wieder einmal über ein Massaker besonders ausführlich berichtet hatten. Die meisten Politiker waren von Anfang an zur Untätigkeit bereit gewesen. Bismarcks gallige Bemerkung, daß der Balkan »nicht das Leben eines einzigen gesunden pommerschen Grenadiers« wert sei, ist nur der bekannteste Ausspruch eines gefeierten europäischen Staatsmannes, der diese Region abgeschrieben hatte. Was der Eiserne Kanzler so beiläufig geäußert hatte, sollte mehreren Generationen europäischer Gelehrter und der späteren politischen Analyse als Ausgangspunkt dienen, um die Ansicht zu stützen, daß Jugoslawien als Grenzraum zwischen der orthodoxen und der römisch-katholischen Welt – oder zwischen dem osmanischen und dem habsburgischen Herrschaftsgebiet – von Natur aus instabil, wenn nicht gar unrettbar verloren sei.

Es schien keine Rolle zu spielen, daß viele von denen, die nun in Washington, Paris oder Bonn über die Grausamkeit lamentierten, die dem südslawischen Charakter angeblich zu eigen sei, nur wenige Jahre zuvor ihre Ferien bei diesen gefährlichen Barbaren verbracht hatten. Inzwischen glaubten sie zwar, daß die Menschen dort im Grunde schon genetisch bedingt blinde Eiferer seien, doch damals hatten sie sich unter ihnen wie zu Hause gefühlt. Wer 1985 an die dalmatinische Küste, beispielsweise nach Dubrovnik, gereist war, hatte sich in der Tat nicht wagemutig auf ein gefährliches Unternehmen eingelassen, sondern eine typisch europäische Urlaubsreise unternommen, die sich kaum von einem Aufenthalt an der italienischen Küste bei Ancona unterschied, das fast genau gegenüber der dalmatinischen Stadt Split liegt, nur hundert Kilometer Luftlinie entfernt am anderen Ufer der Adria.

1985 waren wohl die meisten Menschen davon ausgegangen, daß die dalmatinische Küste von der italienischen Grenze in Istrien bis Dubrovnik dank der wirtschaftlichen Entwicklung Jugoslawiens – das auf gutem Wege zur Integration ins kapitalistische Westeuropa schien – bald schon eine ähnlich wichtige Rolle spielen würde, wie sie die Costa del Sol in den fünfziger Jahren bei der Integration des faschistischen Spanien in die westeuropäische Entwicklung gespielt hatte. Bei all den Campingplätzen und kleinen Häfen, den zollfreien Läden und Ferienhotels und vor allem dieser herrlichen Landschaft, die so viel schöner ist als die der italienischen Adriaküste – Italien kann sich zwar der schöneren Städte rühmen, mit denen sich höchstens Dubrovnik und Split vergleichen lassen, aber Dalmatien hat die Inseln, die zudem noch viel unberührter waren als die griechischen –, hatte man sich noch fast bis der erste Schuß fiel vorstellen können, daß sich hier ein Wirtschaftswunder ereignen würde. Der Bauboom entlang der dalmatinischen Küste, der sich sogar ins Innere Bosnien-Herzegowinas bis zur historischen Stadt Mostar erstreckte, bewies, daß die Investoren noch bis in die späten achtziger Jahren bereit gewesen waren, ihr Vertrauen in die Integration Jugoslawiens in die EG mit Investitionen zu dokumentieren. Viele der Hotels an der dalmatinischen Küste, die heute Flüchtlinge beherbergen, sind kaum älter als fünf Jahre. Überall stehen halbfertige Villen, Hotels und Jachthäfen, deren Bau offensichtlich vom einen Tag auf den anderen gestoppt wurde.

Die Jugoslawen selbst waren felsenfest davon überzeugt gewesen, daß sie vor einem vom Tourismus angekurbelten Aufschwung standen. Noch heute sagen die Kroaten, alles werde wieder gut, wenn nur der Krieg beendet werden könnte und die Serben Kroatien in Frieden ließen. Die Touristen kämen dann schon zurück, und mit ihnen bald auch der Wohlstand. In Dubrovnik gibt es ein Graffito, das für diese Zeit und diese berauschenden »westlichen« Hoffnungen bezeichnend ist. Die Buchstaben sind mittlerweile verblaßt und umgeben oder übermalt von martialischen oder politischen Sprüchen – zumeist Schmierereien für die faschistische Ustascha-Partei, die NDH, Erinnerungen an die Märtyrer von Vukovar und Osijek oder grimmige Racheschwüre gegen die Serben. Nur dieses eine erinnert noch daran, wie das Schicksal Dalmatiens hätte aussehen können: »Sex, Deutschmark und Cevapcici.«

Was immer über die Völker des ehemaligen Jugoslawien zu sagen ist: Sie haben sich nicht selbst aus Europa ausgeschlossen. Dies haben die Westeuropäer und Nordamerikaner besorgt. Während die Kämpfe andauerten, hatten sie sich bequem zurückgelehnt, wie so oft seit Bismarcks Zeiten, und über den Balkan gesprochen, als liege er irgendwo außerhalb Europas, war er doch angeblich alles andere als zivilisiert. Das wahre Europa, das zivilisierte Europa, umfaßte natürlich die inzwischen auf sechzehn Mitgliedstaaten angewachsene Europäische Union und die Schweiz, zur Not vielleicht noch die Tschechische Republik – aber nicht die Slowakei – und Ungarn. Auf einen einfachen Nenner gebracht führte diese Denkweise zu dem Syllogismus: »Europäer könnten sich so etwas nie gegenseitig antun. Die Bewohner des ehemaligen Jugoslawien tun dies einander an. Also sind sie keine Europäer.«

Daß dieses Europäertum schon immer vor allem Ideologie gewesen war, modifiziert durch stets dramatischen Veränderungen unterworfenen geographischen Vorstellungen, hätte jedem bewußt sein sollen – wie oft sprach man während des Kalten Krieges von Prag, das westlicher liegt als Wien, als einer »osteuropäischen« Hauptstadt? Irgendwann im Laufe des Gemetzels in Bosnien hatte das Entsetzen über das Geschehen politische Vernunft wie humanitäre Entschlossenheit so beschädigt, daß man auf die ältesten, abwegigsten Vorurteile über den Balkan und den

Charakter seiner Menschen zurückzugreifen begann, durchmischt mit einer Menge pseudohistorischem Mumpitz über einen von den Vorvätern ererbten Haß und eine Anlage dieser Region zur Gewalt. Damit wurden dann effektiv alle Südslawen mit Ausnahme der Slowenen aus Europa ausgegrenzt. Europäer, hieß es, verhielten sich nicht so wie diese Leute, wenigstens keine wahren Europäer. Noch heute kann man Personen, die es nie wagen würden, von einem westafrikanischen oder lateinamerikanischen Charakter zu reden, behaupten hören, daß die Geschehnisse auf dem Balkan aus ebendiesen kulturellen und historischen Gründen zwar tragisch, aber wahrscheinlich nicht zu vermeiden seien.

Möglicherweise waren viele im Westen gerade durch die Tatsache, daß die Bosnier Weiße sind – wenngleich weit davon entfernt, ihrer weißen Hautfarbe wegen privilegierter zu sein als Farbige oder ein größeres Anrecht auf Verständnis zu haben –, dazu verleitet worden, verstaubte rassenhygienische Klischees zu gebrauchen, an die sie in einem nichteuropäischen Kontext nicht einmal im Traum gedacht hätten. »Politisch korrekte« Amerikaner, die sonst bei der kleinsten sprachlichen Verunglimpfung von ethnischen Minderheiten empört sind, finden nichts dabei, Wörter zu gebrauchen wie *redneck* (was soviel wie Tölpel heißt und vor allem eine abschätzige Bemerkung über arme Farmer in den Südstaaten ist) und *white trash* (weißes Pack). Ganz ähnliche moralische Verrenkungen machten nun viele, wenn sie über das ehemalige Jugoslawien sprachen. Was der jugoslawische Diplomat und Historiker Cvijeto Job einmal die »Volkspoesie des Balkan« genannt hat, für einen Ausdruck des wahren Charakters von Serben, Kroaten und Bosniern zu halten, war eben bequemer, als in weniger simplen Kategorien zu denken.

Inzwischen sind Erklärungen, die sich auf den »Charakter« des Balkan stützen, die einzigen, die die Leute noch gelten lassen. Praktisch dienen solche Betrachtungsweisen allerdings nur dazu, Scheinbegründungen zu finden, warum nicht mehr getan wurde, um dem Krieg in Kroatien ein Ende zu setzen oder Bosnien zu retten. Besonderen Anklang finden solche Begründungen natürlich bei den Diplomaten der Vereinten Nationen, die im Grunde nur dann behaupten können, sie hätten sich im ehemaligen Jugoslawien richtig verhalten, wenn sie ihr Peacekeeping als von vornherein hoffnungslos hinstellen. Ein UN-Beamter, der schon früh der UNPROFOR-Mission angehört hatte – ein brillanter Diplomat, der 1991 und 1992 unmittelbar an den Waffenstillstandsverhandlungen mit Kroatien beteiligt gewesen war –, lächelte müde während unseres ersten Gesprächs, das ich mit ihm führte, noch bevor ich meinen Fuß auf bosnischen Boden setzte, und versuchte, meine Fragen über den »sinnlosen« Artilleriebeschuß der Altstadt von Dubrovnik mit einer Analogie zu beantworten. »Wissen Sie«, sagte er, »die Leute auf dem Land erzählen hier, daß ein Mann, dem die Frau seines Herzens weggelaufen ist, leicht zum Messer greift. Er entstellt sie einfach. Wenn er sie nicht haben kann, dann soll sie auch kein anderer Mann mehr haben wollen. Lassen Sie diesen Beweggrund nicht außer acht, wenn Sie an Dubrovnik denken. Es war eine wunderschöne Stadt und eine wichtige Touristenattraktion. Ich bin mir nicht sicher, ob nicht ein paar serbische Soldaten gedacht haben: Wenn wir sie nicht haben können, dann werden wir sie eben in Trümmer legen, damit sie auch die Kroaten nicht haben können.«

Zum ersten Mal war ich Bosniern im Sommer 1992 in einem Flüchtlingslager am östlichen Rand von Berlin begegnet, nachdem ich zuvor nur Berichte über Bosnien oder Bemerkungen über ihren angeblichen Volkscharakter gehört hatte. Es lag an einer Allee, an der sich eintönige Wohnblocks aneinanderreihten, zwischen denen sich – wie in so vielen Straßen der ehemaligen DDR nach der Vereinigung – Gebrauchtwagenhändler niedergelassen hatten. An den Bäumen hingen knallbunte Werbeplakate, die anpriesen, was nun überall zu haben war. »Test the West« lautete beispielsweise der Slogan einer populären Zigarettenmarke. Und überall hatten neue Lokale aufgemacht, von Strip-Bars über Casinos bis hin zu Showclubs für Frauenringkämpfe.

Ich war zwar mehrmals in Jugoslawien gewesen, konnte aber nur behaupten, Slowenien ein wenig zu kennen, die nördlichste Republik der Föderation, sowie Kroatien, und auch dort nur das Feriengebiet zwischen Zadar und Dubrovnik an der dalmatinischen Küste. Das war nicht viel. Sogar in den sechziger Jahren, als Titos Regime noch offen vom Stil und repressiven Geist seiner Nachbarn im Ostblock geprägt war – wenngleich natürlich nicht in der Außenpolitik –, hatte Slowenien eher wie ein Anhängsel des benachbarten Österreich gewirkt, wie Österreich *sehr* südlich der Enns, sagte man beiderseits der Grenze in Graz und Ljubljana. Ich bin mir nicht sicher, ob ich überhaupt an die Existenz dieses ominösen Gebildes mit dem fremdländisch klingenden Namen »Balkan« geglaubt hatte, geschweige denn, daß ich je an einem solchen Ort gewesen wäre. Natürlich wußte ich von ihm aus Büchern, aus den Berichten über Titos Partisanen, aus der Geschichte der Ereignisse, die zur Ermordung des Erzherzogs Franz Ferdinand 1914 in Sarajevo geführt hatten, sowie aus den großartigen Reiseerzählungen der Zeit zwischen den beiden Weltkriegen, wie Rebecca Wests *Black lamb and grey falcon*.

Mein Wissen über Bosnien beschränkte sich auf die üblichen Bruchstücke aus Halbwahrheiten, Klischees und Fehlinformationen, über die die meisten einigermaßen gebildeten Leute verfügen und die in jedem üblichen Reiseführer zu finden waren, wie sie noch heute im ehemaligen

Touristenbüro von Sarajevo zu haben sind, das – man glaubt es kaum – während des ganzen Krieges als eine Art Informationsbörse geöffnet blieb. Den dort ausgelegten Büchern konnte der Besucher entnehmen, nachdem er darüber belehrt worden war, daß Tito die ethnischen und nationalen Fragen in Jugoslawien ein für allemal gelöst habe und fortan »Brüderlichkeit und Einheit herrschten«, daß in Bosnien viele Moslems leben, die jedoch slawischer und kaum türkischer oder albanischer Abstammung seien, obwohl Bosnien-Herzegowina genauso wie Serbien, Montenegro und Makedonien bis ins dritte Viertel des 19. Jahrhunderts Teil des Osmanischen Reiches gewesen sei. Die Moslems seien nicht eingewandert, sondern die Einheimischen seien zum Islam konvertiert, die meisten aber nicht vom orthodoxen Christentum. Sie seien zuvor Bogomilen gewesen, Anhänger einer den Manichäern verwandten Sekte, die im Mittelalter sowohl in Bosnien als auch entlang der dalmatinischen Küste und an den herzegowinischen Gestaden verbreitet war. Die charakteristischen Grabsteine der Bogomilen – wie leicht ist es doch, im Stil eines Reiseprospekts zu schreiben – wurden gewöhnlich in einem Atemzug mit zwei anderen malerischen Sehenswürdigkeiten des Landes genannt: der alten osmanischen Brücke, der Stari Most, über die Neretva in Mostar und natürlich mit der Prinčip-Brücke über die Miljacka in der Stadt, die, wie böse Zungen in Sarajevo sagen, nach dem Ersten Weltkrieg zu Ehren des Mannes, der den Krieg provoziert hatte, benannt worden sei.

Das Wissen von Touristen muß man sich wie ein Schulkind erarbeiten. Wenn man eine neue Sprache lernt, muß man mit dem Wortschatz eines Vierjährigen beginnen. Bei der Beschäftigung mit einer neuen Kultur ist es ähnlich. Einmal in Bosnien entdeckte ich bald das Offensichtliche: Die nationale Frage war selbst während der Tito-Ära alles andere als gelöst. Zwar hatte Tito allen Völkern der Föderation den Slogan »Brüderlichkeit und Einheit« eingetrichtert, doch »dieser Geschichtsunterricht [sollte] nicht das erwartete Resultat bringen. Bezeichnenderweise behaupteten die Nationalisten jeder Gruppe [Serben, Kroaten, Bosnier, Albaner], ihre eigenen Schandtaten seien stets überbetont, die ihrer Feinde hingegen heruntergespielt worden«, schrieb Civjeto Job.

Ungelöste Streitigkeiten, aber auch scheinbar völlig eindeutige Vorkommnisse wurden auf die unterschiedlichste Art und Weise dargestellt. Dabei wurde nicht nur das Ausmaß tragischer Ereignisse angezweifelt wie in der Debatte darüber, wie viele Serben im Ustascha-Konzentrationslager Jasenovac umgebracht worden seien. Selbst bei beurkundeten Geschehnissen war die Wahrheit umstritten. In Bosnien beispielsweise ging es um die Frage der Herkunft der Bogomilen. Ich hatte immer angenommen, daß sich ihre Bekehrung zum Islam einfach damit erklären ließ, daß sie sich vom Islam Schutz vor orthodoxen wie römisch-katholischen Kreuzfahrerheeren erhofft hatten. Stimmt nicht, berichtigten mich einige. Der Bogomilismus sei, als die Osmanen kamen, nahezu verschwunden gewesen. Einem Ausländer wie mir schien allein die Tatsache, daß eine solche Debatte überhaupt geführt wurde, zu bestätigen, was der große jugoslawische Schriftsteller Danilo Kiś einmal über das Vorkriegsbosnien gesagt hatte: Bosnien, schrieb er, sei »der exotische Kern Europas«. Und doch brachten sich die Menschen gegenseitig um wegen unterschiedlicher Deutungen dieser und anderer, ebenso undurchschaubarer Geschehnisse vor Hunderten von Jahren. Das historische Ereignis mag völlig in Vergessenheit geraten oder die Erinnerung daran von zeitgenössischen nationalistischen Hetzern manipuliert werden, in Bosnien wird immer – um einen alten Spruch über Nordirland zu paraphrasieren – eines übrigbleiben, wenn alles andere verschwunden ist: der Groll.

In das Berliner Flüchtlingslager war ich damals freilich nicht gefahren, um über die Geschichte des Balkan zu streiten. Ich hatte herauszufinden gehofft, wie die Immigranten aus der nichtweißen Welt und dem ehemaligen sowjetischen Imperium miteinander auskamen (im allgemeinen nicht besonders gut). Das Lager hatte, wie so viele andere, die ich in den Monaten zuvor hatte besuchen können, seine eigenen rassischen und regionalen Hierarchien. Die aus dem Nahen Osten stammten, blickten auf die Afrikaner herab, die Osteuropäer auf die aus Nahost, während sich alle drei vor den Sinti und Roma fürchteten, ihnen offen Verachtung entgegenbrachten und sich sogar bitter darüber beklagten, daß sie gemeinsam mit ihnen in einer sonst leerstehenden Kaserne der ehemaligen Nationalen Volksarmee hausen mußten. Dennoch berichteten die Leiter des Lagers, daß die meisten Insassen, egal woher sie stammten, bald die Abende gemeinsam miteinander zu verbringen lernten (tagsüber konnten sie das Lager verlassen). Allerdings, fügten sie rasch hinzu, seien die Zigeuner von dieser Verbrüderung ausgeschlossen.

Nur eine Familie, die nicht zu den Sinti oder Roma gehörte, passe nicht in das allgemeine der Verhaltensmuster, erzählte mir einer der Lagerleiter, ein stämmiger Ostberliner, dessen ganzer Habitus an nichts so sehr erinnerte wie an den Football Coach einer High School in einer amerikanischen Kleinstadt. Gegenüber seinen Schützlingen trug er jene merkwürdige Mischung aus Abneigung und Beunruhigung zur Schau, die so kennzeichnend ist für die deutsche Haltung gegenüber Immigranten. Die ungesellige Familie, sagte er, seien Moslems. Vielleicht weil er meinen verwunderten Gesichtsausdruck bemerkt hatte, fügte er – nachdem die Worte einen langen Augenblick im Raum gestanden waren – eilig hinzu, sie seien Moslems aus Europa, aus Bosnien. »Das sind nicht diese Mohammedaner, wie Sie und ich sie uns normalerweise vorstellen«, meinte er.

»Die tragen keine Kopftücher und beten auch nicht den ganzen Tag. Im Grunde sind das ganz normale Europäer.« Nachdem wir unsere Besichtigung des Lagers beendet hatten, brachte er mich zu ihnen. Mein Besuch war zufällig mit dem einer Gruppe von Schülern aus einem wohlhabenderen Westberliner Viertel zusammenfallen, und so hatte der Lagerleiter beide Führungen miteinander verbunden. Die Schüler hatten Spielsachen für die Asylantenkinder gesammelt und trugen diese nun etwas verlegen mit sich herum, während sie durch die Schlafräume geführt wurden. »Das war ganz allein ihre Idee«, versicherte die Lehrerin, obwohl ich mich nach ihrer Weigerung, mich allein mit ihren Schülern sprechen zu lassen, doch fragte, ob der Besuch oder die Sammlung tatsächlich so freiwillig gewesen war, wie sie behauptet hatte. Schließlich machten wir uns selbständig – während wir allmählich außer Hörweite gerieten, belehrte die Lehrerin ihre Kinder über die »Schönheit« des Zigeunerlebens – und gingen zu dem Gebäude, in dem die bosnische Familie untergebracht war.

Es waren fünf Erwachsene und zwei Kinder im Alter zwischen elf und fünfundvierzig, zusammengepfercht in einem einzigen Zimmer. Physisch wie psychisch schienen sie in einigermaßen guter Verfassung zu sein, bis auf eine hagere junge Frau Mitte zwanzig mit tiefen Augenringen. Ihre Kleidung war schäbig, aber gewiß nicht schäbiger als die vieler Menschen in dieser Gegend Ostberlins. Wie Flüchtlinge überall auf der Welt schienen sie unaufhörlich zu rauchen, allerdings mit dem für mich interessanten Unterschied, daß die Frauen, anders als Flüchtlinge in vielen Teilen der Dritten Welt, genausoviel rauchten – wenn nicht noch mehr – wie die Männer.

Aus welchen Gründen der Lagerleiter auch gesagt haben mochte, daß sich diese Leute merkwürdig benahmen: er hatte recht. Anders als bei den Asylanten aus Sri Lanka, den Kurden, Somalis und sogar einigen Polen sowie den nicht zu Sinti und Roma zählenden Rumänen (keiner der Erwachsenen von ihnen war bereit, mit mir zu reden), hatte ihr Verhalten nichts von jener Passivität, die für Flüchtlinge in Sammellagern so typisch ist. Und zum offensichtlichen und kaum verhüllten Unbehagen des Lagerleiters zeigten sie auch nicht die geringsten Anzeichen jener unter Flüchtlingen sonst zumindest ansatzweise üblichen Ehrerbietung. Als wir eintraten blickten sie uns wie von gleich zu gleich an und begannen, nachdem sie einen Platz freigeräumt und uns zum Sitzen aufgefordert hatten, eine scheinbar endlose Kette von Beschwerden vorzubringen – und zwar mehr in der Art von Leuten, die sich bei einem Hotelmanager oder dem Verwalter eines Appartementhauses beschweren, als in dem Ton, den man glaubt von Menschen erwarten zu müssen, die ihre gesamte Habe verloren und mit knapper Not ihr Leben gerettet haben vor einem Krieg, der ihr Land verwüstet. »Die Heizung hat letzte Nacht nicht funktioniert«, sagte die junge Frau mit den Augenringen. »Wo kann unsere Tochter hier gefahrlos spielen?« fragte die älteste der Frauen, und: »Wann wird der Unterricht beginnen?«

Die Männer sprachen wenig, wie so oft, wenn auch die Autoritätsperson ein Mann ist und folglich wenigstens entfernt die Möglichkeit eines Streits besteht, der zu Gewalttätigkeiten führen könnte. Aber sie nickten nachdrücklich, während die Frauen redeten. Als ich ihnen so zuhörte, hatte ich den Eindruck, als wären sie zwar physisch in diesem schäbigen Zimmer anwesend, hätten aber die Reise aus ihrer Heimat in ein unsicheres Exil psychisch noch nicht vollzogen. Dieses für Angehörige der Mittelschicht typische selbstsichere Auftreten erstaunte mich am meisten, dieses Gefühl, einen berechtigten Anspruch auf etwas zu haben. Wahrscheinlich wurde ihnen das später ausgetrieben – ich sah sie nie wieder, obwohl ich ein Jahr danach versuchte, sie wieder zu kontaktieren –, doch bis zu diesem Tag war es ihnen gelungen, sich ihre Selbstsicherheit sogar angesichts ihrer materiellen Verluste zu bewahren. Allerdings war das durchaus nicht von Vorteil für sie. Als einer der Männer fragte: »Wie kann man erwarten, daß wir hier überleben?«, dachte ich, daß eine Mittelschichterziehung alles andere als eine gute Vorbereitung auf ein Leben als Flüchtling ist.

Der Lagerleiter hat recht, dachte ich, während ich sie betrachtete. Sie wirkten wie Fremdkörper im Milieu dieses Lagers – so empfanden sie es selbst, und so empfanden es der deutsche Beamte und ich. »Wir sollten nicht hier sein, unter all diesen anderen«, sagte der ältere Mann leise, als hätte er meine Gedanken gelesen. Worauf sich der Lagerleiter, was für einen ehemaligen DDR-Funktionär ein ganz neuer Ton sein mußte, der Rhetorik von rassischer und kultureller Toleranz bediente: »Wir alle sind Menschen, wissen Sie.« Doch der Bosnier war nicht einmal von der Ode an die Freude zu beeindrucken. »Ich habe nicht gesagt, daß alle Menschen Brüder sind«, sagte er mit bissiger Ironie. »Und ich sage auch nicht, daß ich gegen die anderen Menschen hier bin. Ich sage nur, daß ich und meine Familie nicht in dieses Lager gehören. Wissen Sie«, hob er seine Stimme, »was mit uns in Bosnien geschehen ist, hätte nicht geschehen dürfen. Dies ist Europa. Dies ist das Jahr 1992. Wir haben gelebt wie Sie, nicht wie die anderen Leute hier, bevor sie nach Deutschland kamen. Diese anderen«, er beschrieb mit seinem Arm einen großen Bogen, »nun, sie tun mir leid. Aber was mit ihnen geschehen ist, ist eine andere Tragödie. Was mit uns geschehen ist...«, er schaute dem Lagerleiter und mir fest in die Augen, »das ist Ihre Tragödie genauso wie unsere.«

Der Lagerleiter nickte feierlich. »Der Verlust jeder Heimat«, antwortete er, »ist eine große Tragödie.« Dann ging er schnell aus dem Zimmer und ließ mich, wie vereinbart, alleine zurück, damit ich mit den Bosniern reden konnte.

Das Schweigen hielt eine ganze Weile an wie häufig in solchen Situationen. Es ist immer etwas Beschämendes an diesen Interviews, man hat das Gefühl, Voyeur zu sein und sich des Leids anderer Menschen zu bedienen. »Wann sind Sie fortgegangen? Was ist mit Ihrer Familie geschehen? Wie viele wurden getötet? Vergewaltigt? Gefoltert?« Es geht zwar noch nicht ganz so weit wie in dem bösen Witz von dem britischen Journalisten, der am Schauplatz eines entsetzlichen Geschehens eintrifft und fragt: »Jemand da, der vergewaltigt wurde und Englisch spricht?« Aber es kann dem schon sehr nahe kommen. Man notiert sich eine schreckliche Geschichte und geht dann zur nächsten über, wenn aus dem oder der Befragten nichts mehr herauszuholen ist, wie es im Journalistenjargon heißt, sobald man aus den Flüchtlingen wenigstens soviel herausgequetscht hat, wie man für seine Story braucht. Oder man macht eben Schluß für heute und geht in eine Kneipe oder Hotelbar.

Das Unbehagen wechselt je nach Region. Was diese Bosnier von anderen Flüchtlingen unterschied, war sicher nicht ihre mißliche Lage – die Lage von Flüchtlingen ist einem nur allzu vertraut am Ende dieses Jahrtausends. Was mir vielmehr unangenehm bewußt zu werden begann, war, daß ich es hier mit Europäern zu tun hatte. Zuerst zögerte ich, mir dies einzugestehen. Nicht anders als der Lagerdirektor habe auch ich meine liberalen Vorurteile. Ich wußte nicht, was ich sagen sollte. Das Schweigen zog sich hin. Schließlich wurde es von der älteren Frau gebrochen. »Möchten Sie etwas essen?« fragte sie im Ton einer Gastgeberin, die sich bemüht, einen ungeselligen Gast ins allgemeine Gespräch einzubeziehen. Ich nickte, und sie schnitt mir eine Scheibe von einer Hartwurst ab, ein Stück Weißbrot und zwei Orangenspalten, wobei sie die Klinge ihres kleinen Schweizer Armeemessers dazwischen jedesmal mit dem gewachsten Papier reinigte, in dem die Wurst eingepackt war. Nachdem ich den ersten Bissen heruntergeschluckt hatte, nickte sie glücklich. Und dann, anfangs ein wenig stockend, aber schließlich mit einem heftigen Wortschwall, erzählten die Erwachsenen, was in Bosnien geschehen war und wie sie zu Flüchtlingen geworden waren. Sie gebrauchten Begriffe wie ethnische Säuberung, Scharfschützen, Artillerie und Panzergranaten mit einer Selbstverständlichkeit, wie ich sie nie von einem Europäer erwartet hätte, der weder Soldat noch humanitärer Helfer gewesen war.

Zwei Jahre danach sehe ich ihre Gesichter noch immer vor mir. In meinem Notizbuch kann ich nachlesen, daß sie als Moslems während der ethnischen Säuberung der bosnischen Stadt Sanski Most vertrieben worden waren, daß sie auf vielen Umwegen nach Deutschland gekommen waren und daß sie für das, was mit ihnen geschehen war, den bosnischen Serben die Schuld gaben. Zugleich hatten sie aber auch betont, sie hätten ihr Überleben allein der Tatsache zu verdanken, daß ein Freund der Familie in der Armee ebendieser bosnischen Serben gedient habe. Er habe, hatte die ältere Frau erzählt, wobei sich ein zärtlicher Ausdruck über ihr Gesicht legte, getan, was er nur konnte, um sie zu beschützen. Wenn man an die vielen anderen Geschichten aus Bosnien denkt, dann ist es ihnen besser ergangen als den meisten. Zwar berichteten auch sie *von* Vergewaltigung und Mord, doch sie selbst waren verschont geblieben, hatten dergleichen nicht einmal mit eigenen Augen ansehen müssen. Und sie hatten genügend deutsches Geld gehabt, um bis nach Deutschland reisen zu können, und waren nicht, wie so viele andere Menschen aus ihrer Heimat in Nordbosnien, als Flüchtlinge in Kroatien hängengeblieben, wo die Lebensbedingungen entschieden schlechter waren als in deutschen Flüchtlingslagern. Sie und ihre Geschichte hatten mich damals auf eine Weise gepackt, die ich mir noch nicht erklären konnte. Aber mit einem inneren Drang, wie ich ihn als Schriftsteller noch nie empfunden hatte, und mit völlig unklaren Vorstellungen davon, was ich tun werde, wenn ich erst dort bin, ergatterte ich einen Auftrag von einer amerikanischen Zeitschrift für einen Artikel über Bosnien. Kurz darauf bestieg ich das Flugzeug nach Zagreb.

3

EIN AUSLÄNDISCHER BESUCHER, der erwartet, in eine Stadt nahe eines Kriegsgebiets zu kommen, ist zunächst überrascht, wie friedlich westeuropäisch es in Zagreb zugeht. Da gibt es keine Sandsäcke vor den öffentlichen Gebäuden und keine ständigen Militärkontrollen, wenn man erst einmal das Umfeld des Zagreber Flughafens hinter sich gelassen hat. Der einzige Hinweis darauf, daß man nicht in irgendeinem abgelegenen Winkel Westeuropas gelandet ist, ist, daß nirgends fremdländische Gastarbeiter zu sehen sind. Im Gegensatz zu Frankreich oder Deutschland ist die Bevölkerung Kroatiens, sieht man von den Sinti und Roma ab, ausgesprochen homogen. Die größte Überraschung ist, daß es keine Überraschung gibt. Es ist für einen Amerikaner schon seltsam genug, in Frankfurt oder Zürich anzukommen und festzustellen, wie nahe man bereits dem Krieg im ehemaligen Jugoslawien ist. Aber in Zagreb zu landen, kaum fünfunddreißig Kilometer von der Front entfernt, und nichts von Mobilmachung oder gar Krieg zu spüren, ist noch merkwürdiger. Die Häuserblocks am Rande von Zagreb sehen nicht anders aus als Wohnsilos in jeder anderen europäischen Stadt. Auf der Fahrt ins Zentrum passiert man lauter Bauplätze und neue Bürogebäude. Die Reklametafeln entlang der Straße werben für die modernsten westlichen Konsumgüter wie Benetton-Pullover, deutsche Autos und dergleichen. Die Botschaft ist klar: Das Wohlstandsniveau Westeuropas wurde zwar noch nicht erreicht, doch haben die Kroaten allen Grund zu hoffen, es bald zu erreichen.

Das historische Zentrum Zagrebs vermittelt dieselbe Botschaft, wenngleich weniger konsumorientiert. Sollte der Besucher angesichts dieser stattlichen ockerfarbenen, grauen und blauen Häuser aus dem 19. Jahrhundert wirklich noch an der tiefsten aller nationalen Überzeugungen der Kroaten zweifeln, nämlich, daß sie zu Westeuropa gehören? Es ist zwar noch nicht lange her, daß Kroatien Teil jenes Landes war, das Jugoslawien hieß, doch die Zagreber erzählen einem sofort, Kroatien habe nichts mit dem Balkan – und schon gar nichts mit Serbien – gemein. Ihre Vergangenheit sei habsburgisch und ihre Zukunft westeuropäisch. Einer der verbreitetsten Autoaufkleber bestätigt unmißverständlich ihre Identifikation mit der Welt der Europäischen Union: Er zeigt die Buchstaben »HR« (das internationale Kennzeichen für Hrvatska, Kroatien) auf blauem Grund im goldenen Sternenkreis des EU-Symbols. Natürlich entspricht dies mehr kroatischem Wunschdenken als der politischen und wirtschaftlichen Realität, doch hofft in Zagreb selbst die gebildete Schicht, daß dieser Traum Wirklichkeit wird, wenn die Kämpfe erst einmal beendet sind.

In den Cafés am Ban-Jelačić-Platz trinkt man eher Cappuccino als türkischen Kaffee, und beim Essen im Restaurant hat man wie in Österreich das Gefühl, daß das Hauptgericht nur die Ouvertüre für den Nachtisch ist. Diese kleinen Dinge des Lebens sind nicht nebensächlich, denn sie haben stets auch eine fast schon ideologische Bedeutung. Der Schaum auf dem Kaffee oder das Schlagobers auf dem Kuchen bergen für viele Menschen eine Symbolik, die in keinem Verhältnis zu ihrer bloßen Funktion steht. Man würde erwarten, daß die Leute über die wirtschaftlichen Probleme Kroatiens sprechen oder über den Krieg, doch statt dessen reden sie fast nur über alltägliche Dinge wie ihre Lieblingskaffeesorte. Und sie begnügen sich auch nicht damit, den Besucher darauf hinzuweisen, daß in den Cafés »großer Brauner« serviert wird: sie müssen auch ständig betonen, daß man ihn dort genauso serviert »wie in einem Wiener Kaffeehaus«.

Diese Selbstdarstellung Kroatiens als ein Land Mitteleuropas und nicht des Balkan ist Teil der offiziellen Propaganda wie der öffentlichen Meinung. »Heute, mit über einer Million Einwohner«, heißt es in einem Artikel des Bordmagazins der Croatia Airlines, »ist Zagreb in vieler Hinsicht eine mitteleuropäische Stadt.« An anderer Stelle desselben Magazins erfährt der Leser unter der Rubrik »Kroatien ist...«, »daß das Leben in den nördlichen Gebieten typisch mitteleuropäisch, im Süden hingegen mediterran ist«. Die Botschaft geht um das, was Kroatien angeblich nicht ist, genauso wie um das, was es angeblich ist, nämlich daß es weder historisch noch kulturell auch nur das geringste mit dem Balkan zu tun habe.

Ob sich solche Beteuerungen auf die Europäische Union, die Sachertorte, den Tourismus oder die Architektur Zagrebs beziehen: immer klingt Lokalpatriotismus oder eine provinzielle Abwehrhaltung mit, die bei weitem nicht so harmlos ist, wie sie scheint. Jugoslawien war von Spannungen geprägt, aber es war ein großes Land – Kroatien ist es nicht. Jugoslawien war ein wichtiges Land – Kroatien ist es nicht. Was dies bedeutet, bekommt der einzelne täglich zu spüren, von den ständig steigenden Ladenpreisen bis hin zu den Schwierigkeiten, die mit Auslandsreisen verbunden sind. Wer reisen will, benötigt nun ein Visum. Als Kroaten noch jugoslawische Pässe hatten, brauchten sie es für die meisten westeuropäischen Länder nicht. Aber selbst wer sich ein Visum besorgen kann, kann sich aus wirtschaftlichen Gründen eine Auslandsreise kaum leisten. Der Tourismus, von dem die Wirtschaft vor dem Krieg weitgehend abhängig gewesen war, liegt nahezu brach. Zwischen

Zadar und Dubrovnik an der dalmatinischen Küste würde ein zahlender Gast heute vermutlich nicht einmal in den besten Hotels ein Zimmer bekommen, denn die Regierung hat die Hoteliers angewiesen, Zehntausende von kroatischen Flüchtlingen aus den serbisch besetzten Gebieten Kroatiens und Bosniens aufzunehmen. In Zagrebs größtem Hotel, dem Intercontinental – einem häßlichen Kasten, Mitte der achtziger Jahre gegen den Widerstand der architekturbewußten Bevölkerung und in Antizipation der Zukunft der Stadt als einem sich westlich gebenden Handelszentrum erbaut –, ist seit 1992 mit zwanzig Prozent Rabatt fast ausschließlich Militär – und Zivilpersonal der Uno untergebracht. Die Türsteher tragen reich verzierte grüngoldene Uniformen und wirken, als seien sie direkt einer Wiener Operette entsprungen. Doch da ist nichts Operettenhaftes an den Angehörigen von UNPROFOR und UNHCR, wenn sie, oft noch in ihren hellblauen kugelsicheren Westen und weißen oder hellblauen Schutzhelm am Handgelenk, die Lobby durchqueren.

Kroaten mögen nationalistisch sein und Schwierigkeiten haben, mit einem Besucher darüber zu sprechen, was wirklich vorgeht, den meisten aber ist sehr wohl bewußt, was ihnen bevorsteht. Doch ihre Einstellung zur Vergangenheit ist oft nicht weniger bestürzend als die zur Gegenwart und Zukunft. Widersprüche gibt es zuhauf. So reden alle davon, wie unerträglich die gegenwärtige Wirtschaftslage für sie sei. »Vor dem Krieg«, erzählte mir ein bekannter kroatischer Akademiker, seit 1991 inoffizieller Berater der Regierung Tudjman, beim Abendessen während eines meiner ersten Aufenthalte in Zagreb, »hatte ich ein Haus an der dalmatinischen Küste in der Nähe von Dubrovnik, zwei Autos und ziemlich hohe Rücklagen auf deutschen Konten. Heute ist mein Haus größtenteils von Granaten zerstört, im Garten liegen Minen und meine ausländischen Konten wurden eingefroren. Ich gebe nicht der Regierung die

Schuld – Kroatien befindet sich schließlich im Krieg –, aber so ist es nun mal. Es ist wirklich sehr, sehr schwer für uns.« Doch nur wenige Augenblicke später versicherte er, *vor dem Krieg sei die Lage in Jugoslawien noch verzweifelter gewesen.* »Wir konnten so nicht mehr weiterleben«, sagte er. »Unser Leben war unerträglich geworden. Die Serben kontrollierten alles. Wir waren nicht mehr frei, und es sah auch nicht so aus, als würden wir es jemals wieder werden. Tito hat die historische Sehnsucht des kroatischen Volkes nach Freiheit unterdrückt. Das war schlimm genug. Aber Tito hat uns wenigstens etwas Luft zum Atmen gelassen. Als Milošević in Belgrad an die Macht kam und begann, die Jugoslawische Föderation in einen zentral von Belgrad aus regierten Staat umzuformen, wurde es unvorstellbar, daß Kroatien noch länger Teil Jugoslawiens sein könnte. Vielleicht war es ja schon immer so gewesen, aber ich weiß, daß sich einige Leute hier als Jugoslawen gefühlt haben. Auch mir ging das manchmal so. Aber vor allem fühlte ich mich als Kroate.«

War die Vergangenheit politisch unerträglich gewesen, so wie es die Gegenwart materiell und ökonomisch war, blieb nur die Zukunft. Die meisten Kroaten hofften auf bessere Zeiten, wobei ihr Optimismus manchmal an Phantasterei zu grenzen schien. So hatte Präsident Tudjman im Sommer 1993 eine kroatische Militäroffensive, bei der die kroatische Armee den Flughafen von Zadar und die zerstörte Maslenica-Brücke an der dalmatinischen Küste – ein wichtiges Bindeglied der Straße zwischen Zagreb und Dubrovnik – von den Krajina-Serben zurückeroberte, damit gerechtfertigt, daß der Angriff der bevorstehenden Touristensaison wegen notwendig gewesen sei. Ohne die wiederhergestellte Brücke, meinte er, würden die Touristen ausbleiben. Als ob Dubrovnik, dessen Außenbezirke noch immer schwer vermint waren, noch immer Traumziel des deutschen oder holländischen Durchschnittsurlaubers ge-

wesen wäre. Nichtsdestoweniger versicherte Tudjman, die Brücke werde bis zum Sommer wieder stehen. Er begeisterte sich derart an dieser Vorstellung, daß er mit fatal an Hitlers »Tausendjähriges Reich« erinnernden Worten verkündete, dann werde die Brücke »tausend Jahre« stehen.[1]
Die rosige Zukunft, die Tudjman in seinen Reden beschwor, hatte mit der Wirklichkeit wenig zu tun, auch wenn es einigen Gegenden des Landes relativ gutging. Nach Istrien, dem Feriengebiet im Nordwesten Kroatiens zwischen Rijeka und der Grenze zu Slowenien, begannen tatsächlich ein paar Touristen zurückzukehren. Aber Istrien war vom Kriegsgeschehen weitgehend verschont geblieben, was den Tourismus bereits im Frühjahr 1993 wiederaufleben ließ. Auch in der Hauptstadt Zagreb war die Lage relativ erträglich geblieben, obwohl das Leben nicht leicht war in einer Zeit, in der weder Krieg noch Frieden herrschte. Und für die meisten Bewohner wird es immer schwieriger. Die Regale in den Supermärkten sind zwar bis oben gefüllt, doch läßt sich die wahre Situation daran erkennen, daß die Weißbrote meist nurmehr in Vierteln gekauft werden. Das von der kroatischen Regierung hoch subventionierte Schwarzbrot ist zwar billiger, kann aber nur in den frühen Morgenstunden, vor Beginn der regulären Öffnungszeiten, in den Bäckereien ergattert werden. Die Schlangen, die sich noch in der Dämmerung vor den Läden bilden, haben sich bereits um sieben Uhr wieder aufgelöst. Höchstens ein Ausländer, der im Morgengrauen durch die Stadt joggt, oder jemand, der vielleicht nach einer nicht im eigenen Bett verbrachten Nacht auf dem Heimweg ist, kann sie sehen. Ansonsten kann man in Zagreb tagelang in gepflegten Mercedes-Taxis zwischen Regierungsgebäuden, Bürohäusern und dem erstklassigen Hotel Esplanade, dem Lieblingsaufenthalt der meisten ausländischen Journalisten, herumfahren, ohne etwas von den wahren Alltagssorgen der Menschen zu erfahren, geschweige denn zu merken, daß der nächstgele-

gene Frontabschnitt nur etwa fünfunddreißig Kilometer entfernt ist.

Natürlich gibt es Dinge, wo der Mangel deutlicher ins Auge fällt, beispielsweise in den Apotheken. Wer etwas so Gewöhnliches wie Durchfalltabletten kaufen wollte, bekam noch 1993 und 1994, also lange nach dem Ende des serbisch-kroatischen Krieges, zur Antwort, daß man keine vorrätig habe und sich selber ausrechnen könne, wann sie wieder zu bekommen seien. Dennoch wirkte Zagreb selbst in den schwersten Zeiten nie heruntergekommener als viele mittel- oder osteuropäische Städte oder ein Durchschnittsort der ehemaligen DDR. Auch die Kluft zwischen Arm und Reich tritt hier sehr viel weniger offen zutage als etwa in Moskau oder Warschau. Die Straßen sind sauber, die meisten Menschen sind gut gekleidet, und obwohl die Zagreber viel Aufhebens machen von den Bettlern und Schnorrern auf ihren Straßen – »Wir sind daran nicht gewöhnt«, sagte mir die kroatische Schriftstellerin Slavenka Drakulić, während sie einem älteren Paar, das uns anbettelte, einen Schein gab –, waren es verglichen mit Westeuropa oder gar mit Amerika selbst während der schlimmsten Depression und Massenarbeitslosigkeit verhältnismäßig wenige.

Aus all diesen Gründen ist es schwierig, die wirklichen Sorgen und Ängste Zagrebs zu erkennen. Zudem sind sie recht widersprüchlich. Kroatien ist kein Polizeistaat, eine echte Demokratie ist es aber natürlich auch nicht. Seitens der Medien und am Arbeitsplatz herrscht ein enormer Anpassungsdruck. Jegliche Opposition gegen die Politik der Regierung Tudjman wird in der überwiegend staatlich kontrollierten Presse fast wie Landesverrat behandelt: Wer das Image Kroatiens im Ausland beschmutzt, spielt den Feinden in die Hände. Und diese Image-Frage ist von zentraler Bedeutung. So wird in regierungsfreundlichen Kreisen endlos darüber debattiert, wie man das Image verbessern könnte. Bevor sich die Deutschen den anderen Großmächten angeschlossen und begonnen hatten, auf Kroatien Druck auszuüben, waren die Kroaten allerdings weit weniger darum besorgt gewesen. Ein Buch über die Rolle der Deutschen bei der Anerkennung Kroatiens durch die EG bringt die Stimmung des offiziellen Zagreb im Jahr 1993 auf den Punkt. Der Titel des Bestsellers lautet: *Bonn: Kroatiens zweite Front.* Doch nachdem den Deutschen klargeworden war, in welchem Maße sich auch die Kroaten und nicht nur die Serben an der Aufteilung Bosniens beteiligten, und Bonn daraufhin immer weniger mit den kroatischen Standpunkten sympathisierte, begann sich die Stimmung in Zagreb zu wandeln. Allenthalben begann man Konspiration zu wittern, immer häufiger war die Rede von den vielen Feinden, die Kroatien im Ausland habe. Ein hoher Regierungsbeamter sprach wohl vielen aus der Seele, als er die Kroaten aufrief, »zusammenzuarbeiten, um ein positives Image von Kroatien in der Welt zu schaffen«. Das Image, das er im Sinn hatte, war natürlich das des unschuldigen, tugendhaften Opfers.

In dieser Atmosphäre, die in einer Art Kriegsrecht über das Wort kulminierte, barg jede offen geäußerte Opposition, die über Kaffeehausnörgeleien oder Klagen gegenüber Besuchern hinausging, ernste Gefahren für jeden kroatischen Bürger. Die meisten unabhängigen Medien wurden dicht gemacht oder in die Hände von Journalisten gelegt, die treu zu Tudjmans HDZ-Partei standen. Allerdings hatte die kroatische Presse selbst zur Zeit ihrer größten Freiheit kaum je eine so kritische Haltung eingenommen, wie es für einige Printmedien im angeblich so totalitären Belgrad noch selbstverständlich ist. Kroatische Männer zwischen achtzehn und fünfzig, welche die Regierung allzu offen kritisierten, wurden plötzlich zum Militär einberufen. Genau das geschah Anfang Januar 1994 auch Victor Ivančić, Chefredakteur der einzigen unverblümt oppositionellen Publikation, des satirischen Wochenblatts *Feral Tribune*. Nach dreiwöchigem Drill wurde ihm dann überraschend mitgeteilt, er könne wieder nach Hause gehen, doch warnte man ihn, daß er und seine Redaktionskollegen jederzeit wieder einberufen werden könnten.

Die Botschaft war deutlich. Seit Beginn des Krieges war den meisten kroatischen Intellektuellen, und nicht nur jenen, die sich an oppositionellen Aktivitäten beteiligten, bewußt, daß ihre Einberufung zum Kriegsdienst, sollten sie der HDZ-Linie nicht folgen, wie ein Damoklesschwert über ihren Köpfen hing. »Mach dir nichts vor«, sagte ein junger Arzt aus Zagreb einmal zu mir, »ich mag heute oben schwimmen, doch ein falscher Schritt und ich finde mich in einem Feldlazarett in Zentralbosnien wieder. Ich habe keine Angst, daß die Geheimpolizei mitten in der Nacht meine Wohnungstür einschlagen könnte. Es wäre der Verwaltungsbeamte, der am späten Nachmittag schüchtern an meine Tür klopfen und mir meinen Einberufungsbefehl überreichen würde. Und genau deshalb mache ich hier meine Arbeit und halte den Mund.«

Emigration war für Kroaten früher immer eine Möglichkeit gewesen. Das hat der Krieg geändert. Bald war es kaum mehr möglich, das notwendige Visum für eines der traditionellen Zielländer wie Kanada, Australien, die Vereinigten Staaten oder Deutschland zu bekommen. Selbst Touristenvisa waren nur noch schwer zu beschaffen. Und wer tatsächlich die Genehmigung zur Ausreise erhielt, konnte sich nicht mehr darauf verlassen, mit der gleichen Begeisterung empfangen zu werden wie vor der Unabhängigkeit. Denn in den großen kroatischen Gemeinden im Ausland war – wie so oft in der Diaspora – die Stimmung noch gespannter als zu Hause. Aus Kroatien nach Melbourne oder Chicago auszuwandern, galt als eine Art Vaterlandsverrat, denn dort sprachen alle nur davon, nach Hause zurückzukehren – nicht unbedingt um zu kämpfen, wie kroatische

Exilanten es 1991 in Ostslawonien brutal und wirkungsvoll getan hatten, sondern eher um beim Wiederaufbau des Landes zu helfen. Besagter Akademiker hatte gesagt, das Leben in einem freien Kroatien sei zwar hart, aber dafür sei Kroatien frei. Offenbar hatte das aber nicht gereicht, um den Krieg aus den Köpfen der Menschen zu vertreiben. Doch die meisten Leute in Zagreb schienen sich irgendwie zu arrangieren: Sie verdrängten ihre Ängste, so gut es ging, und lebten so intensiv wie möglich. Sie taten so, als sei Zagreb eine Stadt im Frieden und als hätten sie, ihre Bewohner, nur wirtschaftlich harte Zeiten durchzustehen.
Auf den Straßen in der Nähe des Zagreber Hauptplatzes begegnet man vielen Soldaten auf Fronturlaub. Aber anders als beispielsweise in Tel Aviv tragen sie beim Schaufensterbummel oder Spaziergang mit der Freundin ihr Sturmgewehr nicht über der Schulter. Sie bleiben auch nicht stehen, um vor einem vorbeigehenden Offizier zu salutieren wie in Buenos Aires. Zagreb macht eher den Eindruck einer Schweizer Stadt, in der Reservisten auf dem Heimweg von einer Übung einen Zwischenstop eingelegt haben, um sich ein wenig zu amüsieren. Zagreb macht nicht den Eindruck, als sei es die Nachschubbasis eines zu einem Drittel vom Feind besetzten Landes oder eine Stadt, die in Reichweite serbischer Artillerie und Kurzstreckenraketen liegt. Die bedrückendsten Zeichen des Krieges – abgesehen von den sichtbarsten, den Militärfahrzeugen mit ihren auffällig gelben Nummernschildern, die viel zu schnell und anmaßend durch die Stadt jagen – sind die jungen Männer, die mit schmerzverzerrten Gesichtern an Krücken oder mit aus einfachen Metallstangen gefertigten Beinprothesen herumhumpeln. Die Mündungsgeschwindigkeit von moderner Munition ist so gewaltig, daß Treffer, die früher Fleischwunden verursacht hätten, heute Knochen zertrümmern können. Besonders heimtückisch aber sind die überall im Kriegsgebiet verlegten Tretminen.

Die allgemeine Presse und das schauderhafte kroatische Regierungsfernsehen mögen die neuesten Kriegsmeldungen noch so laut heraustrompeten: auf den Straßen halten sich nur wenige damit auf, an den Gedenkstätten für die Gefallenen stehenzubleiben oder das riesige Angebot an patriotischem und neofaschistischem Firlefanz – das rot weiße Schachbrettemblem Kroatiens im Wettstreit mit Ustascha-Wappen auf T-Shirts, Kassetten und Schlüsselanhängern – zu betrachten, das an den Ständen zwischen dem Ban-Jelačić-Platz und Zagrebs malerischem Markt in der Oberstadt feilgeboten wird.

Die Menschen geben sich zwar große Mühe, »mit aller Kraft so zu tun, als lebten sie ein normales Leben«, wie Slavenka Drakulić es einmal ausgedrückt hatte, doch nach einer Weile beginnen ihre Masken zu fallen. Aber die meisten Ausländer, die heute nach Zagreb kommen, merken davon nichts, und es kommt wohl auch eher selten vor, daß sich einer von ihnen über den Gemütszustand der Bewohner der Stadt oder den Grad ihrer tatsächlichen oder vermeintlichen »Westlichkeit« Gedanken macht. Zu Beginn des serbisch-kroatischen Krieges waren viele Ausländer in Zagreb gewesen, und dann wieder seit dem Ausbruch der Kämpfe in Bosnien. (Ironischerweise war die UNPROFOR zuerst in Sarajevo stationiert gewesen, denn 1991 hatte die bosnische Hauptstadt den Anschein eines geschützten und neutralen Ortes gemacht und die Regierung Izetbegović war als weder proserbisch noch prokroatisch eingeschätzt worden.) Als dann im April 1992 die Belagerung Sarajevos begann, verlegten die Vereinten Nationen die Hauptquartiere von UNPROFOR und UNHCR rasch nach Zagreb. Damit wurde die Stadt zum Stützpunkt für humanitäre Helfer sowie zur Anlaufstelle für Journalisten und alle anderen, die eine UN-Akkreditierung brauchten.[2] Für die meisten Ausländer war Zagreb also nur der Ort, wo Einsatzbesprechungen stattfanden und an dem man ankam und von dem man abreiste. Und immer mehr Kroaten stellten allmählich enttäuscht fest, daß sich die Ausländer nicht mehr für das interessierten, was in Kroatien geschah, seit im Frühjahr 1992 der vom ehemaligen amerikanischen Außenminister Cyrus Vance ausgehandelte Waffenstillstand zwischen Serben und Kroaten in Kraft getreten war und UN-Truppen zwischen beiden Parteien stationiert worden waren.

Die Kroaten, die ständig aufs neue zu demonstrieren suchten, daß sie zum Westen gehörten, und Zagreb mit weiter nördlich und westlich gelegenen Städten verglichen, sprachen also im Grunde nur mit sich selbst und nicht zu den Ausländern, die größtenteils aus ebendiesen Städten kamen. Unbestritten war die »nationale Frage«, wie sie im ehemaligen Jugoslawien genannt wird, spätestens seit dem 19. Jahrhundert Grundlage der kroatischen wie serbischen Politik und Kultur. Was man 1993 in Zagreb zu hören bekam, klang wie ein Echo aus der Zeit des ersten Jugoslawien nach dem Ersten Weltkrieg. Damals war das kroatische Gesetzbuch, das größtenteils aus der habsburgischen Zeit stammte, von Gesetzen abgelöst worden, die das Leben in Serbien vor der Gründung des »Königreichs der Serben, Kroaten und Slowenen« bestimmt hatten. Das machte schon einen Unterschied. So war im Jahr der Unionsgründung beispielsweise das relativ triviale, aber durchaus symbolische Problem der Prügelstrafe in der Armee wieder aufgetreten: Die Peitsche, 1869 in Kroatien abgeschafft, wurde 1918 mit der serbischen Militärgesetzgebung wieder eingeführt. Diese Entscheidung hatte damals viele Kroaten dazu gebracht, dem barbarischen Balkan-Charakter ihrer serbischen Landsleute lautstark ihre eigene Westlichkeit entgegenzusetzen.

Fast zwanzig Jahre später, als Rebecca West am Beginn ihrer Reise durch das damalige Königreich Jugoslawien 1937 in Zagreb eintraf, wies sie ihr serbischer Führer

Constantin darauf hin, daß die meisten Kroaten, denen sie begegnen werde, versucht sein würden, ihre Andersartigkeit zu betonen. Sie würden ihr wohl erzählen, sagte er, »wir sind nicht wie die Serben in Belgrad, wir gehen sachlich mit den Dingen um, so wie man es in Wien tut«. Rebecca West verachtete die Kroaten beinahe so sehr, wie sie die Serben bewunderte und die Deutschen haßte, weil sie ihrer Meinung nach nur auf den eigenen Vorteil bedacht und »vom Einfluß Österreichs wie von einer schweren Krankheit geschwächt« worden seien. »Es stimmte«, schrieb sie, »genau das war es, was sie uns ständig in Banken und Hotels und Museen erzählten.«

Bei aller Originalität war Rebecca West, zumindest was ihr berühmtes Buch betrifft, doch ganz eine Schriftstellerin ihrer Zeit. Wie sehr sie das deutsche »Rassendenken« auch haßte, sowenig vermochte sie doch all dem, was sie im Laufe ihrer sechswöchigen Reise durch Jugoslawien gesehen hatte, eine Bedeutung abzugewinnen, ohne auf Erklärungen zurückzugreifen, die auf einer Reihe angeblich unveränderlicher »nationaler Merkmale« gründeten und von denen sie glaubte, daß sie jeden einzelnen Serben, Kroaten, Moslem und Deutschen kennzeichneten, dem sie begegnet war. Wer sechzig Jahre später aus weiter nördlich oder westlich gelegenen Gegenden, wo derartige Vorurteile größtenteils in Verruf geraten waren, nach Zagreb kam, merkte bald, daß es einen Punkt gab, in dem sich Kroatien völlig von jenen »fortschrittlichen« westlichen Gesellschaften zu unterscheiden schien, mit denen es sich identifizierte: das gänzlich unkritische Festhalten an der Vorstellung, daß jede Nation einen definierbaren, unveränderlichen Nationalcharakter habe.

Junge Kroaten mögen in derselben Art Boutiquen einkaufen wie ihre Altersgenossen in New York, sie mögen sich für dieselbe Popmusik begeistern und dieselben Muster im Sexualverhalten entwickelt haben, doch hat sie das noch lange nicht ebenso kosmopolitisch im »postnationalen« Sinne gemacht wie die meisten Angehörigen der Mittelschicht Nordamerikas und Westeuropas. Wenn man sie von ihrem Kroatentum sprechen hörte, schienen sie sich kaum von jenen zu unterscheiden, die zu der Zeit gelebt hatten, als Rebecca West Zagreb besuchte. Zwar hatten sich viele Menschen auf dem Balkan damals in der Kleidung unterschieden, denn anders als in Großbritannien oder Deutschland trugen viele hier noch ihre traditionellen Trachten. Doch es sollte sich herausstellen, daß das National- und Stammesbewußtsein der jungen Kroaten heute um kein Jota anders war als das ihrer Großeltern. Ein Haarschnitt wie in Hamburg oder die gleichen Joggingschuhe wie in Camden Town ändern noch lange nicht das Denken. Ob »Global village« oder nicht: Offenbar kann man – wie so viele Jugoslawen zwischen 1970 und 1990 – ein äußerlich völlig konformistisches Mitglied der postnationalen, transnationalen Konsumgesellschaft sein und dennoch ein hundertprozentiges Stammesbewußtsein bewahren. Es war ein Fehler, zu glauben, mit der Anpassung an neue Moden und moderne Lebensweisen würden automatisch auch die alten Bindungen gelöst. Auf dem Balkan wenigstens war das nicht der Fall.

Je genauer man hinhörte, desto deutlicher wurde, daß das kroatische Gerede von der eigenen »Westlichkeit« nicht nur Positives, sondern auch Negatives beinhaltete, denn damit ließen sich die Serben aus Europa und »dem Westen« herausreden und Kroatien konnte sich zugleich einem Vereinten Europa des 21. Jahrhunderts als seriöses Mitglied andienen. Zudem konnte man damit bekräftigen, daß Jugoslawien von Anfang an eine impraktikable Idee gewesen sei: die Kroaten seien so anders als die Serben, daß es für die beiden Völker noch nie einen Grund gegeben hätte, in demselben Land zusammenzuleben. Wären diese Unterschiede nur politischer Art gewesen – hätten sie also beispielsweise nur ein paar politische Entscheidungen von Slobodan Milošević betroffen, nachdem er 1987 die Führung der Serbischen Kommunistischen Partei übernommen hatte –, wäre es schwer gewesen zu leugnen, daß es wenigstens die Möglichkeit gegeben hätte, diese Probleme politisch zu lösen. Wenn die Unterschiede jedoch auf zwei angeblich absolut unvereinbaren geistigen Lebenshaltungen beruhten, konnte das grandiose Schlagwort des Tito-Regimes von der »Brüderlichkeit und Einheit« als schlechter Witz abgetan werden. Wer in Kroatien eine andere Meinung vertrat, wurde von den Anhängern des Regimes als »Jugozombie«, »Jugostalgiker« oder »Hrpi« (eine Wortbildung aus *Hrvati* und *Srpski*, d.h. Kroate und Serbe) beschimpft, als einer also, der nach Vukovar und Dubrovnik noch immer nichts begriffen hatte.

Es war so leicht in Zagreb, sich dieser stammesbewußten Denkweise hinzugeben, obwohl der Krieg weit entfernt schien. Nach drei Jahren Krieg waren die geistigen und politischen Strömungen im ganzen ehemaligen Jugoslawien kaum mehr voneinander zu unterscheiden. Alles, was seit 1991 in Kroatien und später in Bosnien geschehen war, wurde gleichsam prismatisch den Begriffen Zivilisation oder Barbarei untergeordnet, als handle es sich dabei um eine spezifisch nationale Errungenschaft der einen oder um eine Altlast der anderen Gruppe. Allzu oft wurde in Zagreb wie in anderen Teilen des ehemaligen Jugoslawien der Beweis für die eigene Tugend in der Existenz eines historischen Unrechts gesehen, als mache allein die Tatsache, daß man selbst einmal Opfer gewesen war – und zu irgendeinem Zeitpunkt in der Geschichte war auf dem Balkan jeder einmal Opfer gewesen – einen schon zum Angehörigen eines »guten« Volkes. Woraus logisch folgerte, daß die Kroaten als ein Volk von Opfern nie selbst ein Unrecht begehen oder sich als ein westliches, zivilisiertes Volk niemals schlecht verhalten können. Mit anderen Worten waren, wie bei jeder Identitätspolitik, auch die Geschichten der Kroaten – über ihren neunhundertjährigen Kampf um die Eigenstaatlichkeit oder über die ihnen angeborene Westlichkeit – nur Moraltheater, aber keine Politik im üblichen Sinne.

Dieses Maß an Selbstbezogenheit – wie verständlich es historisch als Reaktion der Kroaten auf die sehr reale Unterdrückung ihrer nationalen Bestrebungen unter den Habsburgern wie im monarchistischen und titoistischen Jugoslawien auch sein mochte – hat unvermeidlich ein erstaunliches Unvermögen hervorgebracht, sich vorzustellen, daß es irgend jemanden geben könnte, der nicht gut über Kroatien denkt. Und dies führte auch dazu, daß viele Kroaten selbst die schrecklichsten Perioden ihrer Geschichte beschönigen und empört reagieren, wenn Ausländer auf sie zu sprechen kommen. Obwohl viele Kroaten weder Faschisten noch Sympathisanten der Faschisten gewesen waren, betrachten sie die Zeit der Ustascha heute ganz anders als die meisten Nichtkroaten. Während Ausländer die Ära des nazitreuen Staates von Ante Pavelić als Abstieg in die faschistische Barbarei sehen, weisen viele Kroaten darauf hin, daß dies zwar ein abscheuliches Regime gewesen sei, ihrem Land aber immerhin für kurze Zeit die Unabhängigkeit gebracht habe. Wenn Ausländer ihnen vorwerfen – wie es auch viele der einheimischen Serben taten –, daß sie noch immer das Schachbrettemblem gebrauchten, erwidern sie, die Tatsache, daß Pavelić sich seiner bedient habe, mache dieses alte Symbol nicht für alle Zeiten unbrauchbar. Und wenn Ausländer fragen, weshalb die kroatischen Behörden nach ihrer Entscheidung, die jugoslawische Währung, den Dinar, abzuschaffen, darauf bestanden hatten, ausgerechnet den Kuna wiedereinzuführen, jene Währungseinheit, die während des Pavelić-Regimes in Umlauf gewesen war, machen die Kroaten darauf aufmerksam, daß das Bild eines *kuna*, eines Marders, zum ersten Mal auf einer Silbermünze aus dem Jahr 1256 erschienen sei.

Die kroatischen Einwände sind zwar jedesmal faktisch korrekt, zugleich aber moralisch fragwürdig. Das Schachbrettmuster ist tatsächlich ein altes Symbol, das die kroatische Kultusgemeinde »Nepradnak« über ein Jahrhundert lang benutzt hatte. Es findet sich an Gebäuden aus dem 19. Jahrhundert in vielen Teilen Kroatiens und Bosniens, so auch an dem habsburgischen Bau in der Marschall-Tito-Straße in Sarajevo, in dem die Niederlassung von Nepradnak untergebracht ist. Und doch bedeutete die Verwendung des Schachbrettmusters unzweifelhaft eine Provokation, zumal für jene kroatischen Serben, deren Familienmitglieder während des Krieges bei den Ustascha-Massakern umgebracht worden waren oder deren Angehörige zu den Opfern zählten, die im Konzentrationslager Jašenovać ums Leben gekommen waren, wo nach vorsichtigen Schätzungen mehrere hunderttausend Serben und Juden abgeschlachtet worden waren. Und kein noch so gelehrter Hinweis auf mittelalterliche Münzen konnte den Eindruck verwischen, daß die kroatischen Behörden mit ihrer Entscheidung für den Kuna symbolisch auch eine Kontinuität zwischen sich und dem Pavelić-Regime hatten herstellen wollen. Die Art und Weise, mit der die Kroaten einerseits den Gebrauch dieser Symbole historisch rechtfertigen, andererseits aber Serben und anderen das Recht absprechen, sich ebenfalls aus historischen Gründen vor dem Gebrauch just dieser Symbole zu fürchten, ist nur allzu typisch für Leute, die so von der Vergangenheit ihres eigenen Volkes in Anspruch genommen werden, daß sie sich anderen gegenüber gleichgültig zeigen.

1993 waren schließlich alle Gruppen im ehemaligen Jugoslawien derart überzeugt, in der Vergangenheit selbst Opfer anderer Gruppen gewesen zu sein, daß als einzig statthafte Haltung nur noch die der verletzten Unschuld

geblieben war. Aus dieser Geisteshaltung heraus haben sogar Leute, die keinen Funken Antisemitismus im Leibe hatten, nicht verstehen wollen, warum das Ausland auf die Bemerkung Präsident Tudjmans im Wahlkampf des Jahres 1990, seine Frau sei weder Serbin noch Jüdin, mit Empörung reagiert hatte. Er habe sich doch nur gegen rechtsextremistische Zwischenrufer gewehrt, die sein Kroatentum hatten in Frage stellen wollen. Genausowenig konnten sie verstehen, weshalb Ausländer so beunruhigt waren über die Umbenennung von Straßen mit Namen von Personen der Ustascha-Zeit wie die Mile-Budak-Straße nach Pavelićs Religions- und Erziehungsminister. Schließlich seien die Kroaten zivilisiert. Zu erwidern, die Serben behaupteten von sich dasselbe, wurde als unverzeihlicher Affront aufgefaßt. Die serbische Martyrologie sei nichts als eine eigennützige Verdrehung der Tatsachen und habe die Serben dazu verleitet, schreckliche Verbrechen zu begehen. Die kroatische Martyrologie hingegen habe mit solchen Geschichtsklitterungen nichts zu tun, sondern sei die zutreffende Würdigung wahren Geschehens. Ein böser Witz, der im ganzen ehemaligen Jugoslawien kursierte, brachte diese tödliche Mischung aus verletzter Unschuld und bodenlosem Stolz auf den Punkt: »Weshalb sollten wir eine Minderheit in eurem Land sein, wenn ihr eine Minderheit in unserem Land sein könnt?«
Vielleicht sollte ich hier anmerken, daß ich die Vorstellung schon immer absurd fand, irgendeine Gruppe könnte besonders tugendhaft oder die menschliche Identität könnte irgendwas anderes sein als fließend und zufällig. Bevor ich ins ehemalige Jugoslawien gekommen war, hatte ich geglaubt, daß an diesem Krieg nichts unvermeidlich gewesen und daß er die Folge politischer Entscheidungen und nicht irgendwelcher Nationalcharaktere oder historischer Blutfehden war. Nach fast zwei Jahren, in denen ich ständig herumgereist bin und viele Menschen habe sterben und

töten sehen, glaube ich es noch immer. Und doch war ich anfangs versucht gewesen, die verschiedenen Geschichten über die fundamentalen Unterschiede zwischen Kroaten und Serben für bare Münze zu nehmen. All das Blut, das im Namen ethnischer Gegensätzlichkeit und ethnischen Stolzes vergossen worden ist und weiter vergossen werden wird, schien mir ungeachtet der materiellen Kosten und der Opfer, die das gefordert hat, meinen kosmopolitischen Dünkel schon in den ersten Tagen meines Aufenthalts in Kroatien ein für allemal auszutreiben.

Gewöhnlich verbringt ein Journalist seinen ersten Tag in Zagreb damit, sich seine Akkreditierungen zu besorgen. Nach stundenlangem Warten auf meinen Presseausweis im Hauptquartier der UNPROFOR ging ich zum Hotel Intercontinental, um mir einen kroatischen Presseausweis zu holen. Wie ich später noch oft feststellen sollte, arbeiteten in diesen Büros oft junge Kanadier kroatischer Herkunft, von denen einige endgültig zurückgekehrt waren, während andere sich noch nicht entschieden hatten, wo sie künftig leben wollten. Während ein alerter PR-Offizier zuvorkommend meinen Ausweis ausstellte, fragte ich ihn, wann er sich entschlossen habe, nach Zagreb zu kommen. »Ich hatte schon immer davon geträumt«, sagte er mit breitem Zahnpastalächeln, »schon in meiner Kindheit in West Van hab ich auf diesen Tag gewartet. In mein High-School-Jahrbuch hatte ich sie eintragen lassen, ›Jeff möchte in ein freies und unabhängiges Kroatien zurückkehren‹. Und jetzt bin ich da, ganz so wie ich es mir vorgestellt hatte.«
»Und fühlen Sie sich hier zu Hause?« fragte ich.
»Absolut«, sagte er strahlend. »Es ist genauso, wie es meine Eltern – sie waren nach dem Zweiten Weltkrieg nach Kanada gekommen – immer beschrieben hatten. Es ist einfach großartig, zu Hause zu sein.« Über seine Eltern konnte ich ihm nicht mehr entlocken, als daß sie »Antikommunisten«

waren. Ob sie auch Ustaschas gewesen waren, konnte ich nicht in Erfahrung bringen. Ich glaube auch nicht, daß es von großer Bedeutung gewesen wäre. Ein freies Kroatien, ein ungeteiltes Bosnien oder die Einheit aller Serben innerhalb Serbiens oder über die Grenzen von Serbien und Montenegro hinaus, das waren die Dinge, welche die Menschen heute dazu brachten, zu töten oder zu sterben, auf den Lebensstandard zu verzichten, den sie für selbstverständlich gehalten hatten, bevor die Kämpfe ausbrachen, sich entwurzeln zu lassen und ein Leben zu führen, das nichts mehr mit dem zu tun hatte, das sie vorher geführt hatten.
»Und was ist mit West Van?« fragte ich ihn.
Er antwortete: »Na ja, ich vermisse das Eishockey – die Canucks –, aber es ist besser, endlich da zu sein, wo man hingehört.«
»Hätten Sie hier leben können«, fragte ich, »als es noch zu Jugoslawien gehörte?«
Er lachte. »Auf keinen Fall. Selbst wenn man mir erlaubt hätte zurückzukommen, was ich bezweifle, hätte ich es nicht gewollt. Damals war alles – die Polizei, die Regierung, die Armee – in der Hand der Serben und der Kommunisten. Ich bin Kroate. Ich komme mit einem Amerikaner wie Ihnen oder einem Sikh aus Vancouver sehr viel besser klar als mit einem Serben.«
Gegen das Heimatgefühl eines Menschen kann man nicht mit Vernunft oder gar mit dogmatischen Theorien an – wobei die marxistische Idee eines »falschen Bewußtseins« nur die arroganteste war. Man kann nicht einfach behaupten, daß das, was die Leute zu glauben glauben, nicht das ist, was sie wirklich glauben. Ich erinnere mich aber, daß ich mich schon an diesem Tag gefragt hatte, ob die Unterschiede, die dieser junge Mann so leidenschaftlich beschwor, überhaupt plausibel waren. Wenn sich Serben, Kroaten und bosnische Moslems wirklich so eindeutig voneinander unterschieden, wie kam es dann, daß die Beispiele, mit

denen sie diese Unterschiede deutlich zu machen versuchten – eine Art Kaffee in Zagreb, eine andere in Belgrad; die Pünktlichkeit der Kroaten im Gegensatz zum unbekümmerten, »südlichen« Zeitempfinden der Serben; die geradezu zwanghafte Ordnung und Sauberkeit der Kroaten –, nicht nur vergleichsweise trivial, sondern fast schon wie eine Wiederholung aller Klischees wirkten – die genügsamen, arbeitsamen Nordländer im Gegensatz zu den leichtfertigen, pflichtvergessenen Südländern –, die in nahezu jedem europäischen Land sowie in vielen ostasiatischen Ländern verbreitet sind?

Nachdem man mir zum zigsten Male erzählt hatte, daß die Kroaten zutiefst westlich seien, die Serben hingegen in der Wolle gefärbte Byzantiner – irgendwann nach der Unabhängigkeit Kroatiens hatten Nationalisten den Begriff »Byzantiner« zum Schimpfwort umgemünzt; ein prominentes Mitglied der HDZ hatte sich sogar einmal im Parlament erhoben und gesagt, er tue mit Freuden kund, daß es in seiner Familie seit drei Jahrhunderten »kein byzantinisches Blut« gegeben habe –, begann ich mich in meiner Verstocktheit zu fragen, wie tiefgreifend die Unterschiede nun wirklich sind, deretwegen so viel Blut vergossen worden war. Der betreffende Abgeordnete hätte es wohl kaum notwendig gefunden, seinen Kollegen gegenüber zu beteuern, er habe kein serbisches Blut in den Adern, wenn er eine andere Sprache gesprochen hätte als eben die der verhaßten Serben oder äußerlich von diesen zu unterscheiden gewesen wäre – so wie es die Fanatiker unter den Hutu in Ruanda meist fälschlicherweise von den Tutsi oder die Nazis von den Juden behaupteten. Hatte sich dieser kroatische Politiker nur deshalb so genötigt gefühlt, sein Kroatentum zu betonen, weil er sich im Grunde weder vom Aussehen noch von der Sprache her von einem Serben unterschied, sich jedoch zutiefst anders fühlte oder zumindest fühlen wollte, und weil er tatsächlich davon überzeugt war, seine Kraft

und sein Seelenheil als Individuum wie als Mitglied des kroatischen Volkes liege in ethnischer und nationaler Andersartigkeit?
Mythenbildungen begleiten die Geburt eines jeden neuen Staates. Der Historiker Eric Hobsbawm nennt als klassisches Beispiel hierfür die Hinweise in einem pakistanischen Schulbuch auf fünftausend Jahre pakistanischer Geschichte. In Wahrheit, stellt er fest, hatten vermutlich erst die Nationalisten Jinnahs in den dreißiger Jahren die Idee eines eigenständigen pakistanischen Staates aufgebracht. Jede Beziehung zwischen der Indus-Kultur und der Regierung nach 1948 sei reine Mythologie. In Pakistan wie in Kroatien – und natürlich auch in Serbien – haben nationalistische Politiker stets Kontinuitäten und imaginäre Identitäten erfunden, die es historisch nie gegeben hat. So war die zum historischen Blutzeugen erhobene Stadt Dubrovnik, deren vermeintliche Zerstörung den Kroaten als schlimmstes Beispiel für serbisches Barbarentum diente, noch nicht einmal Teil des ersten jugoslawischen Staates gewesen. Abgesehen davon, daß das Ausmaß der Zerstörung viel geringer war als zuerst angenommen, war die Stadt in ihrer Geschichte sehr viel länger byzantinisch, venezianisch und osmanisch gewesen als kroatisch.
Vor allem hatten es sich die Nationalisten zur wichtigsten Aufgabe gemacht – im Krieg werden fast immer übertriebene Behauptungen aufgestellt, aber das macht sie noch nicht notwendigerweise zu Lügen –, noch mehr Unterschiede zu erfinden, als es bereits gab, oder vorhandene zu betonen. Historische Feindschaften hatten Kroaten und Serben in der Vergangenheit wiederholt gespalten. Doch am Ende war es einzig und allein die Religion – genauer gesagt: die religiöse Herkunft, denn die meisten Menschen im ehemaligen Jugoslawien waren säkularisiert –, die übrigblieb, wenn man nach einer ethnischen Definition dessen suchte, was einen Kroaten, Serben oder bosnischen

Moslem ausmachte und was sie voneinander unterschied. Sie alle sind Südslawen und waren meist eher durch eine bestimmte Gegend, soziale Klasse oder den Umstand geprägt, ob sie in Städten oder auf dem Lande lebten, als durch Ethnizität im herkömmlichen Sinne. Daß letztlich doch ausschließlich die religiöse Zugehörigkeit für das maßgebend war, was in Jugoslawien »nationale Volksgruppe« genannt wurde, macht eine Entscheidung aus dem Jahr 1974 deutlich: Tito hatte damals die bosnischen Moslems zu einer der sechs »Staatsnationen« Jugoslawiens erklärt. Und um dies tun zu können – dieser Schritt war Teil eines komplizierten politischen Kalküls, mit dem er ein Gegengewicht zu den serbischen und kroatischen Ansprüchen bilden wollte –, hatte Tito auf den Begriff »Moslem« zurückgreifen müssen, der jedoch bei allen künftigen Volkszählungen in Jugoslawien allein auf bosnische Moslems bezogen wurde. Die im allgemeinen sehr viel gläubigeren albanischen Moslems im Kosovo und in Makedonien wurden als Albaner registriert.

Gewiß sind die meisten Kroaten, Serben und bosnischen Moslems genauso säkular geblieben, wie sie es unter kommunistischer Herrschaft waren, auch wenn vor allem kroatische nationalistische Politiker die Bedeutung des Glaubens in den neuen – oder, wie die Nationalisten gern sagten: wiedererschaffenen – Staaten zu betonen pflegten. Die Religion an sich war nicht so wichtig, obwohl die serbische Kirche traditionell nicht universell ist, sondern national. Sie war nur das wichtigste Mittel, um ethnische und nationale Zugehörigkeiten in den neuen Staaten, die Staatsbürgerschaft nahezu ausschließlich ethnisch begründeten, bestimmen zu können. Kroatien hat seine Verfassung 1990 revidiert, was nach Meinung vieler Kritiker des Zagreber Regimes den Aufstand in der serbisch dominierten Krajina unvermeidlich machte. Während die Republik Kroatien unter dem kommunistischen Regime laut Verfassung aus zwei Volksgruppen – Kroaten und Serben – sowie ein paar Minderheiten zusammengesetzt war, definierte sich das unabhängige Kroatien nun als »der Nationalstaat des kroatischen Volkes und als Staat anderer Nationen oder nationaler Minderheiten, die als seine Bürger ausgewiesen sind«. Damit war der Status der Serben auf den einer »nationalen Minderheit« reduziert und mit Juden, Moslems, Slowenen, Tschechen und anderen Gruppen auf eine Stufe gestellt worden.

Genaugenommen ging es dabei hauptsächlich um kulturelle Unterschiede, auch wenn man deshalb als Kroate galt, weil man römisch-katholisch war, oder als Serbe, weil man – wie locker auch immer – an die orthodoxe Glaubensgemeinschaft gebunden war. Doch der wirkliche Glaube spielte weder in Kroatien noch in Serbien eine große Rolle. Worauf es ankam, nachdem die nationalistische Mythenbildung erst einmal erfolgreich abgeschlossen wurde, war, daß man sich der Religion bedienen konnte. Wenn man in ein Dorf kam, in dem Kämpfe stattgefunden hatten, bekam man oft eher Geschichtsunterricht als eine verläßliche Auskunft über das, was gerade geschehen war. Nicht nur in Fernsehansprachen und Presseerklärungen erinnerten die Serben an ihre Niederlage Ende des 14. Jahrhunderts in der Schlacht auf dem Amselfeld gegen die Türken – oder wie die Serben sagen, auf dem Schlachtfeld von Kosovo –, die Kroaten an das kroatische Königreich, das Ende des 11. Jahrhunderts vernichtet worden war, oder die bosnischen Moslems an die Zeit der Bogomilen. Manch einer beschwor die Geschichte sogar auf dem Schlachtfeld. Aus einer Frontstellung der bosnischen Serben nahe der im Norden Bosniens gelegenen Stadt Prijedor wurde ich einmal mit Händeschütteln, einem Kanister mit hausgebranntem Slibowitz und dem Ruf »1389« verabschiedet – der Jahreszahl der serbischen Niederlage im Kosovo. Im Zagreber Büro des Merhamet, dem islamischen Äquivalent zum

Roten Kreuz, hörte sich einer der örtlichen Honoratioren meinen Bericht aus Nordbosnien an und hielt mir dann eine lange Rede über osmanische Toleranz.
Der historische Wert solcher Bezüge war gering. Egal was die Kroaten glauben: die Vorstellung, es ließe sich eine direkte Verbindung herstellen zwischen dem kroatischen Staat Tomislavs des Großen im 11. Jahrhundert und dem, den Franjo Tudjman 1991 gegründet hat, ist völlig unsinnig. Dalmatien hatte damals zu Venedig gehört, Ostslawonien zu Ungarn. Doch der Drang, die Vergangenheit entsprechend den Erfordernissen der Gegenwart umzumodeln, war überall gleich stark. In den vergangenen Jahren starben im ehemaligen Jugoslawien Hunderttausende, um ein Identitätsgefühl zu verteidigen, das vielen von ihnen letztlich aufgezwungen worden war. Manchmal waren die Fehler und Irrtümer, zu denen es im Eifer des Gefechts bei dieser Geschichtsklitterung kam, nur noch komisch. So berichtet der britische Schriftsteller Mark Thompson von einer kroatischen Fernsehserie mit dem Titel *Kroaten, die ihren Weg in der Welt gemacht haben*. In der ersten Sendung ging es um Sixtus V., einen Papst des Mittelalters, bei dem es, wie Thompson schreibt, nicht den geringsten Grund für die Annahme gibt, er sei Kroate gewesen. Häufiger aber waren die Ergebnisse eher schrecklich als komisch, beispielsweise wenn die bosnischen Serben, wie sie es seit Beginn des Krieges taten, die bosnischen Regierungstruppen als »Türkenarmee« bezeichneten und ihre eigenen Soldaten ausdrücklich einberiefen, um für die Niederlage, die sie 1389 im Kosovo erfahren hatten, Rache zu üben.
Als sich das kommunistische System auflöste, hatten vor allem Kroaten und Serben immer kunstreichere Mythen über ihre jeweilige so heroische wie traurige Vergangenheit zu spinnen begonnen und beschworen ihre ungeheuren Leiden und ihre glorreiche Zukunft. Bevor das Morden

begann, hatte die Wiederentdeckung der eigenen Identität den Menschen, die aus guten Gründen das Gefühl hatten, daß sie im Begriff waren, die Kontrolle über ihr eigenes Leben und das Land, in dem sie aufgewachsen waren, zu verlieren, zweifellos Trost gegeben. Als Jugoslawien zusammenbrach, sanken die Reallöhne. Ein Arzt in Sarajevo, der Anfang der achtziger Jahre tausend Mark im Monat verdient hatte, hatte kurz vor Beginn des Krieges nur noch ein Zehntel seines früheren Einkommens. Die Ängste waren also durchaus berechtigt. Doch wie psychologisch verständlich diese Mythenbildung auch gewesen sein mochte: die wirklichen Unterschiede – in der Kleidung, in der Gestik – zwischen Menschen in Zagreb, Belgrad oder Sarajevo waren minimal. Vielleicht waren es tatsächlich ihre falschen Vorstellungen von historischer Größe und ihr heimlicher Groll, welche die Menschen dazu brachten, gegeneinander zu kämpfen. Doch was sie heute trennt, sind nicht mehr Ideen, sondern Tote und Opfer der ethnischen Säuberungen, vergewaltigte Frauen und verstümmelte Kinder.

Dieses Geschehen ausschließlich einer bis zum äußersten getriebenen Identitätspolitik zuschreiben zu wollen, wäre jedoch zu einfach. Da spricht man vom »Tribalismus«, vom Stammesbewußtsein, das im ehemaligen Jugoslawien herrsche; da bemüht man das ganze Spektrum all der angeblich unüberwindlichen ethnischen Barrieren, die Kroaten, Serben und Moslems voneinander trennen sollen. Das Ganze untermauert man – wie so oft in unserem Zeitalter, in dem der ethnische Nationalismus immer dann leichtes Spiel hat, wenn Menschen ihre Hoffnungen verloren haben und leiden – mit der Behauptung, daß auf dem Balkan die Gruppenidentitäten der Menschen so festgelegt und dauerhaft seien wie ihre DNA. Statt dessen sollte man sich lieber Gedanken über das Schicksal der Südslawen machen, ein Volk, dessen Angehörige mehr verbindet als trennt, und über die politische Tragödie, die darin besteht, daß es kleinen Kadern von so intriganten wie machthungrigen Politikern, Soldaten und Intellektuellen gelingen konnte, die wirklich vorhandenen Unterschiede zwischen Kroaten, Serben und bosnischen Moslems zu verstärken und zu übertreiben, nur um selber an der Macht zu bleiben oder an die Macht zu kommen. Auch wenn die Kluft zwischen den einzelnen Gruppen nach der langen, verrohenden Erfahrung mit Gewalt und Krieg nun tatsächlich groß geworden ist, heißt das noch lange nicht, daß die Gewalt kulturell oder historisch bedingt und daher unvermeidlich gewesen wäre. Es gab eine südslawische Kultur, die Kroaten, Serben und Bosnier miteinander verband, und es gab die serbische, die kroatische und die »Bosniak«-Kultur, die sie voneinander abgrenzte. Diese südslawische Kultur – freilich nicht die »jugoslawische« der Monarchie vor dem Zweiten Weltkrieg oder der Diktatur Titos – hat zumindest zeitweise Lokalpolitik, ethnische Grenzen und die spezifische Bedeutung von Geschichte und geographischem Raum transzendiert. Es hat viel Mühe gekostet, diese Kultur zu zerstören, so wie auch die Zerstörung Jugoslawiens, der Krieg in Kroatien und der Genozid an den bosnischen Moslems viel Anstrengung gekostet haben.

Denn Serben, Kroaten und Bosnier sind nicht nur allesamt Südslawen, sie sprechen auch dieselbe Sprache oder erinnern sich zumindest daran, bis zum Ende der Jugoslawischen Föderation eine gemeinsame Sprache gesprochen zu haben. Der politische Aktivist und Schriftsteller Bogdan Denitch, selbst Serbe aus Kroatien, hat dazu verbittert bemerkt: »Dreiundachtzig Prozent der Bevölkerung [des ehemaligen] Jugoslawien sprechen dieselbe Sprache ... Die Unterschiede zwischen den von den Gebildeten gesprochenen Varianten sind vergleichbar mit den Unterschieden zwischen britischem und amerikanischem Englisch.« Der Beweis, so Denitch, sei, daß jeder Regionaldialekt des

Serbokroatischen, wie man vor dem Krieg dazu sagte, von jedem in der jeweiligen Region gesprochen wurde, egal welcher ethnischen Herkunft er auch gewesen sein mochte, obwohl die Serben das kyrillische Alphabet benutzen, die Kroaten und Bosnier aber das lateinische. Doch heute lernt der Besucher in Kroatien schnell, besser nicht zu fragen, wie dieses oder jenes Wort auf serbokroatisch, sondern immer nur, wie es auf »kroatisch« heißt.[3] Die Vorstellung von einer autochthonen kroatischen Sprache mochte für jeden, außer vielleicht für ein paar Ultranationalisten, neu gewesen sein, aber nun ist sie ein wichtiges Element des Nationalbewußtseins. Das offizielle Zagreb hat als erstes versucht, alle noch so kleinen Unterschiede zu betonen und wo immer möglich neue aufzuzeigen. Als ich das erste Mal nach Zagreb kam, stand auf dem Flughafengebäude »Aerodrom«, wie noch bis heute in Serbien und in Sarajevo. Bis zum Frühjahr 1993 war das »Aerodrom« dann zu »Zrackna Luka« kroatisiert worden, was wenigstens noch dasselbe bedeutet. Es gab auch Neuschöpfungen, beispielsweise das Wort für »Gürtel«, das nun wörtlich übersetzt, »Objekt, das einem die Hosen oben hält« heißt, was ja nun schlicht lächerlich ist. Ob lächerlich oder nicht: die Nationalisten bestanden darauf, daß solche neuen Begriffe alle serbischen und bosnischen Wörter ersetzen müßten, an deren Gebrauch die Menschen ihr ganzes Leben gewöhnt waren. Immerhin seien die neuen Wörter die Schöpfungen eines unabhängigen Kroatien – des Staates, von dem alle Kroaten seit dem Tode Tomislavs des Großen im Jahr 1109 geträumt hätten, wie die loyalen Anhänger der HDZ so gern betonten.

Die sprachlichen Unterschiede sind zwar gering – schließlich gibt es eine einheitliche Grammatik und ein nahezu identisches Vokabular –, aber dennoch wollten viele Kroaten, die in ihrer neu gewonnenen Unabhängigkeit schwelgten, einfach nicht aufhören, ständig nach neuen zu suchen.

Einmal nahm ich in einem Schützengraben an vorderster Front in der Nähe des serbisch kontrollierten Vorsprungs vor Zadar ein Büchlein mit Redewendungen aus der Tasche meiner kugelsicheren Weste und begann darin zu blättern, um mir die Frage: »War es soweit ruhig?« zurechtzulegen. Der junge Offizier an meiner Seite nahm mir das Buch aus der Hand, holte einen Kugelschreiber aus seiner Tasche und strich unter den Augen seiner versammelten Mannschaft das Wort »Serbo-« aus dem Titel, so daß nur noch »Kroatisches Konversationslexikon« übrigblieb. Ich sagte etwas kleinlaut: »Sie werden es wohl neu drucken müssen.« Zu meinem großen Erstaunen meinte der Offizier ernst: »Das will ich doch hoffen.« Trotzdem hat sich das Buch in Kroatien als ebenso nützlich erwiesen wie in Bosnien und Serbien. Was die Menschen voneinander unterscheidet, sind Aussprache und Alphabet, nicht aber Vokabular.

Ich behaupte nicht, daß sich die Menschen nicht bereits vor dem Krieg bestimmten ethnischen Gruppen zugerechnet hätten. Ich streite auch nicht ab, daß die nationale Frage in der jugoslawischen Geschichte – in der Monarchie zwischen den Weltkriegen wie in der Zeit Titos – eine ebensolche Verirrung gewesen war wie die Definition von Rassen in der amerikanischen Geschichte. Doch im Laufe des Krieges begannen die meisten Menschen in Kroatien und Serbien, wie später dann auch auf der bosnischen Regierungsseite, die Dinge, die sie voneinander trennten, so darzustellen, als lägen sie klar auf der Hand und seien ganz natürlich. »Wieso besteht ihr Leute aus dem Westen immer darauf, daß Serben mit Moslems zusammenleben müßten?« fragte Radovan Karadžić einmal eine Gruppe von Journalisten, darunter auch mich, die zu einem Interview in sein Büro nach Pale gekommen waren. »Serben und Moslems«, fuhr er fort – mit seiner wilden Mähne und seinem adretten blauen Anzug wirkte er wie ein etwas heruntergekommener französischer Popsänger – »sind wie Hund

und Katz. Sie können nicht in Frieden miteinander leben. Das ist unmöglich.«

In Karadžićs Denken waren Serbentum, Kroatentum und die Moslemheit absolute Seinsformen – unveränderlich und unwandelbar. Er sprach von Ethnizität, wie ein Jungscher Therapeut vom Archetypus gesprochen hätte – obwohl Dr. Karadžić als Freudianer ausgebildet worden war, bevor er in der Psychiatrie des Koševo-Krankenhauses in Sarajevo zu arbeiten begonnen hatte. Allerdings entstammten seine Formulierungen einer Sprache, die nicht nur er beherrschte. Die Barbarei des Krieges, den er entfesselt hatte, hatte nicht allein dazu geführt, daß seine Ideen, die man ansonsten wohl nur verrückt genannt hätte, durchaus überzeugend auf die Menschen wirken konnten, sondern auch bewirkt, daß es den Leuten vorkam, als würden diese Ideen durch ihre Erfahrungen bestätigt. Daß sie diese Erfahrungen nur deshalb machen mußten, weil Karadžić, Milošević & Co. bestimmte Pläne hatten, änderte nichts an ihrer festen Überzeugung, daß diese Ideen schon immer richtig gewesen seien. Zdravko Grebo, ein Jura-Professor in Sarajevo und langjähriger politischer Gegner Karadžićs, spottete: »Radovan Karadžić ist das größte Genie, das Bosnien je hervorgebracht hat. Er sagt etwas, das in diesem Moment eine vollkommene Lüge ist. Und zwei Jahre später ist es die Wahrheit.«

Was immer Karadžić auch behaupten mochte: die Serben hatten nicht immer geglaubt, daß sie mit Moslems und Kroaten nicht zurechtkommen könnten. Seit Generationen waren sie Nachbarn gewesen. Sie waren zusammen in die Schule gegangen, hatten zusammen gearbeitet und – vor allem in den städtischen Gebieten Bosnien-Herzegowinas – überraschend oft untereinander geheiratet. Es bedurfte schon einer Menge Propaganda, damit sie sich überhaupt voreinander zu fürchten begannen und dann einander abschlachten konnten: Der Krieg begann mit Furcht und

führte erst dann zum Genozid. Doch sobald das Töten begonnen hatte, sahen viele diese Gewalt als letzten Beweis für die Richtigkeit von Karadžićs Diagnosen, selbst viele der einst schärfsten Gegner des bosnischen Serbenführers und solche, die ihm anfänglich nur zögernd gefolgt waren. Und so mancher, der fest davon überzeugt gewesen war, daß die Serben in Kroatien wie in Bosnien die Aggressoren waren und Karadžić ein Kriegsverbrecher sei, begann zögernd eine seiner Kernaussagen zu akzeptieren, nämlich daß es eben dieser unwandelbare ethnische Gegensatz gewesen sei, der den Krieg der Serben unvermeidlich gemacht habe. Nur der Kommunismus, hieß es, habe die Geister des Nationalismus in Schach gehalten – eine Auffassung, die bald auch bei den UN-Vertretern im ehemaligen Jugoslawien Zustimmung fand, denn als Peacekeeper, die zur Unparteilichkeit gegenüber allen Gruppen verpflichtet waren, fanden sie diese Einstellung, die alle als Opfer des Zerfalls von Jugoslawien sah, natürlich bestechend. Sie waren überzeugt, daß ein Aufflammen des ethnischen Konflikts nach dem Zusammenbruch des Systems unvermeidlich gewesen sei, selbst wenn größere diplomatische Anstrengungen der internationalen Gemeinschaft oder fähigere Führer in den einzelnen Republiken des ehemaligen Jugoslawien das katastrophale Ausmaß, das die Zusammenstöße dann annehmen sollten, hätten mildern können.
Ein russischer UN-Offizier hat mir einmal gesagt: »Ihr Amerikaner seid schon von eurer Veranlagung her unfähig, zu verstehen, was auf dem Balkan vor sich geht. Ihr seid nette Jungs und Mädels, richtig nett. Ihr wollt einfach nicht sehen, daß es hier nicht um Politik, sondern um Blut und Geschichte geht. Aber man kann nichts tun, als das Morden auszusitzen und sich um die Verwundeten kümmern. Alles andere ist sowenig aufzuhalten wie ein Erdbeben. Man muß schon was von Plattentektonik verstehen,

um zu begreifen, was in Jugoslawien passiert.« Er hielt kurz inne. »Wissen Sie«, sagte er und verzog dabei das Gesicht, »sie töten sich, bis sie es satt haben, und dann hören sie auf. Aber keine Minute vorher, egal was irgend jemand von uns tut.«

Sein Freund, ein belgischer Fallschirmjägermajor, hatte schweigend zugehört. »Wenn es nach mir ginge«, sagte er unvermittelt, »würde ich um das ganze verfluchte Land einen Zaun bauen. Der letzte Überlebende soll dann bei der Uno anrufen, wenn alles vorbei ist. Wenn Sie nach Bosnien kommen, werden Sie schon verstehen, was ich meine.«

Am nächsten Morgen machte ich mich auf den Weg, um es zum ersten Mal mit eigenen Augen zu sehen. Wer Zagreb in Richtung Bosnien verläßt, begibt sich auf eine Reise, die alles bisher Gehörte in Frage stellt. Um in die serbische Krajina oder die serbisch besetzten Gebiete im Norden Bosniens zu kommen, fährt man vom Hotel aus durch die Straßen Zagrebs bis zur Autobahn, auf der die Touristen quer durch ganz Bosnien an die dalmatinische Küste reisten. Kurz zuvor hatte ich mich beim Frühstück noch beschwert, weil die Milch in meinem Cappuccino nicht warm genug war, und einer der britischen Journalisten, mit denen ich reiste, hatte die Kellnerin im Speisesaal um frische Croissants gebeten, weil die am Buffet schon angetrocknet waren. Vom Autofenster aus hätte Zagreb nicht europäischer aussehen können. Noch eine ganze Weile, nachdem wir auf die Autobahn gefahren waren, schien der einzige Unterschied zu einer vergleichbaren Strecke Autobahn in Österreich oder Italien zu sein, daß es keinerlei Verkehr gab.

Das erste Anzeichen dafür, daß Krieg herrsche, war, daß die Autobahnraststätten und Tankstellen meistens geschlossen waren oder, wenn sie aufhatten, nur ein oder zwei Zapfstellen in Betrieb waren. Dann kamen wir an eine unbesetzte Mautstelle. Irgendwie macht es Spaß, mit neunzig Stundenkilometer durch eine Kontrollstelle zu fahren. Dreißig Minuten später waren die Tankstellen nicht mehr nur geschlossen, sie waren gesprengt. Die Häuschen der Tankwärter waren von schweren Maschinengewehrsalven durchsiebt und die Ausfahrten mit Granateinschlägen übersät. Auf der Autobahn selbst sah die Leitplanke zwischen den Fahrbahnen aus, als sei ein Panzer über sie hinweggerollt. Von nun an fuhr man, egal in welcher Richtung, nur noch auf einer Spur. Kurz darauf passierten wir den letzten kroatischen Kontrollpunkt, ein paar Minuten später – mittlerweile fuhren wir auf einer Schotterstraße vorbei an zerbombten Dörfern, gesprengten Brücken, Minenfeldern und Artilleriestellungen – passierten wir eine im serbischen Weiß-Blau-Rot gestrichene Schranke und befanden uns in der selbsternannten Serbischen Krajina-Republik. Zwanzig Kilometer weiter floß die Save. Am anderen Ufer lag Bosnien.

4

ALS ICH IM SPÄTSOMMER 1992 in Nordbosnien ankam, war der an Kroatien grenzende, Bosanska Krajina genannte Teil der Region bereits völlig verändert. Der Grund dafür waren nicht allein die Kämpfe, denn im Gegensatz zu Zentralbosnien oder zu Sarajevo und Mostar waren die Zerstörungen im Norden relativ gering. Doch in den Dörfern, in denen einst Moscheen gestanden hatten, wurden nun Fundamente für orthodoxe Kirchen gelegt, und in die gepflegten Apartments der modernen Wohnblocks um die Stadt Banja Luka zogen gerade neue Mieter ein. Mitarbeiter des UN-Flüchtlingshochkommissariats schätzten, daß mittlerweile etwa sechstausend Serben, die während des serbisch-kroatischen Krieges 1991 ihre Wohnungen und Häuser verlassen hatten, in der Bosanska Krajina zumeist dort wiederangesiedelt wurden, wo seit Generationen moslemische und kroatische Familien gelebt hatten. Was Nordbosnien auch äußerlich veränderte, war nicht der Krieg, sondern die Methode, mit der die Serben ihren Sieg konsolidierten. Das Gesicht Nordbosniens wurde durch die systematisch betriebene »ethnische Säuberung« völlig verändert.
Hier ein Bericht über ethnische Säuberungen: »Häuser und ganze Dörfer wurden in Schutt und Asche gelegt, die unbewaffnete, unschuldige Bevölkerung wurde massenweise umgebracht, es kam zu unglaublichen Akten der Gewalt, Plünderungen und Brutalitäten jeder Art – dies waren und

sind noch immer die Mittel, deren sich die serbo-montenegrinische Soldateska in der Absicht bediente, den ethnischen Charakter [dieser] Regionen vollkommen zu verwandeln. Nachdem die Kämpfe in einem Gebiet abgeflaut und die Überlebenden vertrieben waren, wurden serbische und montenegrinische Siedler aus oft Hunderten von Kilometern entfernten Gegenden herbeigeholt und in den Häusern der Menschen untergebracht – sofern sie noch standen –, die man zur Flucht gezwungen hatte. Die Veränderung der öffentlichen Plätze war nicht weniger radikal. Moscheen wurden niedergebrannt oder gesprengt, oft um Baugrund zu schaffen für die Stelle, auf dem das serbische Militär dann die Fundamente für die neuen orthodoxen Kirchen zu legen begann. Deren Errichtung war für den serbischen Sieg fast ebenso wichtig wie die Ermordung oder Vertreibung der nichtserbischen Bevölkerung.«
Das ist kein zeitgenössischer Bericht, auch wenn er es sein könnte. Es ist ein Zitat aus dem »Report der Internationalen Forschungskommission für die Grundlagen und Entwicklung der Balkankriege« des Carnegie Endowment for International Peace aus dem Jahr 1914. Was seit 1991 in Bosnien und Kroatien geschah, unterscheidet sich ideologisch wie methodisch nur unwesentlich von dem, was sich Anfang des Jahrhunderts und dann wieder während des Zweiten Weltkriegs in denselben Städten und Dörfern abgespielt hatte. Doch in Europa herrschte die Illusion – aus Wunschdenken und Selbstgefälligkeit heraus, von der ein Großteil Westeuropas befallen gewesen war, bis der Zusammenbruch des Kommunismus jedermann zwang, genauer hinzusehen –, daß die Menschen auf dem Alten Kontinent sich nicht weiter in so regelmäßigen Abständen abschlachten könnten, nicht einmal auf dem Balkan. Dieses Kapitel sei doch nun endgültig abgeschlossen. Aber das war es natürlich nicht. Der Unterschied ist nur, daß Außenstehende die Katastrophe heute anders beurteilen. Es

scheint, als habe sich Jugoslawien stärker gewandelt als die Jugoslawen selbst, denn diesmal findet der Krieg in einem Lande statt, das schon seit Jahrzehnten nicht mehr zu den rückständigen Gebieten Europas zählte. Heute findet das Blutbad in einem Touristenparadies statt: in den venezianischen Städten entlang der dalmatinischen Küste, in den Skigebieten um Sarajevo und in den Weinbergen der West-Herzegowina um Mostar.

Auf der Jahorina, dem Bergzug oberhalb der bosnischen Hauptstadt, stehen dichtgedrängt neben den Stahlmasten zerstörter Skilifte und entlang der Strecke des Riesenslaloms der Winterolympiade von 1984 die Geschütze der bosnischen Serben. Die Offiziere der Bosnisch-Serbischen Armee (BSA) verbringen ihre Freizeit Schach spielend und Slibowitz trinkend in einem ehemaligen Urlauberrestaurant im Chalet-Stil, dessen Räumlichkeiten nun mit Propagandaplakaten dekoriert sind wie – um zwei typische Beispiele zu nennen – einer von »islamischem« Grün bedeckten Europa-Karte oder dem Schattenriß eines Handschlags zweier Männer, wobei die Manschette des einen ein kroatisches Schachbrettmuster, die des anderen ein Hakenkreuz ziert. Überall in Bosnien findet man zwischen all dem Müll, den ein Krieg hinterläßt, den zerbombten Häusern, neben ausgebrannten Autowracks, auf verbrannter Erde und inmitten verwesender Tierkadaver Schilder mit Aufschriften wie »Bureau de Change« und »Zimmer frei«, »Albergo Turistico« oder »Scenic View«.

Trotz allem, was seit Beginn der Kämpfe geschehen ist, trifft man im Alltag und neben diesem ganzen Kriegsmüll immer wieder auf Reste des ehemals touristischen Jugoslawien, das bis 1990 Millionen Urlauber angelockt hatte. Heute scheinen diese Dinge allerdings eher der politischen Legitimation zu dienen als dem Profit, denkt man beispielsweise an die Wechselstuben, die in mancher zerstörten Stadt noch immer geöffnet sind. Geld wechseln zu wollen, ist völlig unsinnig, denn die Währungen aller bosnischen Kriegsparteien sind praktisch wertlos. Wer Bier oder Benzin kaufen möchte, braucht Dollars – oder besser noch Deutsche Mark, die zur neuen Universalwährung im Balkan geworden ist.[1] Selbst in Städten und Dörfern, in denen die Strom- und Wasserversorgung längst zusammengebrochen ist, ist Geldumtausch manchmal noch möglich oder wird von Besuchern sogar verlangt. Daß solche Bankbesuche keinerlei praktischen Nutzen haben, spielt keine Rolle. In Wahrheit geht es nur darum, klarzumachen: »Jetzt bist du in der Serbischen Krajina-Republik« oder »in der Serbischen Republik Bosnien« oder, nachdem Mitte 1994 die Kämpfe zwischen den bosnischen Regierungstruppen und der bosnisch-kroatischen Armee (HVO) eingestellt und ein mit amerikanischer Vermittlung ausgehandelter Deal für eine föderative Union angenommen worden war, »im kroatischen Staat Herzeg-Bosna in der West-Herzegowina«. Und so verlangen Hotelmanager von Journalisten das Ausfüllen langer Anmeldeformulare aus der Vorkriegszeit (als wüßten die örtlichen Behörden nicht, wer ihr Gebiet bereist), tragen HVO-Kämpfer, die sich tagelang weder gewaschen noch rasiert haben, saubere weiße Armbinden und blinkende Metallabzeichen, die sie als Zöllner ausweisen. Und deshalb haben auch die bosnischen Serben den Kontrollpunkt, den sie zwischen dem UN-kontrollierten Flughafen[2] und dem von der bosnischen Regierung verteidigten, eingeschlossenen Sarajevo eingerichtet haben, zum »Grenzübergang« erklärt. (Wenn sie Schwierigkeiten machen wollen, fragen sie die Journalisten nach ihren Visa, wobei sie sich in höchstem Maße entrüstet zeigen, wenn das obligatorische Nein geantwortet wird.)

Den größten Teil der Bosanska Krajina hatten die Serben bereits im Frühjahr 1992 unter ihrer Kontrolle. Im Spätsommer desselben Jahres haben sie sie dann endgültig institutionalisiert. Vor Beginn der Kämpfe war die Bezirkshauptstadt Banja Luka die zweitgrößte Stadt Bosniens gewesen, ein Zentrum des Handels und der Leichtindustrie und der wichtigste Agrarmarkt der Region. Reichlich versehen mit komfortablen Hotels, schönen Kirchen und Moscheen hatte in der Stadt einmal ein angenehmes bürgerliches Fluidum geherrscht. Es gab zwar keine touristischen Attraktionen wie in Mostar, aber es hatte auch jene proletarische Atmosphäre von Zentren der Schwerindustrie wie Zenica und Tuzla gefehlt. Rückblickend räumte manch einer in Banja Luka ein, die Stadt sei ein wenig selbstzufrieden gewesen, betonte aber zugleich stolz, darin habe man sich nicht von vielen anderen europäischen Provinzhauptstädten unterschieden. »Wir waren ganz ähnlich wie die Leute in Bergamo oder Bristol. Welche amerikanische Stadt ich zum Vergleich anführen könnte, weiß ich nicht«, erzählte mir eines Abends ein angesehener Moslem der Stadt. Das Gespräch war ständig von kurzen Pausen unterbrochen, in denen er nervös zur Wohnungstür schaute oder den Blick senkte, wenn in der Nähe wieder einmal eine der vielen Gewehrsalven aus einer Kalaschnikow oder Heckler zu hören war.

»Wir machten uns Gedanken, weil unsere Kinder zu viel Rock'n'Roll hörten«, fuhr er fort und betrachtete das »bosnisch-orientalische« Ornament aus dem 17. Jahrhundert auf der Täfelung des Kaminsimses. »Wir fürchteten, sie könnten ihre ›Werte‹ verlieren, weil es ihnen materiell so gutging. Wir sorgten uns, weil sie nicht fleißig genug lernten, weil sie zu viel Zeit im ›New York‹ verbrachten, einer Spielhalle in der Stadt, und wir machten uns vor, sie würden keine Drogen nehmen. Manchmal hatten wir zwar düstere Visionen von ihrer Zukunft, aber um uns selbst haben wir uns nicht ernsthaft Sorgen gemacht. Wir glaubten, unsere Probleme würden persönlicher Art bleiben – Scheidung, Alter, Tod. Aber wir haben nie gedacht, daß unsere Gesellschaft sterblich wäre. Die wirklich grausame

Zeit des Zweiten Weltkriegs und des Terrors nach der Machtübernahme durch die Partisanen schien für immer vorbei zu sein. Ich machte mir noch nicht einmal Sorgen über das Älterwerden. Ich dachte darüber nach, ob ich es mir leisten könnte, an die Küste zu fahren, oder«, er schüttelte erstaunt den Kopf, »ob ich mir eines der Kunstwerke kaufen könnte, die ich so gern haben wollte. Politik habe ich nie ernst genommen. Es gab zwar Geschrei und Geschimpfe, aber ich hatte nie geglaubt, daß auch nur einer von uns *so dumm* sein könnte – aus welchen Gründen auch immer –, zu zerstören, was wir in Jugoslawien aufgebaut hatten. Ich hatte nie geglaubt, daß sie derart dumm sein würden ...« Seine Stimme wurde immer leiser.
Später erzählte er mir ausführlich von dem berühmten avantgardistischen Puppentheater Banja Lukas. »Die Leute kamen aus ganz Europa, um die Aufführungen zu sehen«, sagte er. »Wir hatten Marcel Marceau hier, das Teatro Sperimentale di Parma und die Berliner Schaubühne. Mein Freund Sead war der Leiter. Er ist Moslem wie ich, aber seine Truppe war total gemischt – Serben, Kroaten, Moslems, ein Halbjude. Daran war überhaupt nichts Ungewöhnliches. Wir waren sowieso alle gemischt. Meine Tochter hat einen kroatischen Jungen geheiratet – sie sind bei seinen Eltern in Zagreb, gottlob! Man sagt, unsere Bevölkerung habe zu nahezu gleichen Teilen aus Serben und Moslems bestanden, weniger aus Kroaten. Aber Eheschließungen untereinander waren derart normal, daß die Unterschiede in ein paar Generationen völlig bedeutungslos geworden wären, außer natürlich für ein paar alte Fanatiker oder Leute vom Lande.« Er schwieg. »Aber damit ist es nun vorbei, oder? Wenn wir überhaupt überleben, dann nur in unseren jeweiligen Ghettos – die Serben hier, die Moslems dort und die Kroaten irgendwo anders. Karadžić sagt, wir seien wie Hund und Katz. Aber wir sind doch keine Tiere, wir sind doch Menschen.«

»Wenigstens hoffe ich es. Manchmal bin ich mir nicht mehr so sicher. Manchmal denke ich, daß das wahre Wesen des Menschen so ist, wie es sich heute zeigt, daß es die Ausnahme war, wie wir gelebt haben, bevor dies alles anfing. Vielleicht ist Karadžić ein Genie. Oder wenigstens hat er vielleicht recht. Weißt du, was mit Seads Theater geschehen ist? Nun, vor dem Krieg hatte er – trotz seiner rauhen Art ist er ein sentimentaler Kerl – einen Protegé, einen jungen serbischen Schauspieler. Das Theater war ein Kollektiv, und einige Schauspieler wollten ihn nicht aufnehmen, aber Sead bestand darauf. Und er war gut. Na schön, als der Krieg begann, verschwand er für ein paar Tage. Dann kam er ins Theater zurück, nur hatte er diesmal eine Pistole am Gürtel und ein amtliches Schreiben in der Hand. Und darin stand, daß nun er der Direktor des Puppentheaters von Banja Luka sei. Den Rest kannst du dir denken. Sead war der erste, der gefeuert wurde.«
Der Krieg hatte Banja Luka überfallen. Im April 1992 wurde die Stadt von General Ratko Mladićs bosnisch-serbischen Truppen eingenommen, ohne daß viele Schüsse gefallen wären. Mladić selbst war von Geburt bosnischer Serbe. Während seiner ganzen Laufbahn hatte er keinen besonderen nationalistischen Eifer an den Tag gelegt. Ein Belgrader Anwalt, der ihn kannte, sagte mir einmal: »Vor dem Krieg war Mladić ein ganz gewöhnlicher Offizier. Nationalismus war ja verpönt in der Jugoslawischen Volksarmee. Ihre Offiziere waren dem System verpflichtet, der Verteidigung Jugoslawiens und dergleichen Blabla. Ich glaube nicht, daß Mladić zu Titos Zeiten Nationalist war.«
Doch andere, die Mladić kannten, erzählten, der General habe ständig darauf hingewiesen, daß seine Eltern im Zweiten Weltkrieg von den kroatischen Faschisten umgebracht worden seien. Wenn er vorher kein Nationalist gewesen sei, dann nur wegen seiner Loyalität gegenüber der JNA und der jugoslawischen Idee, auf die er und seine

Offizierskameraden eingeschworen waren. Doch als der Staat zusammenbrach, habe er sich sofort dem serbischen Nationalismus verschrieben und bald sei Mladić zu einem seiner leidenschaftlichsten Verfechter geworden.
Anders Slobodan Milošević, von dem man wohl nie mit Sicherheit wissen wird, ob er wirklich ein Nationalist oder einfach nur ein pragmatischer und skrupelloser Politiker ist, der in den späten achtziger Jahren zur Überzeugung gelangt war, daß er an die nationalistischen Gefühle der Serben appellieren müsse, wenn er an der Macht bleiben wolle. Sicher ist, daß Milošević beschlossen hat, es müsse wenigstens ein Großserbien geben, wenn es schon kein Jugoslawien mehr geben werde. Das geeignete Werkzeug zur Verwirklichung dieses Plans hatte er in Mladić gefunden. Milošević überging mehrere hochdekorierte serbische JNA-Generäle – das Offizierskorps bestand im wesentlichen aus Serben, von Nichtserben wurde es erst 1992 gereinigt – und machte Mladić 1991 während des serbisch-kroatischen Krieges zum Kommandeur der Jugoslawischen Volksarmee, die gemeinsam mit den Separatisten der kroatischen Serben in Knin hundertfünfzig Kilometer weiter südwestlich kämpfte. Der Krieg, den Mladić in Kroatien führte und dessen Ziel es war, aus dem kroatischen Rumpfstaat ein ethnisch reines serbisches Territorium herauszuhauen, brachte einen fast vollständigen Sieg. Bis es mit UN-Vermittlung zum Waffenstillstand kam, hatte Mladić bereits alles, was er wollte. Zudem hatte er das Muster für den Krieg, den er im späten Frühjahr 1992 in Bosnien beginnen sollte.
Es war nur logisch, daß einer der ersten Brennpunkte von Mladićs Operationen Nordbosnien sein würde. Ganz Bosnien-Herzegowina war vor dem Krieg ein militärisches und industrielles Zentrum gewesen, weil Kroatien und Serbien an Staaten des Warschauer Pakts grenzten. Tito, der beinahe bis zum Schluß einen Einmarsch der Russen befürchte-

te, hatte verfügt, daß sich die jugoslawischen Truppen im Falle einer russischen Invasion in die bosnischen Berge zurückziehen sollten, und so hatte er eben dort Waffenarsenale angelegt und Militärbasen errichtet. Die größte dieser Anlagen, ein Komplex aus Stützpunkten und unterirdischen Hangars im Nordwesten bei der Stadt Bihać, ist angeblich eine der größten und modernsten Anlagen ihrer Art in ganz Europa. Doch Bihać lag in einem Gebiet, dessen Bevölkerung zu über neunzig Prozent Moslems waren. Als klar geworden war, daß es nur noch eine Frage der Zeit war, bis die Kämpfe in Bosnien beginnen würden, schaffte die JNA den größten Teil der Ausrüstung nach Banja Luka, einiges davon auch in einen Fliegerhorst in der Nähe von Knin. Was sie nicht transportieren konnten, wurde vernichtet. Als es dann losging, war es militärisch gesehen nur logisch, daß Banja Luka einer von Mladićs Hauptstützpunkten wurde, das Zentrum der serbischen Macht in Nordbosnien. Ebenso logisch war es, daß das beinahe zu gleichen Teilen von Serben und Moslems bewohnte Nordbosnien, das überdies an die serbischen Gebiete in der kroatischen Krajina grenzte, zum Versuchsgelände für die ethnische Säuberung werden sollte. Die Truppen der bosnischen Serben begannen damit unmittelbar, nachdem Radovan Karadžić, den Mund voller Kriegsdrohungen und serbischer Racheschwüre, Sarajevo verlassen hatte und nach Pale gegangen war, der provisorischen Hauptstadt der bosnischen Serben. Bihać war – zumindest anfangs – zu moslemisch, um »serbisiert« zu werden. Banja Luka, zu isoliert, als daß die kroatische oder bosnische Regierung hätten Hilfe schicken können, war dafür geradezu ideal.
Kurz nachdem die Serben Banja Luka eingenommen hatten, gründete die von ihnen eingesetzte Zivilverwaltung der Stadt ein »Krisenkomitee«. Ein paar seiner Verfügungen waren durchaus vernünftig gewesen – im Wasser- und Gaswerk braucht man immer Ingenieure und Techniker,

egal was man mit der Zivilbevölkerung im Sinn haben mochte. Die meisten seiner Erlasse aber hatten nur den Zweck, die nichtserbische Bevölkerung der Stadt vollständig zu entrechten. Kein Völkermord gleicht dem anderen. General Mladić, der als »Opfer des Faschismus« aufgewachsen war, ist zwar ein Schlächter, aber er ist nicht Hitler. Doch alle Völkermorde haben immer auch etwas gemein: Wie die »Endlösung der Judenfrage« war auch die »ethnische Säuberung« ein relativ langsamer, sich streng an die Buchstaben des Gesetzes haltender und wohlüberlegter Prozeß – eine Schlinge, die sich immer enger um den Hals der Verfolgten zog. Nur selten war die ethnische Säuberung die schreckliche Tat einzelner. Zwar gab es die paramilitärischen serbischen Truppen, die an einem einzigen Abend sämtliche Bewohner irgendeines abgelegenen Dorfes abschlachteten wie fünfzig Jahre zuvor die Ustascha oder die deutschen Einsatzgruppen. Aber im großen ganzen war es den Serben in den größeren Städten Nordbosniens, wo sich zumindest zeitweise eine Handvoll Journalisten und internationale Mitglieder des UNHCR aufhielten, nahezu unmöglich, den geplanten Massenmord auch sofort durchzuführen. Erst mußten viele Schritte getan und viele Hürden genommen werden, bevor das Blut der Moslems fließen konnte.

Um diesen Prozeß beschleunigen zu können, machte man sich die Panik der serbischen Bevölkerung zunutze, die in Serbien und im serbisch besetzten Bosnien durch das Kriegsrecht und die Nachrichten in den von den Serben kontrollierten Medien geschürt wurde. Alle Satellitenprogramme waren gestört worden. Zeitungen hatten natürlich zu den ersten Institutionen gezählt, die von der bosnisch-serbischen Armee zensiert oder sogar vollständig kontrolliert wurden. In dieser Atmosphäre waren die Serben Nordbosniens, von denen viele erst kurz zuvor aus Kroatien gekommen waren, wo sie ihrerseits einer ethnischen Säu-

berung ausgesetzt gewesen waren, zutiefst davon überzeugt, daß ihre moslemischen Nachbarn Terroristen seien, die nichts anderes im Sinn hätten, als die Serben zu vernichten. Allerdings wurden die Moslems nicht einfach auf offener Straße erschossen, jedenfalls nicht oft. Und wenn es geschah wie in Banja Luka, Prijedor oder Sanski Most, wo es selbst die örtlichen Behörden nicht abstreiten konnten, behauptete die Stadtverwaltung einfach, daß es verbrecherische Einzeltaten von Provokateuren gewesen seien – ein weiterer Versuch der Welt, den Ruf der unschuldigen Serben zu schädigen – oder daß diese Morde von »unkontrollierbaren Elementen« begangen worden seien, die man zur Rechenschaft ziehen werde.
Natürlich sollte es nie dazu kommen, denn ein Unterschied zwischen »regulären« bosnisch-serbischen Soldaten und Freischärlern war zur Zeit der Kämpfe in Banja Luka genausowenig gegeben wie in den meisten anderen Gebieten des serbisch besetzten Bosnien. Im Grunde war das Ganze einfach eine Frage der Arbeitsteilung. Die serbischen Freischärler – im allgemeinen als Tschetniks bekannt und Mitglieder von Gruppen, deren Namen Weiße Adler, Tiger (der Deckname ihres Kommandanten war Major Mauser) usw. eher an Straßengangs erinnerten als an Truppenverbände – erledigten für die Untertanen von Radovan Karadžić die Dreckarbeit, die zwar getan werden sollte, zu der sie sich aber nicht offen bekennen konnten. So behauptete die »reguläre« Armee der bosnischen Serben einfach, sie täte ihr Bestes, um Recht und Ordnung in einer derart schwierigen Zeit aufrechtzuerhalten.
Einfache serbische Bürger Nordbosniens, die sich selbst keiner Verbrechen schuldig gemacht hatten, wollten verständlicherweise nicht glauben, daß ihre Führer Kriminelle seien. Doch bei den Serben, die während der Kämpfe von 1991 aus Kroatien hatten fliehen müssen oder selbst ethnische Säuberungen durch kroatische Truppen mitgemacht

hatten – die Serben haben die Methoden zwar perfektioniert, doch auch die Kroaten haben sich schuldig gemacht –, lagen die Dinge ganz anders. Sie empfanden sich ausschließlich als Opfer. Wie viele Moslems sie selbst zu Opfern gemacht hatten oder die Tatsache, daß die Moslems gar keine Schuld am Geschehen in Kroatien traf, spielte dabei keine Rolle. Zudem erleichterte es die unklare, banale Sprache der serbischen Bürokratie den Menschen, sich vorzumachen, daß es gar keine ethnische Säuberung gäbe. Konzentrationslager wie Omarska, Trnopolje und Manača waren zwar nur ein paar Kilometer entfernt, aber abseits der Städte und damit größtenteils außer Sichtweite. Im Krieg, sagte man den Leuten, geschähen nun mal unerfreuliche Dinge. Und in Bürgerkriegen sei es eben noch schlimmer. Außerdem würden sich die Serben ja ohnehin nur verteidigen.
Hätte die ethnische Säuberung in Banja Luka mit einem Massenmord begonnen, dann hätten ehrbare Serben vielleicht dagegen rebelliert. Aber dazu kam es genausowenig wie einst in Nazideutschland. In Nordbosnien verloren die Nichtserben zuerst ihre materielle Lebensgrundlage. Es hatte damit begonnen, daß das Krisenkomitee ein Verbot erließ, Nichtserben als Leiter von Großbetrieben einzustellen, und die Kündigung all derjenigen verfügte, die bereits eine solche Stellung hatten. Bald darauf wurden alle Nichtserben aus leitenden Positionen entfernt, die »unabhängige Entscheidungen« gestatteten, wie es die Behörden formulierten. Tatsächlich wurden nicht nur Direktoren und Betriebsleiter, sondern auch Werkstattleiter, Rechnungsprüfer und Buchhalter entlassen oder auf untergeordnete Posten versetzt – jeder eben, so hatte es das Komitee festgesetzt, der zu finanziellen Entscheidungen berechtigt war. Zu diesem Zeitpunkt hatten in Banja Luka nur noch solche Nichtserben ihr Einkommen nicht eingebüßt, die schon zuvor nur subalterne Arbeiten verrichtet hatten. Sogar

Ärzte, deren Können dringend benötigt wurde, waren aus ihren Stellungen entlassen worden. Mit Hilfe einer Reihe gewaltloser Maßnahmen war es den serbischen Behörden so gelungen, die Zukunft der moslemischen und kroatischen Mittelschicht einer Stadt zu zerstören, in der ein gutbürgerlicher Lebensstil üblich geworden war.

Nun erließ das Komitee Dekrete, die sich speziell gegen männliche, erwachsene Nichtserben richteten und zusätzlich den Militärdienst betrafen. Auch in diesem Fall wurden die wahren Absichten der Behörden mit angeblicher Verfahrensgerechtigkeit verschleiert. Als deutlich geworden war, daß der Widerstand der bosnischen Regierung schwerer zu brechen sein würde, als die serbischen Kommandeure anfänglich geglaubt hatten, begannen die Militärbehörden mit neuen Mobilmachungsmaßnahmen, um die Kampfverbände aufzustocken, mit denen sie den Krieg begonnen hatten – meist Soldaten der Jugoslawischen Volksarmee, die, wie die Belgrader Behörden eifrig betonten, nicht eingezogen worden waren, sondern sich für den Dienst in der neuen bosnisch-serbischen Armee aus nationalem Pflichtgefühl freiwillig gemeldet hätten: »Nur um sich selbst zu verteidigen«, wie Karadžić wieder und wieder betonte. Jeder Mann zwischen achtzehn und sechzig kam in Frage. Viele Serben, welche die in jeder anderen Armee übliche Altersgrenze für den Militärdienst längst überschritten hatten, waren glücklich, für Großserbien in die Schlacht ziehen zu dürfen – zumal sie über soviel mehr Waffen verfügten als die Armee, die die bosnische Regierung in so kurzer Zeit aufstellen mußte, und ohnedies meist damit beschäftigt waren, unbewaffnete moslemische Zivilisten in den Dörfern zu terrorisieren. Die Mehrzahl der Moslems und Kroaten war natürlich aus leicht einsehbaren Gründen entsetzt, in Karadžićs Armee dienen zu müssen. Es gab zwar eine moslemische Einheit, die gemeinsam mit serbischen Truppen in der Nähe der bosnischen

Stadt Bosanski Brod kämpfte, doch abgesehen von dieser Legion der Verdammten waren nur wenige Nichtserben selbstmörderisch genug, sich nach ihrer Einberufung auch tatsächlich zum Einsatz zu melden. Die Mobilmachung diente also einem doppelten Zweck: einerseits der dringend notwendigen Rekrutierung von serbischen Soldaten für eine Armee, deren Achillesferse während der ganzen Kämpfe ein chronischer Mangel an Mannschaften war, und andererseits der völligen Entrechtung der in der Falle sitzenden nichtserbischen Bevölkerung.

Denn die Folgen einer Weigerung, in dieser Armee zu kämpfen, die in Wahrheit gar keine Nichtserben in ihren Reihen haben wollte, waren in Nordbosnien äußerst schwerwiegend. Wer sich nicht meldete, verlor innerhalb weniger Tage seine Stellung. »Wir sind im Krieg«, sagte mir im Oktober 1992 der Major von Banja Luka höflich. »Jeder Bürger hat die Pflicht, zu kämpfen.« Doch nur die serbischen Verbindungsoffiziere für Ausländer versuchten einem weiszumachen, daß diese Entlassungen nicht gezielt erfolgt seien. Allerdings brachte es der Major während unseres Gesprächs kaum fertig, ein unbewegtes Gesicht zu machen. »Ich verlange, daß Sie mir glauben«, sagte er mit gequältem Lächeln. »Jeder in Banja Luka könnte mit dem anderen zusammenleben, wenn die Moslems nur aufhören würden, das serbische Volk anzugreifen. Wir wollen keinen Krieg, aber da uns ein Krieg aufgezwungen wurde, müssen wir alle zusammenstehen. Wenn die Moslems mit uns leben wollen, müssen sie erst einmal beweisen, daß sie es ehrlich meinen. Aber was tun sie? Sie weigern sich, unsere Brüder zu sein. Wenn sie nicht an unserer Seite kämpfen wollen, weshalb sollten wir dann an ihrer Seite arbeiten?«

Die Orchestrierung war perfekt. In einem Teil der Welt, der noch nie für besondere Effizienz bekannt war, erhielten die Leute ihre Kündigungsbriefe mit demselben Datum wie ihre Einberufungsbefehle. Es war ein offenes Geheimnis.

Im Restaurant des Bosna, des größten Hotels der Stadt, traf ich einen jungen serbischen Kämpfer, der gerade von der Front in der Nähe der Stadt Bosanska Krupa gekommen war. Er und seine Kameraden waren so besoffen vom Slibowitz wie sie trunken waren von der Wirkung ihrer Waffen. Sie waren restlos begeistert, mir die Spielregeln erklären zu dürfen. »Es ist immer dasselbe«, sagte der Soldat. »Wenn sich ein Moslem bei der Armee meldet, lassen wir ihn sofort in vorderster Linie Schützengräben ausheben. Das ist schlecht für seine Gesundheit.« Er lachte, und einer seiner Freunde goß ihm noch ein Glas ein. Ich weiß noch, daß ich plötzlich dachte, was er doch für schöne Zähne hatte, und das in einer für ihre Zahnvorsorge nicht besonders berühmten Gegend. Und ich erinnere mich, daß ich mich wie schon ein paar Nächte zuvor erneut fragte, ob sie, wenn sie noch besoffener wären, mich bedrohen oder zum Abendessen einladen würden oder beides. »Wenn sie sich aber nicht bei der Armee melden«, fuhr er fort und schlug mir auf die Schulter – es war also doch Abendessen und Freundschaft daraus geworden (es waren nette Kerle, obwohl ich mir wünschte, es wäre anders gewesen) –, »dann geben wir die Jobs, die uns die türkischen Schweine vor langer Zeit gestohlen haben, wieder an gute, ehrliche Serben hier in Banja Luka zurück.«
»Stimmt«, sagten seine Freunde im Chor.
Der Soldat beugte sich über den Tisch. »Weißt du«, sagte er, »vor dem Zweiten Weltkrieg war Banja Luka eine serbische Stadt. Wenn es nicht so viele Massaker gegeben hätte, wenn die Moslems und die Ustaschas nicht versucht hätten, das serbische Volk in Bosnien auszurotten, wären wir hier noch immer die Mehrheit und müßten uns nicht alle fünfzig Jahre gegen sie wehren.«
Sein Kamerad unterbrach ihn. »Warum haßt ihr Amerikaner die Serben heute eigentlich? Wir waren in zwei Weltkriegen Verbündete, wir haben gemeinsam gekämpft.

Warum stellt ihr euch jetzt auf die Seite der Faschisten? Das ist schlecht. Wir sollten Freunde sein.« Er holte Luft. »Viele meiner Kameraden sagen, Amerika ist ein böses Land geworden. Ich glaube das nicht. Ich glaube, ihr versteht einfach nicht, was hier geschehen ist. Weißt du etwas über die Schlacht von Kosovo im Jahr 1389?« Ich muß wohl das Gesicht verzogen haben, denn er schüttelte den Kopf und umfaßte mit eisernem Griff mein Handgelenk. »Nein, wirklich, das ist wichtig. Ihr Amerikaner kümmert euch überhaupt nicht um Geschichte. Aber ihr solltet euch mal darum kümmern. Wir Serben haben nämlich außer Geschichte gar nichts. Seit fünfhundert Jahren haben wir die westliche Kultur gegen die Türken verteidigt. Vuk Karadžić hat es im 19. Jahrhundert getan, unser Führer Radovan Karadžić tut es heute. Wir alle tun es. *Alle!* Und ihr tut so, als wären wir Feinde. Das ist falsch.« Er ließ mein Handgelenk los, dann klopfte er mir auf die Schulter, eine Geste, die wie ein kräftiger Schlag unter Männern begann und beinahe als Streicheln endete. »Macht nichts«, sagte er, »verschwenden wir keine Zeit, indem wir über die verdammten Türken streiten. Wir kabbeln uns halt ein bißchen. Laßt uns noch was trinken.« Er drehte sich um und gab der Kellnerin ein Zeichen. »Aber ich sage dir«, bemerkte er mit einem Blick über die Schulter, »nach allem, was ich gesehen habe, glaube ich nicht mehr, daß es so schrecklich ist, wenn jemand seinen Job verliert.«
Die Soldaten verloren kein Wort mehr über die »Türken« – weder über die, gegen die sie an der Front bei Bosanski Brod gekämpft hatten, noch über die in Banja Luka, über die ich sie ausgefragt hatte. In gewisser Weise hatten sie sogar recht. Das Leben der Moslems in Banja Luka war nicht annähernd so schlecht wie in den Dörfern oder Kampfgebieten. Doch selbst wenn man einmal außer acht läßt, daß die Wegnahme des Arbeitsplatzes nur ein Schritt auf dem Weg zur endgültigen ethnischen Säuberung war, der

im Mord endete, war der Verlust der Arbeit sehr viel schlimmer, als es auf den ersten Blick schien. Es bedeutete nicht nur, wie in einem westeuropäischen Land, arbeitslos zu werden in einer Zeit, in der Jobs rar sind. Denn während die Menschen im Westen schon immer von Zeit zu Zeit die Stellung gewechselt haben, hatten sich im ehemaligen Jugoslawien nur die sogenannten Unternehmer und die Akademiker frei auf dem Arbeitsmarkt bewegen können. Natürlich änderte sich das, je weniger kommunistisch Jugoslawien wurde. Doch noch immer erwarteten die Menschen, ihr ganzes Leben im selben Betrieb zu arbeiten und alle damit verbundenen Privilegien genießen zu können. Gekündigt zu werden bedeutete sehr viel mehr als nur den Verlust des Monatslohns. Das Geld wurde sowieso immer weniger wert, und im Laufe des Krieges war außer Zeitungen und Grundnahrungsmitteln nahezu alles nur noch gegen Deutsche Mark zu haben. Eine Kündigung bedeutete, die unentbehrliche Krankenversicherung und alle anderen staatlichen Leistungen zu verlieren, weil sie mit einer Entlassung sofort eingestellt wurden.
Sogar ihre Wohnungen waren den Leuten dann nicht mehr sicher, denn viele hatten sie über ihre Gewerkschaft oder Berufsgenossenschaft bekommen, die praktisch noch immer der Eigentümer war. Im serbischen Restjugoslawien war es die Angst der Menschen vor Entlassung aus den Staatsbetrieben gewesen, die es dem Milošević-Regime ermöglicht hatte, Zustimmung zu erzwingen. Eine Zurückstufung am Arbeitsplatz oder der Verlust des Einkommens spielten in Zeiten der Hyperinflation und des Warenmangels sowieso kaum eine Rolle. Also war es schließlich besser, das Regime zu unterstützen, als obdachlos auf der Straße zu sitzen. In Banja Luka hatte es dieses Erbe aus der Tito-Zeit den serbischen Behörden ermöglicht, den nächsten Schritt auf dem Wege zur ethnischen Säuberung zu tun. Die Kämpfe selbst waren nur der

Anfang gewesen. War eine Entlassung erst einmal offiziell, kam als nächstes die schriftliche Aufforderung, die Wohnung zu räumen.

Eine Entlassung war somit fast schon gleichbedeutend mit der Aberkennung der Bürgerrechte: Ein paar amtliche Verordnungen machten aus einem Nichtserben eine Unperson. Und je mehr Nichtserben entlassen wurden, desto mehr machte man den Arbeitsplatz zur Voraussetzung für den Zugang zu den immer knapper werdenden Waren. So hatten, als es immer schwerer wurde, Medikamente zu bekommen, Betriebsapotheken die Aufgaben der meisten allgemein zugänglichen Apotheken der Stadt übernommen. Auch die Zuteilung von Benzin erfolgte über den Arbeitsplatz, obwohl das im Laufe des Krieges immer mehr an Bedeutung verlor, weil Benzin fast nur noch gegen harte Währung auf dem Schwarzmarkt erhältlich war. Natürlich konnte man auch andere Dinge des täglichen Bedarfs auf dem Schwarzmarkt kaufen, aber die meisten moslemischen und kroatischen Familien hatten schon bald ihre DM-Sparguthaben aufgebraucht. Auch das war von Vorteil für die neuen serbischen Herren von Banja Luka, denn auf diese Weise hatte die nichtserbische Bevölkerung ihre Devisenguthaben an die serbischen Schwarzmarkthändler abgeben müssen. Da das Verbrechen und der Schwarzmarkt im Krieg Verbündete sind, waren die meisten Händler keine gewöhnlichen Kriminellen auf der Jagd nach einer schnellen Mark, sondern Gangster in Uniform, Mitglieder der radikalsten und mordgierigsten paramilitärischen Tschetnik-Gruppen. Es war schon mehr als Ironie, daß viele der Soldaten, die sich im Hotel Bosna vollaufen ließen und anschließend krakeelend durch die Straßen von Banja Luka zogen – wobei sie beiläufig Handgranaten durch die Fenster der von Moslems bewohnten Häuser warfen –, dieselben waren, bei denen die Moslems das zum Leben Notwendigste kaufen mußten. Auch hier drängt sich ein Ver-

gleich zur Judenverfolgung im Deutschland der Nazizeit auf. Die Moslems bezahlten gleichsam ihre Folterknechte – waren den Juden nicht die Kosten für die Zugfahrt nach Auschwitz berechnet worden?
Die ständigen Bemühungen des UN-Flüchtlingshochkommissariats in Zagreb, humanitäre Hilfskonvois nach Banja Luka zu organisieren, haben die materielle Lage der Nichtserben kaum zu verbessern vermocht. Nachdem die Mitarbeiter des UNHCR erfahren hatten, was in dieser Stadt vorging, gelang es ihnen in langen Verhandlungen, die serbischen Behörden zu überreden, mehrere Konvois pro Woche durchzulassen. Natürlich wollte man denjenigen helfen, die im bürokratischen Fachjargon *populations at risk* genannt werden (bedrohte Bevölkerungen), mit anderen Worten also den Nichtserben der Bosanska Krajina. Aber auch da blieben die Serben Herren der Lage. Ihr Nachgeben gegenüber dem Ersuchen des UNHCR hatten sie mit einer Bedingung verknüpft: Die serbische Bevölkerung mußte genausoviel bekommen wie Moslems und Kroaten. Nach diesem Schema lief es in ganz Bosnien ab. Zuerst weigerten sich die Serben, Hilfslieferungen durchzulassen, dann forderten sie ihren Anteil. Zuerst verweigerte das UNHCR seine Zustimmung und bestand darauf, daß die Verteilung der Hilfsgüter entsprechend der Bedürftigkeit erfolgen müsse, dann – vor die Wahl gestellt, überhaupt etwas durchzukriegen oder nicht – gaben sie den serbischen Forderungen in der Regel nach.
Angesichts der Tatsache, daß die Serben die Straßen kontrollierten und Hilfslieferungen daher entweder unter diesen Bedingungen oder gar nicht durchkommen würden, war die Politik des UNHCR uneingeschränkt zu rechtfertigen. Das Problem war nur, daß eine solche Vereinbarung nur dann funktionierte, wenn die Konvois durch serbisch kontrolliertes Gebiet fahren mußten, aber in bosnisch kontrolliertem Gebiet ankamen. Die Serben nahmen sich dann

eben ihren Anteil und ließen, wenn man Glück hatte, die Konvois danach weiterfahren. Doch in Banja Luka war die Situation anders. Dort kontrollierten die Serben alles, auch die Zuteilung der Rationen an Serben wie an Nichtserben. Serbische Freischärler bewachten das Tor und den Hof des Lagerhauses, wo die Konvois nach ihrem Eintreffen in Banja Luka entladen wurden. Dieselben bosnisch serbischen Bürokraten aus dem Bürgermeisteramt und vom serbischen Roten Kreuz, die bei der Entrechtung der nichtserbischen Bevölkerung so viel Phantasie entwickelt hatten, überwachten nun die Verteilung der Hilfsgüter des UNHCR, sobald die freiwilligen Fahrer[3] ihre schweren, weißgestrichenen Mercedes-Lkws mit den blauen Buchstaben »UNHCR«, dem UN-Zeichen und den serbokroatischen Wörtern »Humanitarna Pomoc« (Humanitäre Hilfe) an den Türen des Fahrerhauses gewendet hatten und in Richtung Norden, durch die Bosanska Krajina nach Kroatien zurückfuhren.

Das UNHCR konnte wenig tun, um den Moslems und Kroaten von Banja Luka Beistand zu leisten, geschweige denn sie zu retten. Vom Herbst 1992 bis zum Frühjahr 1993 war das UNHCR sogar gänzlich aus der Stadt verbannt. Den Nichtserben war ihre ausweglose Lage spätestens im Herbst 1992, ein halbes Jahr nach Beginn der Kämpfe, bewußt geworden. Arbeitslos und ohne Zukunft verbrachten sie die Tage damit, etwas Eßbares und die wichtigsten Dinge des täglichen Bedarfs aufzutreiben. Die Abende verbrachten sie mit Gesprächen darüber, ob sie versuchen sollten, mit Hilfe von Bestechung aus der Bosanska Krajina heraus- und nach Kroatien hineinzukommen oder nicht. Die serbischen Freischärler verlangten dafür tausend Mark, aber das war ohnehin eine ungewisse Sache, da die Kroaten nicht mehr willens waren, weitere moslemische Flüchtlinge aus Bosnien hereinzulassen. Ethnische Kroaten durften einreisen, so es ihnen gelungen war, durch die Krajina zu kommen. Angesehene Moslems der Stadt und Parteiführer des einstigen Ortsverbands der Regierungspartei in Sarajevo, Alija Izetbegovićs SDA, versuchten, mit den serbischen Behörden zu verhandeln, aber das konnten sie nur aus einer Position extremer Schwäche heraus. Im Laufe der Monate gelang einigen wenigen die Flucht. Die meisten aber wurden ermordet. Niemand hat je die Verantwortung dafür übernommen. Mein Freund aus der moslemischen Oberschicht ist einer der »Verschwundenen«. Im Oktober 1992 war er noch am Leben gewesen. Als ich im Februar 1993 nach Banja Luka zurückkehrte, war er nirgends mehr zu finden. In seiner Wohnung lebte eine serbische Familie. Sie erklärte, nie etwas von ihm gehört zu haben.

Kriege sind so widersprüchlich wie die Menschen, die sie führen. In Banja Luka haben sich viele Serben anständig und ehrenhaft gegenüber ihren moslemischen und kroatischen Freunden verhalten. Nur wenigen Nichtserben, die ihre Stelle verloren hatten, gelang es, auch nur eine niedrige Arbeit zu finden, aber diese verdankten sie stets den guten Diensten serbischer Freunde. Allerdings konnten sogar diese Jobs gefährlich sein. So arbeitete eine Moslemin, die vor dem Krieg Ärztin gewesen war, als Verkäuferin in einem Herrenbekleidungsgeschäft. Obwohl der serbische Eigentümer des Ladens, wie sie meinte, wohl nicht erwartet hatte, daß sie überhaupt zur Arbeit erscheinen würde, und sie nur deshalb eingestellt hatte, um sie mit etwas Geld zu versorgen und ihr Zugang zur Gesundheitsfürsorge zu verschaffen, nahm sie ihre Arbeit ernst. Gekleidet wie es ihrer gesellschaftlichen Stellung vor dem Krieg entsprach, saß sie pflichtbewußt Tag für Tag hinter dem Ladentisch. Eines Morgens betrat, das Sturmgewehr umgeschultert, ein serbischer Freischärler das Geschäft. Er richtete die Waffe auf sie, deutete auf ein Hemd im Schaufenster und sagte: »Ich will dieses Hemd und ich

zahle nicht.« Widerspruchslos erhob sie sich, nahm das Hemd aus der Auslage und gab es ihm. Der Milizionär hing es sich über die Schulter und senkte seine Waffe. Bevor er ging, musterte er sie von Kopf bis Fuß mit ihrem sauberen, wenn auch etwas abgetragenen Rock, ihrer Bluse und ihrer Jacke und sagte in scharfem, aber zufriedenem Ton: »*Ich hab seit fünfzig Tagen nicht gebadet.*« Gemessen an dem, was in Banja Luka sonst üblich war, war dies ein banaler Vorfall, denn die Frau war weder verletzt noch getötet worden. Doch als sie mir die Geschichte erzählte, begann sie still hinter ihrer dunklen Brille zu weinen.
Selbst am Tage war Banja Luka von den modernen Wohngebieten am Stadtrand bis zum Rathaus am Hauptplatz, in dem sich einst das Büro eines Wehrmachtsleutnants namens Kurt Waldheim befunden hatte, der sich aktiv an den »ethnischen Säuberungen« seiner Zeit beteiligt hatte, ein düsterer und beängstigender Ort. Doch bei Nacht ist die Stadt grauenerregend. Nicht nur weil es die Dunkelheit des Balkans leichtmacht, alte Rechnungen zu begleichen, sondern auch, weil sich die Gemüter hier ohne ersichtlichen Grund leicht erhitzen und selbst unpolitische Gewalttaten ihren Tribut fordern. Ich habe keine einzige Nacht in Banja Luka verbracht, ohne Schüsse, Schreie und das Klirren von zersplitterndem Glas zu hören. Kein einziges Mal gelang es mir, wenn ich aus meinem Zimmer im Hotel Bosna nach unten ging und fragte, was geschehen sei, eine klare Antwort zu bekommen. Das Hotelpersonal stellte sich taub, während sich die Ganoven grinsend einen frühen Drink genehmigten oder gerade mit dem Frühstück fertig waren. Einmal blickte einer von seinen Frühstückseiern auf und sagte: »*Strani novinar* [ausländischer Journalist], du fragst zuviel.«
Manchmal war es unmöglich, zu vertuschen, was in der Nacht geschehen war. Ende September 1992 hatte das Bosna vom einen Tag auf den anderen fast seine ganze Glas-

fassade und Marmorhalle eingebüßt. Es geschah knapp eine Woche, bevor Cyrus Vance und David Owen zum ersten Mal nach Banja Luka kommen sollten, um sich wieder einmal mit Karadžić zu treffen. Einige, meist Serben in Uniform, erklärten, es habe einen Angriff auf das Hotel gegeben, um zu verhindern, daß die Unterhändler nach Banja Luka kämen. Moslemische Mudschaheddin hätten das getan, behaupteten sie. (Von den bosnischen Regierungssoldaten zu sprechen, als seien sie islamisch-fundamentalistische Bombenleger, war fast ebenso üblich, wie sie als türkische Krieger oder als »Janitscharen« zu bezeichnen.) Die Moslems oder Kroaten hingegen flüsterten hinter vorgehaltener Hand, der Angriff sei eine serbische Provokation gewesen, um eine neue Runde von Vergeltungsmaßnahmen gegen die nichtserbische Bevölkerung anzufachen.

Ein paar Tage später begegnete ich einem der freundlichen bosnisch-serbischen Soldaten, mit denen ich eine paar Abende zuvor zusammengesessen hatte. Er lächelte gequält und schüttelte den Kopf. »Eine gräßliche Nacht war das, Mensch«, sagte er und erzählte dann, was wirklich geschehen war: Ein serbischer Freischärler habe sich im Bosna die Hucke vollgesoffen. Plötzlich sei er aufgestanden, habe zwei Handgranaten geworfen und mit seiner AK-47 wild um sich geschossen. »Ich weiß nicht, warum er durchgedreht ist«, sagte der Soldat. »Der verrückte Hund.« Drei Menschen seien getötet und mehrere verletzt worden – ihr Blut klebte noch eine Woche auf dem billigen braun gefleckten Marmor, bis es die Putzfrauen endlich schafften, die letzten Flecken zu entfernen –, bevor andere, kaum weniger besoffene Freischärler ihn erschossen hätten. »Ich wäre lieber wieder an der Front«, sagte der serbische Soldat. »Da weiß man wenigstens, von wo die Kugeln kommen. In dieser Nacht kamen sie aus allen Richtungen. Ich dachte, daß es mich in diesem Kreuzfeuer auch erwischen würde.«

Für Nichtserben war Banja Luka am Tag des Einmarschs der bosnisch-serbischen Armee zur Front geworden. Nahezu jeder von ihnen trauerte um einen ermordeten oder »verschwundenen« Angehörigen, und alle waren zutiefst schockiert – wie überall in Bosnien –, wie ihr Leben von Grund auf verändert wurde. Aber in Banja Luka, wo es nie den Trost des Widerstands gab, andererseits aber auch nie diese unmittelbaren Angstzustände wie in Sarajevo, machten die Nichtserben oft den Eindruck, als trauerten sie bereits um sich selbst, als stellten sie sich ihren eigenen Tod in einer Art gelöster, verwunderter Selbstversunkenheit vor. »Manchmal, wenn ich ins Grübeln komme, frage ich mich«, hatte mir mein Freund gegen Ende des letzten Abends, den wir miteinander verbrachten, gesagt, »ob ich erschossen, in einem Lager abgeschlachtet oder auf ganz andere, unerwartete Weise sterben werde: mein Todesurteil ist schon gesprochen. Ich habe einen Freund, einen Serben, mit dem ich in die Schule gegangen bin – ein sehr netter Mensch, du würdest ihn mögen –, im Bürgermeisteramt. Er erzählte mir, daß ich auf einer Liste derjenigen SDA-Mitglieder stehe, die sie töten wollen. Er hat sie selbst gesehen, sagt er.«
Ich versuchte, ihn zu überzeugen, daß sich die Lage gewiß wieder bessern werde, auch wenn es im Augenblick wirklich nicht danach aussehe. Vielleicht würde es der UNPROFOR doch gelingen, das kanadische Bataillon, wie sie es seit geraumer Zeit wollten, in Banja Luka zu stationieren, um das Geschehen in dieser Region zu beobachten. Vielleicht könnte auch das UN-Flüchtlingshochkommissariat helfen. Die neue Büroleiterin vor Ort, die Amerikanerin Robyn Ziebert, solle sehr gut sein. Sie wisse, daß es ihre Aufgabe sei, Menschen wie ihn zu schützen, was auch immer die Leiter des UNHCR dazu sagten. Die Leute vom UNHCR in Zagreb versuchten außerdem gerade alles Erdenkliche, Banja Luka Priorität zu verschaffen. Aus diesem Grund

hatten sie auch Vance und Owen gedrängt, nach Banja Luka zu kommen: Karadžić und Mladić sollte klargemacht werden, daß sich die Aufmerksamkeit der Welt nun auf das richte, was hier vorgehe, und es sollte Alarm geschlagen werden wegen der ethnischen Säuberung.
Natürlich redete ich völligen Unsinn. Mein Freund wußte genausogut wie ich, daß ich Banja Luka in wenigen Tagen verlassen und er ermordet werden würde. Ob dies innerhalb weniger Tage, Wochen oder auch Monate geschehen würde, war unerheblich. Die Tatsache, daß er dies aussprechen konnte, machte ihn zwar nicht zum Helden, aber es war vielleicht die einzige Möglichkeit, die ihm geblieben war, sich als freier Mensch zu fühlen. Sein Kollege Dr. Muharem Kržić, einst der führende Tierarzt von Banja Luka und Regionalvorsizende von Izetbegovićs Partei der Demokratischen Aktion, hatte einen ähnlichen Fatalismus an den Tag gelegt, als er sich im Hotel Bosna privat mit Vance und Owen getroffen und anschließend der internationalen Presse im Speisesaal des Hotels den Prozeß der ethnischen Säuberung bis in Einzelheiten geschildert hatte. Bevor er ging, hatte er noch gesagt: »Machen Sie eine gute Story draus«, und nach einer kurzen Pause, während der er auf seine zitternden Hände blickte, leise hinzugefügt: »Ich hab' wahrscheinlich gerade meine eigene Grabrede gehalten.«
Robyn Ziebert gelang es tatsächlich, Kržić lange Zeit zu schützen. Sie ließ Fahrzeuge des UNHCR vor seinem Haus parken, und bei praktisch jedem Treffen mit Vertretern der Behörden von Banja Luka brachte sie ihre Sorge um seine Sicherheit zum Ausdruck. Möglicherweise ist er noch immer am Leben, aber es ist mir nicht gelungen, dafür eine Bestätigung zu finden. Das Problem kennt jeder. Wie oft habe ich in Bosnien ein Gespräch begonnen mit dem Satz: »Erinnerst du dich an X? Lebt er noch?« Und wie oft lautete die Antwort: »Ich weiß nicht. Ich habe nichts mehr von

ihm gehört.« Wenn man in Sarajevo ankündigt, daß man nach Banja Luka fährt, geben einem die Leute oft Namen von Verwandten mit in der Hoffnung, daß man etwas über sie in Erfahrung bringen kann. Die Menschen haben gelernt, grundsätzlich mit dem Schlimmsten zu rechnen. Auch am Tode meines Freundes besteht leider nicht der geringste Zweifel. Er hatte mir gesagt, daß er Banja Luka nie verlassen könne, daß es zu schmerzlich für ihn wäre, ohne seine Bilder und Teppiche zu leben. »Du weißt ja, wie Sammler sind«, hatte er gestanden. »Sie machen zwischen sich und ihren Schätzen keinen Unterschied.«
»Du hast mir doch von deinem Haus an der Küste erzählt«, hatte ich eingewandt. »Da wirst du hoffentlich ein paar deiner Sachen hingebracht haben.« Aber er hatte nur lächelnd den Kopf geschüttelt und traurig entgegnet: »Es ist mir einfach nicht möglich. Weißt du, ich habe meine Familie rausgeschafft, das genügt. Mein Platz ist hier. Ob auf oder unter der Erde, ich muß in Banja Luka bleiben.«
Er war auf seinen Tod vorbereitet. Ich tue ihm gewiß kein Unrecht, wenn ich hier anfüge: Für ihn war der Gedanke daran nicht mehr so schrecklich, denn die Seinen waren in Sicherheit. Andere Nichtserben in Banja Luka hingegen versuchten noch immer, über den Tod ihrer Lieben hinwegzukommen. Einer von ihnen erzählte mir eine Geschichte, die für mich bis heute exemplarisch ist für die Tragödie der bosnischen Moslems, der »Bosniaken«, wie sie sich selber nennen.
»Mein Halbbruder«, berichtete er, »war einer der ersten, die getötet wurden. Er war in einem kleinen Dorf Grundschullehrer gewesen. Der Überfall kam nicht überraschend. Nachbarn waren gekommen und hatten zu ihm gesagt: ›Du bist gebildet. Die Tschetniks töten alle Gebildeten. Du mußt fliehen. Geh zur Save. Die Strömung ist nicht allzu stark. Es wird dir möglich sein, ans sichere Ufer hinüberzuschwimmen. Aber mein Bruder weigerte sich. Er sagte: ›Ich

gehe nicht. Ich habe niemandem etwas getan. Ich bin nicht einmal ein wirklicher Moslem. Ich trinke Alkohol und esse Schweinefleisch.‹ Also blieb er, und die Soldaten kamen und töteten ihn, wie es die Leute vom Dorf vorausgesagt hatten. Ich kann nicht aufhören, an seinen Tod zu denken, aber ich kann nicht hassen. In mir ist einfach kein Haß. Manchmal bete ich, atheistischer Moslem, der ich bin, zu Gott und bitte ihn, daß er kommt und diese Schweine, die meinen Bruder umgebracht haben, von der Erdoberfläche verschwinden läßt. Aber ich spüre, daß ich keinen Finger rühren könnte, um ihm dabei zu helfen. Ständig frage ich mich: Ist es richtig, daß ich nicht hasse? Ist es richtig, daß ich an meinen kosmopolitischen Empfindungen festhalte? Ich glaube schon, aber ganz sicher bin ich mir nicht. Als ich ein Junge war, haben sie uns von der Judenverfolgung durch die Nazis erzählt. Das war für uns wie jede andere Geschichte aus der Vergangenheit, wie ein Objekt aus einem Museum, etwas, über das man nachlesen konnte. Ich weiß noch, wie ich Fotos von den Juden betrachtete, die vor den Zügen nach Auschwitz Schlange standen. Irgendwie glaubte ich das alles nicht so ganz. Ich will damit nicht sagen, ich hätte nicht geglaubt, daß sechs Millionen Juden umgebracht wurden, aber es hatte für mich etwas Irreales. Vielleicht lag das daran, daß die Bilder schwarz weiß waren. Und jetzt sind wir die Juden, wir Moslems aus Banja Luka. Ich sehe meine Freunde an der Bushaltestelle stehen, sobald das Gerücht geht, daß es eine Möglichkeit gibt, wegzugehen. Dann denke ich mir manchmal: So war das in den vierziger Jahren. Aber heute ist es nicht schwarz weiß und es sind nicht die Juden. Wir selbst sind es. Ich versuche, nicht zu hassen. Ich versuche, keine bösen Gedanken in mir aufkommen zu lassen«, wiederholte er.
Mit anderen Worten, dieser Mann versuchte, zumindest moralisch ein Held zu sein. Das aber konnte in Nordbosnien nur bedeuten, Opfer zu sein. Ich hatte ihn im Herbst

1992 getroffen. Anderthalb Jahre später war alles noch schlimmer geworden. Er hatte es tatsächlich geschafft, aus Banja Luka zu fliehen wie viele andere auch. Nachdem sie so lange wider alle Vernunft die Hoffnung nicht hatten aufgeben wollen, hatten die Nichtserben am Ende doch einsehen müssen, daß alles verloren war. Anstatt sich wie mein Freund an Hab und Gut zu klammern und mutig dem Druck der serbischen Behörden zu widerstehen, Banja Luka zu verlassen, baten sie flehentlich, evakuiert zu werden. Sie belagerten die Büros des UNHCR und beschworen gerade anwesende Vertreter des Komitees vom Internationalen Roten Kreuz (IKRK), sie irgendwie herauszubringen.

Im Februar 1994, nach besonders heimtückischen Morden und heftigem Granatbeschuß der Stadt Prijedor und ihrer Umgebung – »Alle sind sie Verbrecher in dieser Gegend«, hatte mich ein humanitärer Helfer gewarnt, »aber die von Prijedor sind die schlimmsten« –, versuchte das UNHCR Zehntausende überlebender Moslems aus der Bosanska Krajina zu evakuieren. Angesichts des Kriegsziels der Serben hatte man sich schon denken können, daß die örtlichen Behörden die Gelegenheit nutzen würden, um sie loszuwerden. Tatsächlich hatten sie zunächst zugestimmt, doch dann intervenierte Radovan Karadžić und behauptete, alles sei in bester Ordnung, niemand würde mehr getötet werden – bei dem, was bisher geschehen sei, habe es sich um Einzelfälle gehandelt – und er würde eine Untersuchungskommission aus Pale schicken, die herausfinden sollte, was da wirklich vorgehe. »Wer Moslems umbringt oder ihre Menschenrechte verletzt, wird bestraft werden«, ließ er sich aus seinem Hauptquartier vernehmen. Da es die Serben nicht *zwingen* konnte, die Evakuierung zu genehmigen, gab das UNHCR schließlich nach. Zuerst wurde die Evakuierung aufgeschoben, dann aufgehoben. Es folgte eine kurze Atempause, während der die Aufmerksamkeit der Medien nachließ, und dann begann erneut das Morden und der Granatbeschuß. Von Karadžićs Untersuchungskommission war natürlich nicht mehr die Rede. Die Opfer, die angeblichen Aggressoren, egal wie dezimiert sie bereits waren, blieben Opfer. Ob die Welt hinschaute oder wegsah, ob die Hilfsorganisationen und die Vereinten Nationen etwas taten oder nicht – der Völkermord ging weiter. Und die bosnischen Moslems harrten ihres Todes oder ihrer Vertreibung.

5

BEI DER ETHNISCHEN SÄUBERUNG in Bosnien ging es nicht nur um die systematische Demütigung und Vernichtung eines Volkes, sondern auch um die Zerstörung seiner Kultur. Der Angriff der Serben auf das architektonische Erbe der Osmanen und des Islam im ganzen Land war nicht einfach ein Nebenprodukt der Kämpfe – ein Kollateraleffekt, wie es im Militärjargon heißt –, sondern ein wesentliches Kriegsziel. Die bosnisch-serbische Führung war überzeugt, daß die »Serbisierung« der bosnischen Gebiete, die vor Ausbruch der Kämpfe alle ethnisch gemischt gewesen waren, durch die Vertreibung der nichtserbischen Landbevölkerung allein nicht zu erreichen wäre. Selbst zwei Jahre nach Beginn der Kämpfe gab es in den Flüchtlingslagern noch immer Menschen, die fragten, wann »das alles« vorbei sein würde und sie wieder so leben könnten wie früher. Solange die städtische Mittelschicht der Moslems noch ihrer Arbeit nachgehen konnte, solange moslemische Flüchtlinge sich noch vorstellen konnten, wieder in ihre Häuser zurückzukehren, wenn sich die politische Lage geändert hätte – solange konnte die ethnische Säuberung nicht als erfolgreich abgeschlossen gelten. Die Massaker vom Frühjahr 1992 waren nur der Anfang. Das Programm und der Ablauf der ethnischen Säuberung schlossen das Umschreiben der bosnischen Geschichte ein.
In Zvornik, dessen Bevölkerung vor Beginn des Konflikts trotz der Nachbarschaft zu Restjugoslawien mehrheitlich

moslemisch gewesen war, prahlten die bosnisch-serbischen Behörden Reportern gegenüber gern damit, daß sie die Stadt umbenennen wollten. Der alte serbische Name, behaupteten sie, sei Zvonik gewesen. Erst die Türken hätten das »r« eingefügt, und zwar im Zuge des kulturellen Genozids, den die Osmanen am serbischen Volk verübt hätten. Nun könnten sie das Unrecht endlich wiedergutmachen. Selbst wenn man den bosnisch-serbischen Stadtherren entgegenhielt, daß die Moslems immerhin seit langem die Mehrheit in Zvornik gebildet hätten, waren sie um Gegenargumente nicht verlegen. Wenn die Faschisten im Zweiten Weltkrieg nicht so viele Serben umgebracht hätten, sagten sie, wären sie in Zvornik noch heute die Majorität. Schließlich seien sie vor 1939 überall in Bosnien in der Überzahl gewesen. Dies war ein beliebter Tropus der serbischen Nationalisten. Sogar im Kosovo, wo 1994 neunzig Prozent der Bevölkerung albanisch war, behaupteten sie – als sei dies von entscheidender Bedeutung –, habe es vor dem 14. Jahrhundert überhaupt keine albanische Präsenz gegeben.
Vor Ausbruch der Kämpfe hatte es in der Bosanska Krajina ungefähr tausend Moscheen gegeben. Im Winter 1994 standen höchstens noch hundert, wahrscheinlich noch weniger. Selbst die große Ferhabad-Moschee von Banja Luka, das vielleicht schönste Beispiel islamischer Architektur des 16. Jahrhunderts auf dem Balkan, blieb nicht verschont. Im ersten Jahr der Kämpfe hatte dieses Denkmal islamischer Vergangenheit und Zeugnis moslemischer Gegenwart noch in der Nähe des Hauptplatzes von Banja Luka gestanden. Eine Seite ihrer Fassade war von einem aufgesprühten Kreuz verunstaltet, dessen vier Quadranten je ein »C« enthielten, das »S« des kyrillischen Alphabets. Sie standen für die Devise der Serben: *Samo Sloga Srbina Spasava* – »Nur die Einheit kann die Serben retten«. Jedes nichtserbische Haus und jede freie Fläche auf den Hauswänden in den von

den Tschetniks eingenommenen Ortschaften waren mit dem orthodoxen Kreuz und dem »CCCC« beschmiert, daneben oft die Buchstaben JNA (Jugoslawische Volksarmee) und irgendein Racheschwur oder die Namen einzelner Soldaten. Aber kaum ein Bürger von Banja Luka – weder Serbe noch Nichtserbe – und kaum einer der dort anwesenden Journalisten oder humanitären Helfer hatte sich Sorgen um die Große Moschee gemacht. Anders als die Moslems selbst schien sie nicht gefährdet zu sein.

Im September 1992, während des Besuchs von Cyrus Vance und David Owen in Banja Luka, hatte Radovan Karadžić sogar persönlich verkündet, die Moschee würde nicht angetastet. Er begrüßte die Unterhändler der Vereinten Nationen und der Europäischen Gemeinschaft, nachdem ihr Konvoi am Hauptplatz von Bosanska Gradiška am Südufer der Save angekommen war. Er deutete auf einen Glockenturm in der Nähe und sagte: »Sehen Sie, das ist eine katholische Kirche. Sie wurde ebensowenig zerstört wie die Moschee. Wir leben alle in Frieden miteinander, hier und in allen Gebieten Bosniens, die wir kontrollieren und wo uns die Moslems nicht angreifen. Wir können zwar keinen gemeinsamen Staat mit den Moslems haben, aber wenn sie mit uns leben wollen und uns nicht angreifen, werden wir ihnen nichts tun und ihre Religion respektieren. Das gilt auch für Banja Luka.«

Es stellte sich heraus, daß die katholische Kirche in Bosanska Gradiška verriegelt war. Die Moschee in Banja Luka war geöffnet, aber leer. Damals machten unter den Nichtserben in Banja Luka zwei Witze die Runde. Der eine: »Wie definiert man serbischen Pazifismus?« Antwort: »Großserbien bis zum Pazifik.« Der zweite: »Wie erkennt man den Unterschied zwischen einer orthodoxen und einer katholischen Kirche?« Antwort: »Die orthodoxe Kirche ist die, die noch steht.« Als ich diesen Witz zum ersten Mal hörte, hatte noch niemand, den ich kannte – weder Ausländer noch Bosnier –, für möglich gehalten, daß eines Abends sechs Monate später serbische Truppen den Hauptplatz der nordostbosnischen Stadt Bijeljina absperren und alle fünf Moscheen sprengen würden. Diese sinnlose Tat wäre wahrscheinlich noch monatelang nicht bekanntgeworden, wäre es nicht dem ITN-Reporter Gaby Rado gelungen, einen Film über die Zerstörung herauszuschmuggeln. Und niemand hätte geglaubt, daß weitere sechs Monate später die Große Moschee von Banja Luka in die Luft gejagt werden würde. Wir hatten zwar gesehen, wie schlimm die Dinge auf dem Land standen, aber in bezug auf Städte wie Bijeljina, Zvornik oder Banja Luka, die bereits in den ersten Tagen der Kämpfe von serbischen Truppen eingenommen worden waren, redeten wir uns ein, daß damit das Schlimmste wohl vorbei sei. Schließlich hatten die Serben schon alles, was sie wollten. Weshalb sollten sie nun noch ganze Truppenverbände zur Verfolgung der nichtserbischen Bevölkerung abkommandieren oder Sprengstoff für die Zerstörung von Kirchen und Moscheen verschwenden? Aus militärischer Sicht war das völlig verrückt.

So hatten wir gedacht. Daß die Moscheen in der Bosanska Krajina dennoch zerstört wurden, zeigt nur, wie naiv wir damals gewesen waren.[1] Wir hatten tatsächlich geglaubt, daß die Serben bestimmte Dinge nur deshalb nicht tun würden, weil sie ihnen keine Vorteile brachten. Viele von uns hatten einfach nicht begriffen, daß sich die Serben selbst als Geschädigte empfanden, die zu einem Selbstverteidigungskrieg gezwungen worden seien. In jedem Interview hob Karadžić diesen Punkt mit der ihm eigenen Eloquenz und dem Hang zur Übertreibung erneut hervor. »Wir Serben verteidigen uns nur gegen die Angriffe der Moslems«, wiederholte er stereotyp. Es sei völlig abwegig, die Greuel des Krieges als Beweis dafür anzuführen, daß Serben und Moslems in Bosnien nicht miteinander leben könnten, sagte er: »Es herrscht Bürgerkrieg, was erwarten Sie eigentlich?« Im übrigen läge, was die Serben zu erreichen suchten, auch im Interesse der Moslems, ob sie das einsähen oder nicht.

Ob Karadžić glaubte, was er predigte, ist eine andere Frage. Um das Geschehen in Bosnien verstehen zu können, darf man die Phrasen der serbischen Führung aber nicht für bare Münze nehmen. In Kriegen war es schon immer mehr um Geld gegangen als um Ideologie. Karadžić selbst hatte ja schon eine ganze Reihe ideologischer Farben ausprobiert, bevor er sich als serbischer Nationalist entpuppte. So hatte er unter anderem einen kurzen Auftritt als Gründer der Grünen in Bosnien. Auch der serbische Präsident Slobodan Milošević, ein gelernter Ökonom, hatte sich als *antinationalistischer*, pragmatischer Titoist gegeben, bevor er die rationalistische Karte für Serbien zu spielen begann. In seinem alten ideologischen Gewand hatte er sogar das Memorandum der Serbischen Akademie der Wissenschaften von 1985, in dem viele die ideologische Plattform des serbischen Nationalismus der späten achtziger Jahre sahen, als völlig unannehmbar, da die Einheit Jugoslawiens gefährdend, verurteilt.

General Mladić hatte sich offenbar im Laufe des Krieges in Kroatien zum überzeugten serbischen Nationalisten gewandelt. Und so mancher Vertreter der bosnischen Serben in Pale stellte unter Beweis, wie man den Verstand völlig verlieren kann. Bilijana Plavčić beispielsweise, die mit Verlaub gesagt bei weitem Verrückteste dieses ganzen Vereins, empfing einmal Jose Maria Mendiluce, den Leiter des UNHCR für das ehemalige Jugoslawien, mit der Beschwerde, daß »die Tiere im Zoo von Sarajevo mit lebenden serbischen Babys gefüttert« würden. Und das sagte sie zu eben der Zeit, als die Zoowärter ihr Leben aufs Spiel setzten, um sich zum Zoo durchzuschlagen und die Tiere zu füttern – ein vergeblicher Heldenmut, weil die Tiere am

Ende doch verhungern mußten. Das brachte selbst den erfahrenen Diplomaten Mendiluce aus der Fassung. »Frau Plavčić«, fuhr er sie an, »wenn die Bosnier die Zootiere mit lebenden Serben füttern, wie kommt es dann, daß die Tiere verhungern?«

Leute wie Bilijana Plavčić gab es auch unter den serbischen Durchschnittsbürgern, die derart abwegige Behauptungen, wie sie Mendiluce sich hatte anhören müssen, ständig von Radio und Fernsehen eingetrichtert bekamen.² Doch sie waren schon durch weit weniger an den Haaren herbeigezogenen Geschichten zu beeinflussen. Vor allem Serben aus dem fernen Belgrad oder aus Novi Sad, die gekommen waren, um mit ihren Familien in die von Moslems und Kroaten verlassenen Häuser von Banja Luka, Bijeljina oder Foca einzuziehen, wurden leicht vom Fieber des Nationalismus angesteckt. Schließlich hatten sie von den Nationalisten auch etwas umsonst bekommen. Karadžić behauptete zwar steif und fest, die bosnischen Serben hätten bereits vor 1992 sechzig Prozent des Landes besessen – »Moslems ziehen es vor«, hatte er einmal gesagt, »sich in Städten zusammenzupferchen, es ist nun mal nicht ihre Art, auf dem Land zu arbeiten« –, aber nicht nur der genannte Prozentsatz war höchst zweifelhaft, denn anders als in der kroatischen Krajina waren nur wenige Gebiete Bosniens ausschließlich von Serben bewohnt. Die meisten Dörfer und Städte hatten eine gemischte Bevölkerung. Erst die ethnische Säuberung, die gleichermaßen Teil der militärischen Strategie wie Kriegsziel der Serben war, bot die Möglichkeit, die Situation zu verändern. Der Krieg der Serben in Bosnien war also weder ein Bürgerkrieg, noch war er der unkontrollierbare Ausbruch eines durch Angst und Ideologie wahnsinnig gewordenen Volkes, sondern schlicht der brutale Griff nach Land. Es ging eindeutig allein darum, welche ethnische Gruppe das Land besitzt, davon profitiert und es schließlich an die eigenen Kinder vererbt.

Der Versuch, für das Geschehen in Bosnien durch ein Gespräch mit Karadžić eine vernünftige Erklärung zu finden, war ein hoffnungsloses Unterfangen. Das mußten auch die zivilen und militärischen Vertreter der Vereinten Nationen feststellen, die einer nach dem anderen entsandt worden waren, um mit ihm zu verhandeln. Karadžić war ein Lügner, und zwar nicht einer der üblichen Sorte. Er war vielmehr von eben jener fortschreitenden Schizophrenie gezeichnet, die er in einer seiner früheren Inkarnationen in der Psychiatrie des Koševo-Hospitals im Sarajevo behandelt hatte. Er log, ob er nun angesichts des bevorstehenden Nato-Beschlusses, eine Flugverbotszone über Bosnien-Herzegowina einzurichten, behauptete, daß bosnisch-serbische Militärmaschinen weder Luftangriffe flögen noch Truppen transportierten, oder ob er bestritt, daß der Beschuß Sarajevos von seinen Artilleriestellungen aus erfolgte – »Es sind die Moslems, die sich selbst beschießen«, sagte er immer und immer wieder. »Sie hoffen damit die Sympathien der Welt zu gewinnen« –, oder ob er sich darauf versteifte, daß es nichts dergleichen gebe wie eine ethnische Säuberung. Dabei hatte Karadžić den Begriff einst selbst wieder aus der Mottenkiste geholt. Nichts, schien es, konnte ihm Einhalt gebieten. Wieso auch? Im Laufe ihres Eroberungsfeldzuges durch Bosnien hatten Karadžić und die anderen serbischen Führer ja gelernt, daß sie tun und lassen konnten, was sie wollten, weil die Vereinten Nationen und die Großmächte keinen Finger krümmen würden, um sie daran zu hindern. Und wenn schon ihre Taten zu keinerlei Vergeltungsmaßnahmen führten, wieso sollten dann ihre Worte irgendwelche Konsequenzen nach sich ziehen?
Ein Filmteam der BBC hatte Karadžić im Sommer 1992 begleitet. Es gelang ihm, ein Gespräch zwischen Karadžić, General Mladić und Bilijana Plavčić aufzuzeichnen, bei dem es um die Beschwerde der UNPROFOR über serbische

Flugaktivitäten ging. Es ist eine surreale Szene. Zunächst berichtet Karadžić von den Protesten. Dann sagt Plavčić rundweg: »Es waren keine Maschinen in der Luft.« Das will selbst Karadžić nicht schlucken. »Natürlich waren sie, Bilijana«, sagt er aufgebracht. »An dem Tag sind wir geflogen wie verrückt.« Mladić will der UNPROFOR am liebsten sagen, sie solle sich »verpissen«. Der Film zeigt, wie er von der Unterredung zunehmend genervt die Finger aneinandertrommelt. Am Ende wird beschlossen, Karadžić solle der Uno mitteilen, es seien tatsächlich Flugzeuge in der Luft gewesen, aber nur anläßlich der Feierlichkeiten zum serbischen »Luftwaffentag«. Die Frage, was sie tun sollten, falls die Vereinten Nationen diese Begründung nicht schlucken würden, kam gar nicht erst auf. Zu Recht. Denn Karadžić, Mladić und Plavčić konnten bisher stets davon ausgehen, daß die Uno *jede* angebotene Erklärung schluckt. Diesmal hatten sie sich allerdings getäuscht: Die Schaffung der Flugverbotszone wurde beschlossen. Dennoch, ob es 1992 um Banja Luka ging, im April 1994 um den Kessel von Goražde, oder bis heute um Sarajevo, immer hatte sich gezeigt, wie recht sie hatten, sich darauf zu verlassen, ungestraft davonzukommen und behaupten zu können, was immer sie wollten.

Als im August 1992 im Zentrum von Sarajevo direkt neben einer Brotausgabe, vor der zahlreiche Menschen Schlange standen, zwei Mörsergranaten einschlugen und sechzehn Menschen töteten und sehr viele mehr verwundeten, unterstellte Karadžić schnell der bosnischen Regierung, sie habe unter dem Pflaster Landminen legen lassen. Daß eine Mine ein Loch im Boden hinterläßt, eine Granate hingegen einen Einschlag, der an den abstrakten Abdruck einer Katzenpfote erinnert, spielte dabei keine Rolle. Druck von seiten einer Großmacht hätte Karadžić vielleicht dazu bewegen können, seine Version zu ändern, aber auch dann hätte er wohl noch irgendeinem verbrecherischen Einzeltäter aus den Reihen der bosnisch-serbischen Armee die Schuld zugeschoben, oder – wie schon einmal, als er eingeräumt hatte, daß »vielleicht ein paar Fälle von Vergewaltigungen« vorgekommen sein mögen – einfach nur behauptet, daß »jeder Krieg ein paar Psychopathen hervorbringt«. Wie die Dinge lagen, brauchten sich die bosnischen Serben weder vor lästigen ausländischen Reportern noch vor den zahnlosen Protesten der Vereinten Nationen zu fürchten. Manchmal machte sich die Uno sogar selbst zum Verbündeten der Serben, wie besonders offenkundig beim Massaker vor der Brotausgabe. In diesem Fall hatten viele UNPROFOR-Offiziere Karadžićs Behauptungen zunächst unterstützt.

Der damalige, gegen die bosnische Regierung eingestellte kanadische UNPROFOR-Kommandeur, Generalmajor Lewis Mackenzie, hatte den Ort des Geschehens in der Vase-Miškina-Straße kein einziges Mal aufgesucht. Doch damals – wie später in seinen Memoiren *Peacekeeper* – hielt er an der Ansicht fest, daß es unmöglich gewesen sei, festzustellen, welche Seite schuld war und ob es sich, wie die Bosnier behauptet hatten, um Granaten gehandelt habe oder um eine Mine, wie es die Serben behaupteten. Der typische Granateinschlag ist allerdings nach heute zu sehen.[3] Zumeist machte die serbische Führungsriege solche Anschuldigungen einfach deshalb, weil sie wußte, daß angesichts der Untätigkeit der Weltgemeinschaft der einzige Propagandakrieg, den sie gewinnen mußte, nur der gegen die eigene Bevölkerung war. Und dabei war sie erstaunlich erfolgreich. Fuhr man durch die von den bosnischen Serben kontrollierten Gebiete, begegnete man häufig Serben, die genug hatten von diesem Krieg und entsetzt waren über die Art und Weise, wie Bosnien zerstört wurde. Aber es war unmöglich, auch nur einen einzigen zu finden, der geglaubt hätte, daß die Serben die Feindseligkeiten begonnen hatten und alles andere als mißverstandene Opfer waren. Der serbische Durchschnittsbürger sprach mit tiefem Befremden von der Haltung der Westmächte. »Ich habe Amerika einmal bewundert«, sagte mir im Sommer 1993 eine Gymnasiallehrerin in Ildiza[4], einem Vorort von Sarajevo, mit Tränen in den Augen. »Eine Zeitlang sagte ich mir, daß ihr Amerikaner einfach hinters Licht geführt worden seid, aber heute weiß ich, daß ihr unsere Feinde seid und daß ich mich daran gewöhnen muß, so von euch zu denken, auch wenn ich es gar nicht möchte. Ich sehe ja, was ihr über uns schreibt, alles Lügen. Ich kann das einfach nicht verstehen.«

Warum, fragte ich sie, beschossen die Serben, wenn sie die wahren Opfer des Krieges sind, noch immer erbarmungslos Sarajevo, und warum töteten serbische Heckenschützen die Kinder von Sarajevo? Sie seufzte und schüttelte den Kopf. »Das ist nicht wahr«, antwortete sie mit leisem Tadel in der Stimme. »Wenn wir die Stadt beschießen, dann doch nur, weil die Moslems uns zuerst beschossen haben. Haben wir etwa kein Recht, uns zu verteidigen? Glauben Sie nicht, daß jeder Mensch das Recht dazu hat, selbst wir bösen, bösen Serben? Ich bin sicher, wenn sie zu schießen aufhören würden, würden auch wir damit aufhören. Sofort. Niemand will Krieg.«

»Und die Heckenschützen?« fragte ich, wobei ich die schrecklichen Bilder von den verstümmelten Kindern in der Pädiatrie des Koševo-Krankenhauses vor Augen hatte. Sie sah mich kalt an. »Ich glaube, Sie machen einen Fehler. Die Waffe eines Heckenschützen ist die Waffe eines Feiglings. Serben sind unfähig zu so ehrlosem Verhalten. Ich komme aus Sarajevo. Ich wurde von Moslems aus meiner Wohnung geworfen. Auch viele unserer Soldaten kommen aus dieser Stadt. Sie würden keine Kinder töten. Wenn tatsächlich Kinder getötet werden, dann tun es die Moslems selbst, um dann dem serbischen Volk die Schuld geben zu können.«

Jeder, der einmal im Kessel von Sarajevo war, wo die Heckenschützen ihre Opfer leicht sehen und auf sie zielen konnten und wo es schon ein Risiko war, sich ans Fenster zu stellen, hätte wohl an ihrem Verstand gezweifelt. Doch der funktionierte bestens. Eigentlich war ihre Einstellung gar nicht überraschend. Das einzige, was diese Frau von den Kämpfen wußte, war das, was das bosnisch-serbische Fernsehen Abend für Abend ausstrahlte.[5] Die ausländischen Journalisten und humanitären Helfer, denen sie gelegentlich begegnete, hatte sie längst als promoslemisch abgeschrieben. Ihre einzige zusätzliche Quelle war, was ihr die Frontsoldaten auf Heimaturlaub erzählten, und die waren selbst nicht immer frei von ähnlich gläubiger Blindheit und Wahnvorstellungen. In einem hinter Sandsäcken verborgenen Schützengraben auf einem Hügel in Sarajevo, in der Nähe des Niemandslands um den Jüdischen Friedhof[6], erzählte mir einmal ein bärtiger serbischer Kämpfer: »Bevor der Sommer zu Ende ist, werden wir die Türkenarmee aus der Stadt vertrieben haben, so wie sie uns 1389 aus dem Kosovo vertrieben hat. Das war der Beginn der türkischen Vorherrschaft in unserem Land. Und das hier wird ihr Ende sein, nach vielen schrecklichen Jahrhunderten.«

Gemessen an seinen Kameraden, deren Vorliebe eher Pinups nach Art des *Penthouse* und Bildern von *Sveti Sava* galt, dem Heiligen der bosnischen Serben, war er ein gebildeter Mann. Wie die Frau aus Ildiza war auch er Gymnasiallehrer in einer Vorstadt von Sarajevo gewesen. Später am Abend sollte er mich sogar nach meinem Urteil über John Updikes Romane fragen. Aber wenn er auf die Stadt Sarajevo herabblickte, in die er unermüdlich mit seinem großkalibrigen Maschinengewehr schoß, sah er keine Stadt, die einmal wirklich reich gewesen war, die Balkan-Kapitale des Rock 'n' Roll, sondern das Lager der Türkenarmee, die im 14. und 15. Jahrhundert den Balkan erobert hatte. Irgendwie mußte ihm bewußt gewesen sein, daß er

auf Zivilisten schoß – nach nur einem Jahr Belagerung betrug allein die Zahl der ermordeten Kinder mehr als dreitausendfünfhundert –, aber in seinem Kopf gab es in diesem städtischen Kessel da unten nur schwerbewaffnete Invasoren. Also mordete er nicht, denn Eindringlinge ermordet man nicht. Man verteidigt sich gegen sie und treibt sie zurück. »Wir Serben retten Europa«, brüstete er sich, »auch wenn Europa unsere Bemühungen nicht zu schätzen weiß, ja sogar, wenn es sie verurteilt.«
Ein polnischer König habe Wien vor den osmanischen Horden gerettet, als diese die Stadt im 17. Jahrhundert beinahe eingenommen hätten. Jetzt, so sagte der bosnisch-serbische Soldat stolz, sei es an den Serben, sich im ewigen Kampf des Abendlandes gegen den Islam und die Türken für die Sache Europas zu opfern. Dann und nur dann gäbe es endlich Frieden. »Sie müssen einsehen«, sagte er verdrossen, »daß Gewalt die einzige Sprache ist, die die Türken verstehen. Früher hatten die Europäer das gewußt. Sie hatten begriffen, mit wem wir es hier auf dem Balkan zu tun haben und immer zu tun hatten. 1911 und 1915 hat Frankreich Serbien geholfen. In Belgrad gibt es ein Denkmal, das das dankbare Volk nach dem Krieg den Franzosen errichtet hat. Und die USA und Serbien waren in zwei Weltkriegen Verbündete gewesen. Ich weiß nicht, warum ihr vergessen habt, was eure Großväter so gut wußten. Aber das ist auch egal. Wir müssen kämpfen.«
Ich fragte ihn, ob er schon immer an ein Großserbien geglaubt habe. »Nein«, antwortete er. »Vor Beginn des Krieges hatte ich geglaubt, wir könnten in Bosnien alle friedlich zusammenleben. Ich hatte moslemische Freunde und natürlich auch viele moslemische Schüler. Sogar nach dem Ende des Kommunismus dachte ich noch, daß schon alles gutgehen werde. Aber die Türken sind doppelzüngig und hinterlistig. Was Izetbegović im Fernsehen erzählt, ist eine Sache, doch wenn er mit seinen Parteifreunden spricht,

redet er von einem islamischen Staat in Bosnien. Sie können ja sein Buch lesen. Er sagt, Islam und Christentum seien unvereinbar. ›Es kann weder Frieden noch Koexistenz geben‹, sind seine Worte. Schauen Sie doch selbst nach. Oder lesen Sie das SDA-Parteiblatt. Ich bin sicher, daß Sie es in Sarajevo auftreiben können. Da ist die Rede von Moscheen, die in allen serbischen Städten in ganz Bosnien gebaut werden sollen. Auf dem Parteitag der SDA im Jahr 1991 schwor Izetbegović, er werde die ›wahre‹ moslemische Identität Bosniens wiederherstellen. Haben Sie von den Serben erwartet, sie würden tatenlos zusehen, wie Izetbegović und Silajdžić das Foyer des Parlaments zur Moschee machen? Wir haben versucht, friedlich mit ihnen zu leben, aber letzten Endes wurde uns klar, daß wir sie bekämpfen müssen.« Bei diesem Satz nickte er zustimmend, und dann noch einmal, als einer seiner Kameraden von der benachbarten Stellung aus lange Salven auf die Stadt abzufeuern begann.

Die Serben, die noch in Sarajevo lebten und deren überwältigende Mehrheit gegenüber der Izetbegović-Regierung loyal geblieben war, waren für den Lehrer fünfzigtausend Geiseln, die gegen ihren Willen von den Moslems festgehalten würden. »Sie würden alle gehen, wenn sie nur könnten«, sagte er. Womit er im Sommer 1993 durchaus recht hatte, allerdings nicht aus den Gründen, die er im Sinn hatte: Fast alle Einwohner Sarajevos wären damals aus der Stadt geflohen, wenn sie gekonnt hätten. Aber niemand hätte sie gehen lassen: die serbischen Belagerer nicht, nicht die Uno – sie vertrat den Standpunkt, daß sie ihr Vertrag mit den Serben über die Öffnung des Flughafens von Sarajevo verpflichtete, die Bosnier zu hindern, über die Rollbahn zu rennen und in das von der bosnischen Regierung kontrollierte Gebiet zu fliehen – und nicht einmal die bosnische Regierung selbst, weil sie fürchtete, noch mehr Menschen zu verlieren. Überzeugt, seine serbischen Brüder würden gegen ihren Willen von den Moslems festgehalten, sah sich der Lehrer nicht nur in der Rolle des christlichen Kriegers, sondern einmal mehr zugleich in der des Opfers. Wenn er nach Sarajevo hinabschoß, dann nur, um zu verhindern, daß die Moslems mit den Serben in Pale und Ildiza das tun konnten, was sie, wie er glaubte, mit den Serben taten oder zu tun vorhatten, die sie in ihrer Hauptstadt festhielten.

Dieses Gefühl, der Seite anzugehören, der Schaden zugefügt wurde, könnte auch eine der Kuriositäten erklären, die in Sarajevo geschahen. So hatten es sich die Serben auf den Hügeln zur Gewohnheit gemacht, moslemische und kroatische Freunde unten in der Stadt anzurufen. Die Angerufenen waren wie vom Donner gerührt, vor allem wenn deutlich wurde, daß sich die Anrufer nicht im geringsten ihrer Taten schämten. Tatsächlich telefonierten die Serben nicht etwa, um sich zu entschuldigen oder ihr Verhalten zu erklären, sondern um zu fragen, wie es ihren moslemischen Freunden gehe, oder weil sie einfach Kontakt mit den Menschen suchten, von denen sie getrennt waren. Einer meiner Freunde meinte dazu: »Ich kann akzeptieren, daß meine ehemaligen Schulfreunde auf mich schießen, aber wie kann Vlado es nur wagen, hier anzurufen, bloß um hallo zu sagen? Ich konnte es nicht fassen. Es war, als empfände er nicht die geringste Verantwortung für das, was geschehen ist. Er fragte mich nach meiner Familie, ja er fragte sogar, ob ich mich noch an die Ferien erinnern würde, die wir Anfang der achtziger Jahre gemeinsam an der Küste gemacht hatten. Es war total verrückt.«

Doch was einem Bürger im belagerten Sarajevo völlig unbegreiflich war, schien aus Sicht der bosnischen Serben völlig plausibel: gab es doch nichts, wofür sich die Serben hätten entschuldigen müssen. Wenn sie anriefen, dann nur, weil es leichter war, in die Stadt hinein zu telefonieren als aus der Stadt heraus. Daß die serbische Artillerie einst selbst als eines der ersten Gebäude die Hauptpost zerstört und damit fast alle Leitungen unterbrochen hatte, blieb unerwähnt. Die Moslems hatten selbst zu verantworten, was mit ihnen geschah. Persönlich konnte ein Serbe seinen moslemischen Freund zwar bedauern, doch das änderte nichts an seiner Überzeugung, daß mit den Moslems kollektiv nur geschah, was sie verdienten. Die Serben, die gelegentlich solche Telefonate führten und mit denen ich gesprochen habe, schienen der Ansicht zu sein, daß sie es waren, die den Moslems weit entgegenkamen, indem sie zum Hörer griffen und großmütig versuchten, über die gegenwärtige Lage hinwegzusehen und alte Beziehungen wiederherzustellen.

Diese völlig verzerrte Sichtweise war hier noch eher zu verstehen als in Orten wie Banja Luka, wo es keine gewaltsame Teilung gegeben hatte, denn in Sarajevo hatten ehemalige Freunde seit Ausbruch der Kämpfe keine Möglichkeit mehr gehabt, persönlich zusammenzukommen. Doch selbst gemessen an dem, was in Pale und Belgrad üblich war, hatte die antimoslemische Propaganda in der Bosanska Krajina extreme Formen angenommen. Anders als in Belgrad, wo sich Dissidenten noch immer Gehör verschaffen konnten, gab es weder in Banja Luka noch in Pale oppositionelle Stimmen. Da die bosnisch-serbische Führung jedoch keineswegs monolithisch war, wirkte es recht merkwürdig, daß sich in der Bosanska Krajina nicht einmal moderate serbische Nationalisten entwickelten. Allerdings hatte die ideologische Hetze der Serben in Banja Luka durchaus ihren Sinn. Ohne sie wäre es noch schwieriger gewesen, den serbischen Durchschnittsbürger dazu zu bringen, seinen nichtserbischen Nachbarn, den er sein ganzes Leben gekannt hatte, nur noch als fremdes Wesen zu sehen, dessen bloße Existenz bereits eine Bedrohung darstellt.

Menschen dazu zu bringen, daß sie andere töten, ist gar nicht so schwierig. In jedem Bürgerkrieg gibt es Barbarei, und eine moralische Basis fehlt fast immer. (So paradox es auch klingen mag: der bosnische Konflikt war *sowohl* ein Bürger – *als auch* ein Angriffskrieg – grausam wie der erstere und einseitig wie der letztere.) Wenn erst einmal Blut fließt, dürstet es die Kämpfer gleichermaßen nach Rache und Sieg. Und da im früheren Jugoslawien alle Seiten Greueltaten begangen hatten, haben auch die Rachegelüste zu immer neuen Greueltaten geführt. Allerdings waren diese Exzesse von Anfang an Teil der serbischen Strategie. Je mehr Angst man den Moslems einjagen würde, desto eher würden sie nicht nur fliehen, sondern gar nicht mehr auf die Idee kommen, je wieder in die Gebiete zurückzukehren, die ihnen von den Serben abgenommen worden waren. Berichte über Terror und Folter sind Teil jedes Gesprächs unter den bosnischen Flüchtlingen, die in den von der bosnischen Regierung kontrollierten Städten und Dörfern gestrandet oder außerhalb des Landes in Flüchtlingslagern oder überfüllten Wohnungen untergekommen sind.

Anfänglich wollten Beobachter aus dem Westen ihren Berichten kaum Glauben schenken, und Apologeten der Serben haben sie stes rundweg als unwahr zurückgewiesen. Doch selbst die entsetzlichsten Dinge, welche die bosnischen Moslems seit dem Beginn der Kämpfe über die ethnische Säuberung erzählt hatten und die zuerst als Übertreibungen abgetan worden waren, sollten sich fast ausnahmslos als wahr erweisen. Höchstens über die Zahlen konnte man streiten. Waren es nun fünfzigtausend moslemische Frauen, die vergewaltigt und größtenteils gezwungen worden waren, die Kinder der Vergewaltiger auszutragen (der Sinn ist klar: anders als bei den Juden ist für Serben wie Moslems die Ethnizität des Vaters maßgeblich), oder waren es »nur« fünfzehntausend? Gab es Dutzende geheimer Lager, in denen Moslems abgeschlachtet wurden, oder »nur« ein Dutzend? Weder am Völkermord an sich

noch an den grauenerregenden Gewalttaten kann es jedoch Zweifel geben. Als herauskam, daß ein moslemischer Flüchtling aus Bosanski Petrovac einem Mitarbeiter des UNHCR erzählt hatte, er sei von einem Aufseher gezwungen worden, den Penis eines Mitgefangenen abzubeißen, reagierte ich wie alle anderen, die es hörten, zunächst mit totaler Ungläubigkeit – und das, obwohl die Presse im Ruf stand, völlig unkritisch antiserbisch eingestellt zu sein. Dann funkte der UNHCR-Vertreter, der die Aussage des Flüchtlings zu Protokoll genommen hatte, er lege für die Glaubwürdigkeit des Mannes seine Hand ins Feuer.
Recht bedacht, waren solche Greueltaten nur die logische Konsequenz der ethnischen Säuberung. Wenn man, wie es die Serben taten, im Fernsehen, Radio und bei jeder Ansprache an die eigenen Truppen ständig wiederholt, daß der Feind nichts Menschliches an sich habe – man möge mit ihm aufgewachsen sein und ihn zu kennen glauben, wisse in Wirklichkeit aber nichts von ihm –, wenn man es in ihm also mit dem Teufel zu tun hat, dann sind solche Auswüchse vorprogrammiert. Dann ist es nicht mehr die Frage, ob es zum Töten kommen wird, sondern nur noch, wie lange es dauern wird. Dann geht es nicht mehr allein um Mord, dann geht es auch um Folter. Moslemische Männer sind beschnitten, serbische Männer nicht. Ein Serbe, der wissen wollte, ob sein Gefangener ein Moslem war, befahl ihm einfach, die Hosen herunterzulassen. Um ihm sein Glied abzuschneiden, bedurfte es dann nur noch eines kleinen psychologischen Schritts. Auch das war vorprogrammiert, denn ob Armenier, Juden oder bosnische Moslems: sexueller Sadismus war Bestandteil jeder ethnischen Säuberung.[7]
Die Leute, die die ethnischen Säuberungen ausgeführt haben, verhielten sich nahezu ausnahmslos so, als seien die von ihnen begangenen Grausamkeiten irgendwie gerechtfertigt. Es war ihnen also nicht nur von der Propaganda ein-

geredet worden, daß Moslems eigentlich keine Menschen seien. Daß sich die einzelnen Kämpfer wie selbstverständlich als verletzte Unschuld gaben, machte deutlich, wie sehr sie sich selbst als die wahren Opfer des Krieges sahen – und nicht die, die sie vertrieben oder umbrachten. Wie alle Opfer auf der Welt verlangten sie gewöhnlich nach Gerechtigkeit, die sie oft auch Rache nannten. Bei ihren Eroberungen haben die serbischen Einheiten fast immer Häuser niedergebrannt und Tiere abgeschlachtet, obwohl ihnen klar gewesen sein muß, daß sie damit ihren serbischen Landsleuten, die dort angesiedelt werden sollten, die Grundlage für den Aufbau einer eigenen bäuerlichen Existenz zerstörten. Aber ihr Gefühl, selbst Opfer zu sein, saß so tief, daß sie glaubten, es sei diesen Preis wert.

Den Grund für das mangelnde ökonomische Kalkül dieses »Dorfkriegs« zu suchen war ebenso sinnlos, wie den Zweck der Zerstörung der Nationalbibliothek von Sarajevo ergründen zu wollen, die nicht die geringste militärische Bedeutung hatte und dennoch bereits in den ersten Tagen der Kämpfe von bosnisch-serbischen Artilleristen völlig zerstört worden war. Fassungslos zu glauben, daß es sich dabei irgendwie um einen Fehler gehandelt haben müsse, hieß, den Kern des Ganzen ebensowenig zu erfassen, wie wenn man sich fragte, wieso Hitler die für die Truppenversorgung an der Ostfront dringend benötigten Eisenbahnwaggons für den Transport von Juden in die Konzentrationslager abgeordert hatte. Zweck der ethnischen Säuberung war es, alles Moslemische in Bosnien zu tilgen. Und in Sarajevo war es nicht nur die lebende, ethnisch gemischte Bevölkerung der Stadt, auf die gezielt wurde, sondern auch die moslemische Vergangenheit. Tatsächlich war schwer zu sagen, welches das Hauptziel war. Die Serben Sarajevos sollten vom Anblick der Hochschule für Orientalistik, der islamischen Nationalbibliothek und der herrlichen Moscheen der Hauptstadt befreit werden. Serben, so der Gedanke, konnten nicht mit diesen Denkmalen der Unterdrückung leben. Wenn dabei vereinzelt auch Serben verletzt oder getötet und orthodoxe Baudenkmäler wie die Kathedrale an der Vase-Miškina-Straße getroffen wurden, dann war das in einem Krieg eben nicht zu vermeiden. Doch die serbischen Schützen taten ihr Bestes. So wurde der kleine orthodoxe Friedhof, auf dem Gavrilo Prinzip und seine Kameraden aus der Bewegung »Junges Bosnien« begraben liegen, während der gesamten Zeit der Belagerung Sarajevos kein einziges Mal getroffen, obwohl ringsum alles in Schutt und Asche liegt. Notfalls aber würden die Serben, ohne zu zögern, auch auf ihr eigenes Hab und Gut zielen. Auf den Dörfern wurden rücksichtslose militärische Operationen oft von einer nicht weniger radikalen Gehirnwäsche begleitet. »Wir haben Radovac befreit«, verkündete eines Nachmittags ein serbischer Kämpfer in Banja Luka. Wir befanden uns im Billardzimmer des städtischen Jugendzentrums und versuchten in gebrochenem Deutsch miteinander zu kommunizieren, was durch die aus dem Hintergrund dröhnende U2-Musik nicht gerade erleichtert wurde. Das allein war schon ironisch genug, denn die leidenschaftliche Parteinahme der irischen Band für die bosnische Regierungsseite war allgemein bekannt. Aber das hinderte die serbischen Soldaten, mit denen ich beisammensaß, in keiner Weise, ihre U2-Aufnahmen abzuspielen. Die Schickeria der Rockmusik-Theoretiker im Westen mag sich einreden, daß Popmusik prinzipiell emanzipatorisch und subversiv sei, doch die jungen Leute von Banja Luka vermochten ganz gut ihre musikalischen Vorlieben und ihre politische Einstellung auseinanderzuhalten. Die internationale Jugendkultur war die internationale Jugendkultur – United Colors of Benetton und dergleichen – und Krieg war Krieg. Das eine stand dem anderen nicht im Wege. Der junge serbische Soldat, der sich da in seinen zivilen Benetton-Klamotten zur Musik wiegte und mit mir ein

Gespräch zu führen versuchte, während er zugleich fest die Hüfte seiner Freundin umschlungen hielt, mochte sich äußerlich kaum von irgendeinem anderen aufgeputzten Teenager in San Francisco oder Bremen unterscheiden, doch änderte dies nichts an seiner Überzeugung, daß es in dieser Saison seine Pflicht als Serbe sei, zu töten und dabei sein eigenes Leben aus Spiel zu setzen.

«Wir haben Radovac befreit», wiederholte er brüllend, offenbar in der Annahme, ich hätte es beim ersten Mal nicht gehört. Dann deutete er mit dem Daumen nach oben. Ich nickte. »Es war ein harter Kampf«, schrie er, »aber wir haben es zurückbekommen.« Erst später sollte ich von einem Schutzbeauftragten des UNHCR, dem Franzosen Pierre Ollier erfahren – er war einer der vielen tapferen Leute, denen ich in Bosnien begegnet bin und die den Krieg nicht überlebt haben –, daß Radovac schon immer ein rein moslemisches Dorf gewesen war. Der serbische Soldat war ein Einheimischer, hatte Ollier mit einem Achselzucken hinzugefügt, also muß er es gewußt haben. Doch für den Serben waren solche Erwägungen belanglos. Für ihn konnten die Moslems von Radovac nicht die legitimen Bewohner des Dorfes sein. Wie lange sie dort auch gelebt haben mochten, für das bosnisch-serbische Geschichtsverständnis wäre es nie lange genug gewesen. Und das war nur eine Variante der ewig gleichen Geschichte, die stets dann erzählt wurde, wenn Serben irgendwo zum Angriff übergingen. Wenn im betreffenden Gebiet nicht gerade Serben von Moslems unterdrückt oder getötet würden, behaupteten die Serben, nur altes serbisches Gebiet rückerobern zu wollen. Mit solchen Argumenten rechtfertigte ja auch Karadžić den Beschuß von Sarajevo: Die Stadt sei gar nicht belagert, die serbischen Truppen versuchten nur, die Serben zu schützen, die zufälligerweise im Wohngürtel um die Stadt lebten. Auch im April 1994, als Goražde zum Hauptangriffsziel geworden war, hatte Karadžić mehr oder weniger das gleiche gesagt. Und wenn keine dieser Behauptungen zum gewünschten Erfolg führte, griffen die Serben eben auf die Geschichte zurück und versicherten, die ganze Gegend sei einst serbisch gewesen, bis Moslems oder Kroaten durch ein Massaker an den Serben auch deren demographische Zukunft zerstört hätten. Radovac war ein Beispiel für letzteres. Die Moslems seien Eindringlinge gewesen, hieß es. Sie hätten in diesem Dorf nie etwas zu suchen gehabt.

Die bosnisch-serbischen Truppen paßten ihre Taktik immer genau dem Gebiet an, in dem sie operierten. Die Belagerung Sarajevos war eine Sache, doch in den ethnisch gemischten Dörfern Bosniens genügte es nicht, die ethnische Säuberung allein den Kämpfern zu überlassen. Hier mußten zunächst all diejenigen Serben umerzogen werden, die noch immer nicht entschieden hatten, ob sie sich dem Kampf anschließen oder offen dagegen wehren sollten, zu Komplizen zu werden. Der natürliche Selbsterhaltungstrieb war dabei der stärkste Verbündete der Kämpfer, denn er machte es möglich, die notwendige Skrupellosigkeit unter der Bevölkerung zu erreichen. Eine beliebte Methode war, daß ein serbischer Trupp in ein Dorf eindrang, dort zum Haus eines Serben ging und diesem befahl, zum Haus seines moslemischen Nachbarn mitzukommen. Unter den Augen der anderen Dorfbewohner wurde er dorthin getrieben und der Moslem herausgeholt. Dann gab man dem Serben eine Kalaschnikow oder ein Messer – letztere waren noch beliebter – und befahl ihm, den Moslem zu töten. Tat er es, hatte er die Grenze überschritten, über die ihn die Tschetniks haben wollten. Aber auch wenn er sich weigerte, was viele getan haben, war die Sache einfach: Er wurde auf der Stelle erschossen. Einen dritten Serben brauchten die Tschetniks kaum je erschießen. Ein Soldat in Bosanska Krupa, der sich zu meinem Erstaunen mit dieser Taktik brüstete, erzählte mir fröhlich: »Beim dritten Haus haben sie schon die Hosen gestrichen voll und fragen dich, wo sie auf den Moslem schießen sollen und wie oft.«

In den meisten Orten aber reichte selbst dieser brutale Terror nicht aus. Wichtiger noch als das Morden oder als andere zu Mördern zu machen, war die Erzeugung von Angst. Von Anfang an stand die Angst im Zentrum der bosnischen Katastrophe. Die Zukunftsangst, die sich mit dem Zusammenbruch der jugoslawischen Wirtschaft in den späten achtziger Jahren unter den Leuten auszubreiten begonnen hatte, hatte die Grundlage für das gegenseitige Vertrauen zerstört. Allein alte atavistische Identitätsvorstellungen schienen vor dieser Angst Schutz zu bieten. Es war ja nicht so, daß sich die Menschen zuvor ausschließlich als Serben oder Kroaten oder Moslems empfunden hätten oder daß Titos Slogan »Brüderlichkeit und Einheit« nur als aufgezwungener Schwindel empfunden worden wäre. Vielmehr hatte das Scheitern des Kosmopolitismus oder Jugoslawismus – richtiger: deren Erstickung durch politische Führer wie Slobodan Milošević – einen gewaltigen Energieschub für die alten Nationalgefühle und Nationalressentiments bewirkt. Der ethnische Nationalismus im ehemaligen Jugoslawien war ebensowenig unvermeidlich gewesen wie der Nazismus im Deutschland der dreißiger Jahre. Er war nur eine von mehreren Möglichkeiten – und unvermeidlich nur insoweit, als jedes Geschehen im nachhinein unvermeidlich erscheint.

Nach einem Jahr Krieg schien es für den jungen serbischen Soldaten nur noch diese atavistischen Identitätsvorstellungen zu geben. Doch als ich ihn fragte, ob er vor Ausbruch der Kämpfe dasselbe gedacht habe wie heute, lächelte er und schüttelte den Kopf. »Nein«, entgegnete er in beinahe verwundertem Ton, »ich hatte viele moslemische Freunde. Der Typ, dem dieses Lokal hier gehört, ist Moslem.« Er machte eine Pause. »Naja, ich meine der, dem es einmal gehört hat. Er arbeitet hier in Banja Luka für die Uno.

Manchmal sage ich zu ihm: ›Franzi, schau, daß du hier rauskommst.‹ Er war mal ein guter Kerl. Du siehst ja selbst, es ist ein nettes Lokal. Wenn ich früher hierherkam, hab ich mir nie Gedanken darüber gemacht, daß es einem Moslem gehört. Wir waren Freunde.« Dann verfinsterte sich sein Gesicht. »Aber damals hab ich auch vieles noch nicht begriffen. Ich dachte, die Moslems wären okay. Ich war eben auch nur ein naiver serbischer Idiot. Weißt du, ihr Ausländer sagt, wir Serben seien Killer. Das ist eine Lüge. Eins aber gebe ich zu: wir sind vertrauensselige Idioten. Wir haben den Amerikanern vertraut, wir haben den Europäern vertraut und wir vertrauten auch den Moslems. Jetzt müssen wir kämpfen.« Seine Stimme wurde sanfter. »Es ist schrecklich«, sagte er.
Natürlich meinte er mit »schrecklich« das, was mit den Serben geschehe. Für Moslems oder Kroaten hatte er nicht das geringste übrig. Allerdings meinte er, die Kroaten würden eines Tages schon begreifen, wie recht die Serben in bezug auf die Moslems hatten, und dann würden sich die beiden Gruppen zusammenschließen, um gegen den islamischen Fundamentalismus zu kämpfen. Doch was ihn wirklich antrieb, war Angst, und was ihm erlaubte, sich noch immer selbst zu achten, war die Überzeugung, alles, was er getan hatte, sei Selbstverteidigung gewesen. Ausländer – übrigens sogar viele Intellektuelle vom Balkan – redeten eine Menge vom angeblich angeborenen balkanischen Hang zur Gewalt. Doch dem ganzen Gerede zum Trotz hatte in Bosniens Vergangenheit nie mehr Gewalt geherrscht als anderswo – zumindest gemessen an der europäischen Geschichte. Das 20. Jahrhundert bildete in gewisser Weise eine tragische Ausnahme, was für Bosnien aber keineswegs mehr gilt als für Polen. Nur, hinsichtlich des polnischen Nationalcharakters hegten die Leute keine derart extremen Vorstellungen. Allerdings sterben nur wenige Ideen oder Loyalitätsgefühle im Verlauf von nur ein

oder zwei Generationen völlig aus. Der ethnische Nationalismus der Serben war eine solche Idee, und sie triumphierte 1994 in Bosnien. Die Vorstellung einer multikulturellen Gesellschaft in Sarajevo war ebenfalls eine solche Idee, schon seit der Zeit, als die Stadt Zufluchtsstätte der sephardischen Juden geworden war.[8] Sie wurde 1994 in Bosnien ermordet.

Das bedeutet nicht, daß der Sieg der ethnischen Nationalisten unvermeidlich gewesen wäre. In Serbien konnten sie nur deshalb gewinnen, weil niemand – vor allem nicht der Westen – sie daran gehindert hatte, und nicht, weil die Geschichte auf ihrer Seite gestanden wäre. Sie siegten, weil Slobodan Milošević der bei weitem fähigste Politiker im ehemaligen Jugoslawien war, weil die Idee eines Großserbien offenbar auf eine Weise einleuchtete, wie es der Idee eines bosnischen Staates niemals gelungen war, und weil General Mladić jedem schweren Geschütz der bosnischen Regierung hundert eigene gegenüberstellen konnte. Nicht zuletzt aber siegten die bosnischen Serben, weil sie es verstanden, alte Ängste und Ressentiments neu zu verpacken und bisher rechtschaffene Serben – deren ethnische Gruppe kein bißchen mehr Veranlagung zu Mord und Gewalt hat als jede andere – dazu zu bringen, sich am Völkermord zu beteiligen. Und dann war da diese schreckliche Angst der Serben. Herbert Okun, der amerikanische Diplomat, der Cyrus Vance bei den kroatischen wie den bosnischen Friedensverhandlungen vertreten hat, hatte Radovan Karadžić vor Ausbruch der Kämpfe gewarnt: »Wenn Sie weiterhin von der tödlichen Gefahr sprechen, die den Serben in Bosnien drohe, dann werden sie am Ende vorsorglich Völkermord begehen.«

Als dann mit dem Morden begonnen wurde, mußten diese Ängste wachgehalten werden. Hätte die Führung der bosnischen Serben weniger intensiv Propaganda betrieben, wäre es zumindest möglich gewesen, daß die serbischen

Durchschnittsbürger – nachdem sie die bosnischen Regierungstruppen bereits geschlagen und einen Großteil der Gebiete, die sie im ersten halben Jahr der Kämpfe hatten erobern sollen, bekommen hatten – bei dem scheinbar endlosen Weitermorden und den Vertreibungen weniger bereitwillig mitgemacht hätten. Doch solange jeder lebendige Moslem als Bedrohung empfunden wird, muß die ethnische Säuberung weitergehen. Die Massaker und der Terror in den Dörfern, die anfänglich als taktische Mittel eingesetzt worden waren, sollten innerhalb von sechs Monaten Teil eines ausgeklügelten Systems zur Vernichtung einer ganzen Volksgruppe werden. 1992 wurden in Nordbosnien moslemische Männer, die bei den Kämpfen oder ethnischen Säuberungen gefangengenommen worden waren, in drei Kategorien unterteilt. Angehörige hochqualifizierter Berufe, örtliche Honoratioren und kräftige junge Männer wurden selektiert und von den serbischen Kämpfern gewöhnlich sofort getötet, womit diese glaubten, Vergeltung zu üben für die angeblichen Greueltaten der Moslems, über die ihr Fernsehen und Rundfunk unentwegt berichteten. Wem ständig erzählt wird, seine Kameraden würden kastriert, bei lebendigem Leib aufgespießt, geröstet und im eigenen Blut ertränkt, wird sich früher oder später auf dieselbe Weise rächen.

Die serbischen Führer handelten allerdings nicht einfach aus Blutdurst. Sie befahlen, so viele gebildete Moslems zu töten wie möglich, weil sie sicherstellen wollten, daß jeder künftige moslemische Staat weitgehend jener Menschen beraubt sein würde, die ihn funktionsfähig halten könnten. Wie erfolgreich diese Kampagne war – der britische Journalist Michael Nicholson hatte sie als *elitocide* bezeichnet, also als Ausrottung einer Elite –, beweist die Tatsache, daß die Schicht der gebildeten Moslems in der Bosanska Krajina fast vollständig ausgelöscht wurde, abgesehen von den paar tausend Flüchtlingen der Mittelschicht, die es nach Zagreb geschafft haben, oder der noch geringeren Zahl derer, denen die Flucht in die von der bosnischen Regierung kontrollierten Gebiete gelang.

Diejenigen, die nicht zur ersten Kategorie gezählt und sofort ermordet worden waren, wurden wiederum in zwei Kategorien unterteilt. Die Gefangenen der ersten Gruppe, über deren Schicksal die Serben noch nicht entschieden hatten, wurden in »Sicherheitslager« gebracht, wie sie die Serben damals nannten. Dort wurden einige getötet, andere später entlassen. Die Gefangenen der zweiten Gruppe, meist Bauern und Angehörige der ärmeren Schichten der Stadtbevölkerung, waren von Anfang an für eine Freilassung vorgesehen und wurden in sogenannte »offene Zentren« verbracht. Diese Lager waren dazu bestimmt, Vertretern des Internationalen Komitees vom Roten Kreuz vorgeführt zu werden.

Dort schienen sich mit Ausnahme von ein paar Dickschädeln bereits alle Moslems damit abgefunden zu haben, daß sie Bosnien für immer würden verlassen müssen. Sie stellten also alles andere als die Gefahr einer zukünftigen Fünften Kolonne dar, wie so viele Serben glaubten. Die Gefangenen, mit denen wir Journalisten sprechen konnten, beschäftigte ausschließlich die Frage, ob ihnen irgendein Land Asyl gewähren würde. Sie wußten, daß ihnen Kroatien verschlossen blieb. Viele von ihnen setzten ihre ganze Hoffnung daher auf jene westeuropäischen Staaten, in denen bosnische Gastarbeiter lebten. Vom Lager Trnopolje aus konnten die Männer hinter dem Stacheldraht ihre eigenen Höfe beinahe sehen, aber sie träumten von Flucht. »Ich habe einen Bruder in Deutschland!« rief ein kräftig wirkender Mann mittleren Alters der Gruppe ausländischer Journalisten zu, mit der ich reiste. »Hier ist seine Adresse. Könnt ihr ihn benachrichtigen?« Während unserer Lagerbesichtigung hörten wir die gleiche Bitte immer und immer wieder – in gebrochenem Deutsch, gebroche-

nem Französisch, gebrochenem Holländisch, gebrochenem Italienisch –, während die Wachen in denselben Sprachen mit Verwünschungen überhäuft wurden. (Die Kämpfe in Bosnien fanden wie der vorangegangene Krieg in Kroatien zwischen ehemaligen Gastarbeitern und Migranten statt.) Die meisten der Lagerinsassen jedoch schwiegen. Sie standen einfach herum, wie Gefangene es eben tun.
In den Augen unseres serbischen Begleiters waren diese dreitausend verschmutzten, demoralisierten Gefangenen die Vorhut einer moslemischen Horde, der es beinahe gelungen wäre, die serbische Nation zu überrennen, deren einziger Fehler es gewesen sei, daß sie zu nachsichtig war und es den anderen Nationen bereitwillig gestattet hätte, es sich auf ihre Kosten gutgehen zu lassen. Kurz vor einem Dorf an der engen Straße, die zum Lager führte, hatte uns der junge Mann – vor seiner Einberufung war er Volontär bei der größten Tageszeitung von Banja Luka gewesen – erklärt, die Moschee in diesem Dorf sei, wie wir gleich selber sehen würden, trotz der Kämpfe unversehrt geblieben. »Jedes moslemische Haus, das die weiße Fahne der Loyalität gehißt hatte«, sagte er, »wurde von unseren Soldaten in Ruhe gelassen. Kämpfe gab es sowieso nur, weil wir von den Mudschaheddin angegriffen wurden.« Gewiß bedeutete die weiße Fahne in Bosnien dasselbe wie anderswo auf der Welt, nämlich Ergebung, aber von diesem Einwand ließ er sich in seiner langen Rede über die besonders tierische Grausamkeit der moslemischen Kämpfer nicht beirren. »Die schlimmsten«, versicherte er grimmig, »sind die Handzaren« – ein Wort, das uns von unserem zuerst völlig verständnislos dreinblickenden Dolmetscher schließlich als »eine Art moslemisches Messer« übersetzt wurde.
Ein *Handzar* ist ein Krummsäbel. Indem sie die Moslems mit diesem Namen belegten, versuchten die serbischen Propagandisten nicht nur die moslemfeindliche Hysterie unter den bosnischen Serben weiter zu schüren, sondern

auch die im Zweiten Weltkrieg geschlagenen Wunden wieder zu öffnen. Wenn überhaupt, dann hatte die junge Generation der Serben dieses Wort bislang höchstens von ihren Großvätern gehört. Es enthielt natürlich – wieder einmal – auch einen Hinweis auf die Schlacht auf dem Amselfeld, sollte aber vor allem an die Handzar-Division erinnern, eine vom Großmufti von Jerusalem 1943 für die Deutschen in Bosnien rekrutierte lokale SS-Einheit. Obwohl viele bosnische Moslems auf der Seite von Titos Partisanen gekämpft und im Verhältnis zur Gesamtbevölkerung auch die größten Verluste – meist durch General Mihailovićs serbisch-monarchistische Tschetniks – aller nationalen Gruppen erlitten hatten, war den Serben nur diese eine bittere Erfahrung im Gedächtnis geblieben. Nun wurde sie den einfältigen jungen Burschen eingetrichtert, wie auch unser Begleiter auf unserer Fahrt nach Trnopolje einer war.

Als wir in das Dorf kamen, sahen wir weiße Fahnen auf den Häusern und sogar auf einem Holzstoß im nahen Feld. Wie in so vielen bosnischen Orten, wo Serben und Moslems über Generationen friedlich zusammengelebt hatten, waren die Häuser der Moslems durch Granaten und Rauchspurgeschosse völlig zerstört worden, während die der Serben völlig unbeschädigt daneben standen. Viele Häuser waren nach dem Beschuß offenbar auch noch in Brand gesteckt worden, während die der serbischen Bewohner jeder wohlhabenden Gemeinde in Österreich oder der Schweiz zur Zierde gereicht hätten. Die jugoslawischen Gastarbeiter waren früher Sommer für Sommer in ihre Dörfer zurückgekehrt, um an dem Haus weiterzubauen, für das sie im Ausland das Geld verdienten. Tatsächlich gab es noch zahlreiche halbfertige, oft eingerüstete Häuser mit großen Haufen Ziegelsteinen daneben. Als wir zur Moschee kamen, stellten wir fest, daß auch sie schwer beschädigt war. Das Dach fehlte und das Minarett war demoliert. Da-

rauf sagte unser Begleiter ohne zu zögern: »Ach ja, das ist das Dorf, in dem sich ein Heckenschütze auf dem Minarett versteckt hatte. Da mußten die Panzer natürlich feuern, denn sonst wären unsere Jungs getötet worden.«
Ich bin fest davon überzeugt, dieser serbische Soldat hatte völlig vergessen, daß er uns ein paar Minuten zuvor etwas ganz anderes erzählt hatte. Bei Karadžić war es völlig normal, daß er log, und die meisten Journalisten gingen davon aus, daß er sich seiner Lügen durchaus bewußt war. Bei unserem Begleiter war das nicht so. Die Welt, in der er lebte, war eine einzige Illusion: das Produkt der sorgsam orchestrierten Propaganda der serbischen Führung. Es war, als ob der Slogan »Nur die Einheit kann die Serben retten« alles, was ihm widersprach, auslöschte. Die Serben waren die Guten, deshalb würden sie auch nie eine Moschee zerstören. Sollte sich aber nun herausstellen, daß sie dennoch eine Moschee zerstört hatten, mußte es dafür einen guten Grund gegeben haben, und der konnte nur sein, daß die Serben in Notwehr gehandelt hatten. Wie sonst hätte das Minarett nur eine Ruine sein können? Bosnien wurde nicht nur von Moslems gesäubert, in Bosnien hatte man auch den Verstand der Serben gesäubert.
Im Lager Trnopolje lachten die Gefangenen, als wir sie fragten, ob es in ihren Dörfern Widerstand gegeben habe. »Das Dorf hat geschlafen, nicht geschossen«, sagte ein grauhaariger Bauer in brauchbarem Französisch. »Die Serben kamen ins Dorf und fingen an zu schießen. Wir versuchten uns zu ergeben – die weißen Fahnen haben Sie vermutlich gesehen –, aber erst einmal schossen sie weiter. Dann gingen sie von Haus zu Haus und zerrten die Leute raus. Einige der Serben, die das getan haben, waren unsere Nachbarn, Leute, die wir von klein auf kannten. Wer weiß, vielleicht waren sie gezwungen worden, den Soldaten zu helfen. Dann schleppten sie einige von uns weg. Ich glaube, die meisten von ihnen sind tot. Die übrigen halten sie seitdem

hier in der Gegend gefangen. Zuerst in Omarska und seit letztem Monat hier in Trnopolje. Jetzt bin ich also wieder da, wo ich herkomme, bloß daß mein Haus weg ist und ich nicht weiß, wo meine Söhne sind.«

Ich fragte ihn, ob er in sein Dorf zurückkehren würde, wenn man es ihm erlaubte.

»Niemals«, sagte er. »Bosnien ist totes Land, jedenfalls für Moslems. Das ist jetzt Serbien... Ich bin absolut bereit, mein Land den Tschetniks zu überschreiben. Welchen Sinn hätte es denn, an etwas festzuhalten, was längst verloren ist?«

6

DAVID OWEN SAGTE EINMAL: »In Bosnien-Herzegowina vergeht die Zeit nicht, sie zerrinnt.« Bei jeder Abreise aus Bosnien dachte ich, noch schlimmer könne es nicht werden. Doch bei jeder Rückkehr, meist nach nur vier oder sechs Wochen, mußte ich feststellen, daß es wieder schlimmer geworden war. Wer in den Krieg nach Bosnien reiste, fuhr ans Totenbett eines Landes. *Immer* schien *alles* schlechter zu werden. Es war wie beim Besuch eines HIV-infizierten Freundes: Selbst in Zeiten relativer Ruhe wußte man, wohin es führte und daß es auf längere Sicht keine Hoffnung mehr gab.

Auch Außenstehende spürten, wie alles immer tiefer in den Abgrund gerissen wurde. In Bosnien ging es vor allem um den Fakt, daß man sich auf immer schlechtere Bedingungen einigte. Auf der politischen Bühne führten die internationalen Akteure der Krise ihr Schauspiel auf: Zuerst bestanden sie darauf, Bosnien sei ein rechtmäßiger Staat, dessen unverletzliches Territorium mehr oder weniger in der Gestalt erhalten werden müsse, die es zu Beginn der Kämpfe gehabt hatte. Doch als General Mladić jedermann klarzumachen begann, daß er durch UN-Resolutionen, zahnlose Proteste der Weltgemeinschaft, Drohungen der Amerikaner und Einsprüche der Unterhändler nicht zu beeindrucken war, wandelte sich der Ton in Washington, Paris, London und Brüssel. Die Unterhändler gaben immer deutlicher zu erkennen, wie verändert ihre Erwartungen in das waren, was sie für Bosnien auszuhandeln versuchten. Im privaten Gespräch machten sie klar, daß sie schon immer angenommen hätten, es würde unmöglich sein, Bosnien ohne militärischen Druck des Westens auf die Serben wieder zusammenzufügen. Doch während in Wahrheit längst über die Teilung Bosniens in drei ethnische Kleinstaaten und nicht mehr über den Erhalt der staatlichen Einheit verhandelt wurde, taten sie nach außen noch immer so, als bemühten sie sich, den anerkannten bosnischen Staat zu retten.

Im Frühjahr 1993, als die Kämpfe schon ziemlich weit fortgeschritten waren, hatte David Owen kategorisch darauf bestanden, es werde »keine Srpska Republika« geben. Wenn sich alle Seiten mit der Lösung einverstanden erklären würden, über die Owen selbst einräumte, sie sei »unappetitlich« – Bosnien-Herzegowina sollte entsprechend den ethnischen Mehrheiten in diverse, einer schwachen Zentralregierung in Sarajevo unterstehende Kantone aufgeteilt werden –, könnte das Land noch gerettet werden. Privat konzedierten die Unterhändler, daß das Ganze wahrlich nicht ideal sei – einen »Höllenfrieden« hatte es Owen genannt –, aber wenigstens böte es noch ein gewisses Maß an Gerechtigkeit. Doch die bosnische Regierung zeigte sich störrisch. Erstens war sie nicht bereit, eine Teilung zu akzeptieren, welche die ethnische Säuberung legitimierte, und zweitens hegte sie tragischerweise noch immer die falsche Hoffnung, daß es zu einer amerikanischen Intervention kommen würde. Die Amerikaner jedoch wollten weder den Vance-Owen-Plan unterstützen, um in der Öffentlichkeit nicht so dazustehen, als sanktionierten sie eine bosnische Niederlage, noch zugeben, daß sie keinerlei Absicht hatten, zu intervenieren. Wie man es auch wenden mochte: Dieser Plan opferte zugunsten einer Autonomie ethnischer Kantone das Recht Bosniens – eines rechtmäßigen Staates und einer rechtmäßigen Regierung –, sich verteidigen zu können. Waren die Bosnier bereit, für ihren Staat und ihre Prinzipien zu sterben, so war die Clinton-Regierung eher bereit, sie sterben zu lassen, als den Eindruck zu erwecken, der ethnischen Säuberung Vorschub zu leisten. Kein einziges Mal haben die Amerikaner klar gesagt, wo die Grenzen ihres Engagements lagen, ebensowenig wollten sie zugeben, längst abgerückt zu sein von den bewegenden Hilfsversprechungen für die Bosnier, die Clinton während des Präsidenschaftswahlkampfs 1992 gemacht hatte, um George Bush in Verlegenheit zu bringen.

Ob der Vance-Owen-Plan überhaupt durchführbar gewesen wäre, ist eine strittige Frage. Die Großmächte hätten sich nicht nur bereit zeigen müssen, riesige Truppenkontingente zur Verfügung zu stellen – niedrigsten Schätzungen zufolge mindestens fünfzigtausend Soldaten, unterstützt von zahlreichen Zivilpolizisten, Rechtsberatern und Technikern –, sondern auch bereit sein müssen, sie tatsächlich gegen die Serben einzusetzen. Angesichts der Unentschlossenheit, welche die Großmächte während der ganzen folgenden Zeit an den Tag legten, scheint es allerdings äußerst fraglich, daß sie je bereit gewesen wären, so energisch zu handeln. In Belgrad jedenfalls gingen viele davon aus, daß die bosnischen Serben den Plan gefahrlos hätten unterzeichnen können, eben *weil* der Westen in Wirklichkeit nie Truppen nach Bosnien schicken würde. Mihailo Marković, einer der führenden Ideologen des Milošević-Regimes, berichtete mir einmal, der serbische Präsident habe ihm im Mai 1993 versichert, die Amerikaner würden nie jene fünfundzwanzig- bis dreißigtausend Blauhelme entsenden, die Clinton versprochen hatte. »Damals war ich skeptisch«, sagte Marković, »doch wenn ich bedenke, wie sich die Clinton-Regierung bis heute verhält, neige ich dazu, Milošević recht zu geben.«

Jedenfalls schafften Vance und Owen es nicht, die amerikanische Regierung dazu zu bewegen, die Bosnier zu einer schnellen Annahme des Plans zu drängen. Ende Januar 1993 hatten sich die Unterhändler noch gute Chancen dafür ausgerechnet, doch Außenminister Warren Christopher zog seine Zusage einer Unterstützung durch die Amerikaner, die er Vance bei einem Treffen am 1. Februar gegeben hatte, am Tag darauf wieder zurück. Damit war auch diese Chance dahin. Im Frühjahr wurde der Plan wieder aufgegriffen und schließlich sogar von Milošević akzeptiert, wenn auch vermutlich aus genau den Gründen, die Mihailo Marković genannt hatte. Doch als er im Mai 1993 dem Parlament der bosnischen Serben in Pale vorgelegt wurde, befahl General Mladić den Abgeordneten regelrecht, ihn abzulehnen. Das taten sie auch, und damit war die Hoffnung dahin, daß dieser Plan je angenommen werden könnte. Es ist Vance und seinem fähigen Stellvertreter Herbert Okun anzurechnen, daß sie kurz darauf zurücktraten, weil sie nicht länger bereit waren, noch einen Vertrag auszuhandeln, von dem sie von vornherein wußten, daß er moralisch nicht zu rechtfertigen war. Owen dagegen trat nicht zurück. Über ihn spottete man in Bosnien, »Dr. Tod«, wie er dort genannt wurde, sei nun verantwortlich für die Zerstörung von zwei politischen Parteien in Großbritannien und einem kleinen Land auf dem Balkan.

Nach dem Scheitern des Vance-Owen-Plans fanden viele von uns, daß Owen seinem Spitznamen und seinem Ruf in der Tat alle Ehre machte. Natürlich behauptete er, er habe aus »Realismus« so handeln müssen, doch in Wirklichkeit hatte er – ob unabsichtlich oder weil er keine andere Möglichkeit sah – den bosnischen Serben mehr und mehr Zugeständnisse gemacht. Seltsamerweise aber wußte Owen sehr genau, was er tat. »Es wird nicht viel Ehre einbringen, und es wird auch nicht annähernd eine Vereinbarung geben, wie ich sie gewünscht hätte«, sagte er damals. Worauf man ihn nur fragen konnte: »Warum treten Sie dann nicht zurück?«

Die Kritiker des Vance-Owen-Plans, darunter auch ich, fanden selbst diesen nicht sehr ehrenhaft. Allerdings sollte er trotz seiner Ungerechtigkeiten, verglichen mit den späteren Plänen, die von Anfang an davon ausgingen, daß Bosnien geteilt und nur ein Rumpfbosnien überleben würde, sich noch als das kleinere Übel herausstellen. Die bosnische Regierung und Ausländer wie ich, die sie unterstützt hatten, hofften auf eine Intervention, aber was kam, war die Teilung. 1994 stellte sich nur noch die Frage: Wie sollten die Grenzen verlaufen und welche verfassungsmäßigen Übergangsregelungen sollte es geben? Es schien nur noch eine Frage der Zeit, bis Radovan Karadžić seine »Srpska Republika« mit dem Jugoslawien von Slobodan Milošević vereinigen würde, es sei denn, Milošević hätte mittlerweile anders entschieden. Abzuwarten war nur, ob es überhaupt einem ökonomisch wie sozial lebensfähigen bosnischen Staat gestattet würde, zu überleben, oder ob aus dem ganzen Land eine größere Version der östlichen Enklaven Srebrenica und Goražde werden würde – eine Art bosnischer Gazastreifen, der, weder wirtschaftlich noch militärisch zur Selbsterhaltung fähig, bei allem und jedem von internationaler Hilfe abhängig und restlos in der Gewalt Serbiens und Kroatiens wäre.

Die Katastrophe offenbarte sich schrittweise. Es wurden nicht innerhalb weniger Wochen fast eine Million Menschen getötet und Millionen zu Flüchtlingen, wie im Frühjahr 1994 in Ruanda. In Bosnien fand das Abschlachten gleichsam in Zeitlupe statt, gedeckt von diplomatischen Verhandlungen und einer Hilfsaktion der Vereinten Nationen, deren Vertreter unentwegt behaupteten, sowohl im humanitären wie im politischen Bereich seien Fortschritte zu verzeichnen. Doch die winzigen Erfolge dieser Bemühungen – die Ankunft eines UNHCR-Konvois in einem abgeschnittenen Gebiet Bosniens hier oder dort die Durchsetzung eines Waffenstillstands irgendwo im Land durch die

UNPROFOR – verschleierten letztlich nur, daß es nirgends echten Fortschritt gab. Manches Leid wurde zwar dank des heldenmütigen Einsatzes einzelner UN-Soldaten und ziviler Mitarbeiter des UNHCR gemildert, doch die humanitäre Katastrophe in Bosnien blieb als Folge der politischen unverändert. Es war ein Teufelskreis: Die Uno fütterte die Menschen, ließ aber zu, daß sie beschossen wurden; der Weltsicherheitsrat erklärte bestimmte Gebiete zu »Schutzzonen«, gab der UNPROFOR aber weder den Auftrag noch die militärischen Mittel, diesen Schutz auch zu garantieren; und das UNHCR schickte Schutzbeauftragte aus, wohl wissend, daß sie niemanden beschützen konnten. UNPROFOR wie UNHCR wurden am Ende immer gereizter und zermürbter angesichts der Tatsache, daß sie einen Auftrag zu erfüllen hatten, den ihre besten Vertreter längst als unerfüllbar erkannt hatten.

Als die Gefangenen im Lager Trnopolje im Herbst 1992 deprimiert darüber sprachen, daß die Bosanska Krajina nun Teil Serbiens geworden sei, lebten dort noch immer achtzigtausend Nichtserben und noch gab es mehr unbeschädigte als zerstörte Moscheen. Zwei Jahre später war die Bosanska Krajina in einem Maße gesäubert worden, daß es eine Illusion war zu glauben, dort könnte sich je wieder ein moslemisches Gemeindeleben entwickeln – es sei denn, die Bosnier würden es mit Waffen erzwingen. Als der größte Teil des Kessels von Srebrenica im April 1993 in die Hände der Serben fiel – was zur Verabschiedung der »Schutzzonen«-Resolution durch den Weltsicherheitsrat führen sollte –, hätte wohl kaum jemand geglaubt, daß man fast genau ein Jahr später in Goražde ebenso untätig zusehen würde.

Mit jedem neuen serbischen Verbrechen schien endgültig der Tiefpunkt erreicht zu sein. Schon im Mai 1992 hatte man geglaubt, schlimmer als bei der ethnischen Säuberung der ostbosnischen Städte wie Zvornik könne es nicht kommen, doch dann enthüllten im Sommer und Frühherbst desselben Jahres Journalisten die Existenz der Konzentrationslager und schilderten bis in Einzelheiten den Ablauf der ethnischen Säuberung in der Bosanska Krajina. Hatte die Entdeckung der Vergewaltigungslager in der Nähe der Stadt Foca bei Sarajevo im Frühjahr 1993 Unvorstellbares an den Tag gebracht, stellte sich wenig später heraus, daß die Serben in ganz Bosnien Vergewaltigung als Kriegsmittel einsetzten, um die moslemische Bevölkerung in einem Ausmaß zu terrorisieren, daß diese nur noch an Flucht dachte.[1] Damit hätten die Serben dann ihr Kriegsziel ethnisch gesäuberter Territorien erreicht. Die UNPROFOR-Kommandeure stellten sich allerdings nicht nur auf den Standpunkt, daß der Schutz von Frauen nicht zu ihrem Mandat gehöre, sondern weigerten sich zudem strikt, den wiederholten Hinweisen nachzugehen, daß sogar UNPROFOR-Soldaten mit einigen dieser gefangenen moslemischen Frauen Sex hatten. Selbst die einleuchtendste Erklärung dafür – die Soldaten hätten geglaubt, ihre serbischen Kollegen hätten ihnen nur zu einem Stündchen in einem Militärbordell verholfen – hätte vielleicht, wenn es denn stimmt, das Verhalten einzelner Soldaten entschuldigen können, aber gewiß nicht das ihrer Kommandeure.

Daß die Uno es ablehnte, auch nur die Möglichkeit schuldhaften Verhaltens in ihren eigenen Reihen einzuräumen, lag an einem Fehler im System. Als ihr eigener Herr, gebunden nur an das Mandat des Weltsicherheitsrats in New York, wie ihre Vertreter ständig betonten, konnte die UNPROFOR in Bosnien im Grunde tun, was sie wollte. Die Vertreter der Vereinten Nationen glaubten weder Rechenschaft ablegen zu müssen noch, was letztlich schlimmer ist, selbst je im Unrecht sein zu können. Sie sprachen von sich wie von Maschinen, nicht als seien sie Menschen. Wenn sich ein Soldat schlecht benehme, so ein hochrangiger UN-Vertreter, dann sei dies Sache von dessen nationaler Regierung. Wenn eine Politik unmoralisch sei, dann sei das

Schuld »des Mandats« – ein Wort, das wiederholt wurde wie ein Mantra. Sobald ein Fehlverhalten ans Tageslicht kam, wies die Uno sogleich *jeglichen Vorwurf* einer Menschenrechtsverletzung durch einen ihrer Angehörigen oder den der systematischen Korruption in ihren eigenen Reihen zurück. Der österreichische Generalmajor Gunther Greindl sollte Yasushi Akashi, dem neuen Sonderbeauftragten des Generalsekretärs für das ehemalige Jugoslawien, helfen, den Korruptionsvorwürfen nachzugehen. Wenige Monate zuvor hatte Akashi noch die UN-Operation in Kambodscha geleitet. Was er über die UN-Mission im ehemaligen Jugoslawien wußte, stammte ausschließlich aus Lagebesprechungen. Greindl, ehemals Kommandeur der UN-Truppe auf Zypern, hatte große Erfahrung als Blauhelm. Die meisten Außenseiter hielten ihn jedoch für völlig unfähig zu jenem Maß an Objektivität, dessen es bedurft hätte, um an diese Angelegenheit unparteiisch heranzugehen. Es war, als würde ein Polizeitrupp, der auf einer Straße wild um sich geschossen hatte, von einer Untersuchungskommission befragt werden, die ausschließlich aus Polizisten besteht. Niemand überraschte es, daß Greindl offenbar mit keinem Journalisten und auch nur mit wenigen Einheimischen reden wollte, obwohl er von ihnen einiges erfahren hätte, beispielsweise, daß es in Sarajevo hieß: »Rotwein und Kondome von den Franzosen, Kaviar und Diesel von den Ukrainern«. Er ignorierte die offene Prostitution vor den UN-Kasernen der Stadt und tat so, als wisse er nicht, daß die meisten Journalisten wie auch ich ihr Benzin von gefälligen Blauhelmen unterschiedlicher Nationalitäten zu kaufen pflegten. Dennoch behauptete Greindl in seinem Bericht, er sei den Vorwürfen im einzelnen nachgegangen und könne kategorisch klarstellen, daß es abgesehen von ein paar Verfehlungen einzelner im Kommandobereich der UNPROFOR weder in noch außerhalb von Sarajevo systematische Korruption gebe.

Aber Korruption bei der Uno war das geringste Problem. Wenn bloß die Soldaten einer Besatzungsmacht korrupt sind, kann sich die Zivilbevölkerung schon glücklich schätzen – allen Beteuerungen zum Trotz, sie seien nur in Bosnien, um die humanitäre Hilfe zu sichern, benahmen sich die UNPROFOR-Truppen in Sarajevo wie eine Besatzungsmacht, wenn auch eine realtiv wohlgesonnene. UNPROFOR-Soldaten in Bosnien haben jedenfalls keine Zivilisten massakriert, wie es den Mitgliedern einiger UN-Kontingente in Somalia von verschiedenen Menschenrechtsorganisationen vorgeworfen wurde. Es waren die Kriegsverbrechen, die Entbehrungen und die ständige Verschlechterung der politischen Lage, die wie auf einer Spirale in den Abgrund führten. Immer wieder sagten die Menschen, die diese schrecklichen Zeiten in Bosnien durchlebten: »Na ja, wenigstens kennen wir das Schlimmste schon.« Und doch: Wenn in Bosnien auf eines Verlaß war, dann darauf, daß das Schlimmste immer erst bevorstand. Wenn sich die katastrophale materielle Lage nicht verschlechterte – immerhin gab es Zeiten, in denen die Kämpfe abflauten oder in denen mehr humanitäre Hilfe in ein bestimmtes Gebiet durchkam –, dann gewiß die moralische oder psychologische. Wenn ich durch Bosnien fuhr, sah ich mich immer mit jener Realität konfrontiert, die statistisch meßbar ist und den Stoff für Nachrichten liefert: Leichen, zerstörte Dörfer und Städte, siegestrunkene serbische Freischärler in blutbeschmierten Kampfanzügen und überall Flüchtlinge oder solche, die es bald werden sollten.
Um zu begreifen, was in Bosnien geschah, muß man sich nicht zuletzt mit der moralischen Katastrophe befassen, die mit der materiellen und der politischen einherging und im Laufe der Zeit immer schlimmer wurde. Beispielsweise hatten die Leute im Vorkriegsbosnien relativ viel Bargeld besessen. Als die Kämpfe begannen, verfügten viele Bosnier noch über Devisen, mit denen sie sich das Leben

während der ersten Kriegsmonate etwas erleichtern konnten. Aber nach einer Weile – nach sechs Monaten, einem Jahr, zwei Jahren – waren diese Mittel aufgebraucht. Dies brachte nicht nur einzelne Familien in Not, sondern bedeutete den völligen Zusammenbruch des allgemein gewohnten Lebensstils. Natürlich gab es auch weiterhin bürgerliches Leben in Bosnien. Menschen heirateten und ließen sich scheiden, sie bekamen Kinder und verklagten einander, sie schlossen Mietverträge und spielten Gitarre. Doch die meisten Berufe einer Industriegesellschaft wie der Bosniens waren völlig sinnlos geworden. Selbst wenn die Angestellten in Sarajevo tapfer im Feuer der Heckenschützen in ihre Büros eilten oder die Fabrikarbeiter von Zenica pflichtbewußt im Werk auftauchten, gab es dort kaum etwas für sie zu tun.[2] Meist saßen sie in Räumen, in die der Wind durch große Granatlöcher pfiff, eine Weile untätig herum, sammelten ihre Lebensmittelration ein, auf die sie mit ihrer Anwesenheit am Arbeitsplatz Anspruch hatten, und gingen wieder nach Hause.

Viele Leute in Bosnien erzählten mir, daß sie den Granatbeschuß und die Heckenschützen leichter ertrugen als diese verrohte neue Gesellschaft, der sie auf einmal angehörten. Es bedrückte sie nicht nur, daß sie nichts Richtiges mehr zu tun hatten, schlimmer war, daß sie nicht mehr wußten, welche Rolle sie in der Gesellschaft spielten. Dieses Gefühl herrschte vor allem in den Gebieten, die von der bosnischen Regierung kontrolliert wurden und in denen der Kampf ums pure Überleben hart war. Aber auch viele Menschen in Kroatien oder in den von bosnischen Serben kontrollierten Gebieten empfanden so. Am allerstärksten aber war es natürlich im belagerten Sarajevo, wo es am schwierigsten war, sich durchzuschlagen. Die Bürger dieser Stadt waren nicht weniger von Fahrstühlen, Gas- und Stromversorgung, Autos, Straßenbahnen und Supermärkten abhängig gewesen als die Bevölkerung anderer hochentwickelter

Länder. Plötzlich waren sie all dieser Dinge beraubt, ohne, weil sie belagert wurden, dorthin fliehen zu können, wo sie nicht zwei Wasserkanister zu Fuß fünfzehn Stockwerke hochschleppen oder kilometerweit zur nächsten Lebensmittelausgabestelle laufen mußten. Das Maß, in dem die ihnen vertraute Umgebung plötzlich nicht nur außer Funktion gesetzt, sondern vor allem gefährlich geworden war, hat es den Menschen psychologisch ungeheuer erschwert, mit dem Geschehen fertigzuwerden. Sie waren auch Opfer ihrer eigenen Modernität geworden.
Zentralbosnien, der Kessel von Bihać oder Tuzla im Nordosten – Städte, die nahezu so modern waren wie Sarajevo – wurden wenigstens nicht belagert. Die Versorgung, wie dürftig auch immer, konnte oft aus dem angrenzenden Hinterland organisiert werden, vor allem wenn man Verwandte in den Dörfern hatte, und das hatten viele in Bosnien, da die Urbanisierung im wesentlichen erst nach dem Zweiten Weltkrieg erfolgt war. Da diese Orte nicht eingeschlossen und nicht gänzlich von humanitärer Hilfe oder vom Schwarzmarkt abhängig waren, war das Gefühl, in einem Todeskessel zu sitzen, im übrigen »freien Bosnien« auch längst nicht so ausgeprägt wie in Sarajevo, obwohl der einzelne es anders empfunden haben mochte. Sogar einige der isoliertesten Gebiete versorgten sich weitgehend selbst. Bevor die bosnischen Serben im April 1994 ihre Angriffe auf Goražde begannen und den Kessel, der zuvor etwa dreißig Quadratkilometer groß gewesen war und zahlreiche Dörfer umfaßt hatte, auf einen Radius von drei Kilometern um die Stadt verengten, hatten die sechzigtausend Menschen in dieser Enklave nicht nur selbst genügend zu essen gehabt, sondern sogar andere Enklaven im Drina-Tal wie Srebrenica und Zepa mitversorgen können.
Doch die moralischen Auswirkungen, nachdem man die Menschen ihrer Unabhängigkeit von fremder Hilfe beraubt hatte, waren sehr unterschiedlich, und nicht immer kam es

zu dem, was zu erwarten gewesen wäre. Während im vielgepriesenen Srebrenica, nachdem die Serben aus ihm ein Moslemgefängnis gemacht hatten, die Moral zerbrach und Mädchen sich Ausländern für ein paar Zigaretten anboten, gab es in Bosnien auch Orte, wo Hunger und höchste Gefahr nicht zur Korruption, sondern zum Zusammenhalt und zu eiserner Entschlossenheit führten. Beispiele hierfür sind der bosnisch kontrollierte Ostteil von Mostar, wo bis zum letzten Gramm Mehl alles rationiert war, und Dobrinja, ein Randbezirk Sarajevos, der, zeitweilig vom eigentlichen Stadtgebiet abgeschnitten, gleichsam eine Belagerung in der Belagerung durchstehen mußte. 1993, als Soldaten der bosnischen Armee in Sarajevo Amok liefen und die Menschen terrorisierten, die sie eigentlich schützen sollten, hatten nicht wenige Bewohner der Stadt ernsthaft erwogen, in die »Volksrepublik Dobrinja« zu ziehen, wie sie den eingeschlossenen Bezirk scherzhaft nannten, um der Mafia und den Kriegsgewinnlern zu entkommen, die mittlerweile die eigentlichen Herren der Hauptstadt waren. »Dort würde mich wahrscheinlich sehr viel schneller die Kugel eines Tschetniks treffen«[3], sagte mir damals ein Freund, »aber ich bräuchte wenigstens nicht jedesmal, wenn ich vor die Türe trete, Angst haben, von einem Kind mit einer Kalaschnikow ausgeraubt zu werden.«
In Wahrheit konnte sich kaum einer der Korruption entziehen, welche die bosnische Katastrophe begleitete. Dabei waren der Schwarzmarkt und die Gangs nur die augenfälligsten Aspekte des Problems. Es gab auch geistige Korruption, die mit der Umfunktionierung der Medien aller Seiten in Vehikel der Agitation und Propaganda entstanden war. Sogar ein derartiges Symbol des heroischen bosnischen Widerstands wie die Tageszeitung *Oslobodenje* (»Befreiung«) war nicht immun dagegen. Je länger das Morden andauerte, umso mehr fühlten sich die Redakteure des Blattes verpflichtet, unkritisch die Izetbegović-Regierung

zu unterstützen. Daß *Oslobodenje* überhaupt erscheinen konnte, grenzte schon an ein Wunder. Seit ihre modernen Redaktionsräume mit dem gesamten Hochhaus fünfzig Meter von der Front im Stadtzentrum systematisch zerstört worden waren, arbeiteten die Journalisten und Techniker im Atombunker unter der Ruine des Hauses. Unter diesen Umständen kann es eigentlich nicht überraschen, daß es die Redakteure für das Wichtigste hielten, nichts zu tun, was der Kriegstaktik der eigenen Regierung zuwiderhandeln könnte – und das, obwohl das Izetbegović-Regime im Jahr vor dem Ausbruch der Kämpfe versucht hatte, der Zeitung ihre politische Unabhängigkeit zu nehmen. Wenn dies zu einer sprachlichen Ideologisierung führte – in den Artikeln von *Oslobodenje* erschienen die Serben stereotyp als »faschistische Aggressoren«, die bosnische Regierungsseite hingegen als »heroisch« –, dann schien dies nicht nur angemessen, sondern geradezu die Pflicht der einzigen noch erscheinenden Tageszeitung Sarajevos zu sein.[4]

In gewisser Hinsicht hatten die Redakteure von *Oslobodenje* ja sogar recht. Die Tschetniks *waren* faschistische Aggressoren im eigentlichen Sinne des Wortes, und die Verteidigung Sarajevos *war* heroisch. All die Schwierigkeiten, die damit verbunden waren, diese Zeitung während der ganzen Belagerung herausbringen zu können, galt es – wie die Redakteure zu Recht betonten – im Grunde ja nur deshalb zu überwinden, weil man dem unabhängigen Journalismus treu bleiben wollte, den man vor dem Krieg praktiziert hatte. Dennoch war es unvermeidlich, daß das Blatt im Laufe der Zeit immer mehr zum Spiegelbild der Erschöpfung, Verzweiflung und Paranoia seiner Leser wurde. Katastrophen waren schon immer der Nährboden für Konspirationstheoretiker gewesen, und an ihnen herrschte in Bosnien kein Mangel. Ende 1993 druckte *Oslobodenje* Leserbeiträge, in denen diese zu erklären versuchten, weshalb der Westen Bosnien nicht zu Hilfe eilt. Einmal beschuldigte ein wütender Bürger die Leiterin des UNHCR, Sadako Ogata, Bosnien nur deshalb nicht helfen zu wollen, weil sie den Freimaurern angehöre und mit Logen in Serbien in Verbindung stehe. Was jedoch die meisten Leute in Sarajevo glaubten und was sehr viel schädlicher war als solcher Unsinn, hat mir Nermina Kuspahić, Kunstkritikerin und Halbschwester von Kemal Kuspahić, dem Chefredakteur von *Oslobodenje*, einmal gesagt: »Europa haßt die Moslems. Was die Europäer wirklich denken, ist, daß die Serben die Dreckarbeit für sie erledigen.«

In einer solchen Atmosphäre war nur zu erwarten, daß die Zeitung Izetbegovićs Regierung unterstützen, den Kampf der Soldaten glorifizieren und zur Plattform für die paranoideren oder verbitterteren Ansichten der Bosnier werden würde. Die Parteilinie der SDA unterstützten die Redakteure von *Oslobodenje* aber nicht zuletzt deshalb, um ihre Zeitung vor Angriffen seitens der Izetbegović-Regierung zu schützen. Allerdings sollte ihnen das nicht mehr lange gelingen. Seit Herbst 1994 werden sie regelmäßig von militanten, regierungsnahen SDA-Mitgliedern ihrer unabhängigen politischen Ansichten wegen attackiert.

Wenn es etwas gibt, was eine Katastrophe mit sich bringt, dann ist es die Konzentration auf sich selbst. Bosnier werden nicht gern daran erinnert, daß nicht nur die Welt 1991 ungerührt zugesehen hatte, als die Jugoslawische Volksarmee die mehrheitlich von Christen bewohnte Stadt Vukovar in Schutt und Asche gelegt hatte, sondern auch die Izetbegović-Regierung aus zwar verständlichen aber kaum bewunderungswürdigen praktischen Überlegungen heraus keine Stellung zu den Kämpfen in Kroatien bezogen hatte. Mancher Bürger Sarajevos war in Wahrheit gar nicht so irritiert gewesen von dem, was damals in Kroatien geschah. Heute erklären das viele damit, daß sie schon damals zuviel

Angst gehabt hätten. Andere sind selbstkritischer und erinnern sich fast verwundert daran, daß sie schlicht nicht geglaubt hatten, dergleichen könnte auch in Bosnien geschehen. »Ich hab immer den Kanal gewechselt, wenn die Bilder aus Vukovar kamen«, erzählte mir ein Freund. »Ich hätte dem mehr Aufmerksamkeit schenken sollen, nicht wahr? Aber weißt du, Sarajevo war eine so schöne, zivilisierte Stadt. Ich dachte, es könnte vielleicht Kämpfe auf dem Land geben, aber hier kämen wir doch alle viel zu gut miteinander aus, als daß es so weit kommen könnte.«
Wenn ich hier von dieser Selbstkonzentration berichte, will ich damit nicht sagen, daß es von den Bosniern unrecht gewesen sei, seit April 1992 hauptsächlich an sich selbst oder an ihr eigenes Schicksal zu denken. Daß die wenigsten Bosnier altruistisch waren – wer ist das schon – und keine teilnahmsvollen Bemerkungen über Angola, Liberia oder Afghanistan machten, bevor sie über ihr eigenes Leid sprachen, oder daß sie ihre Nabelschau manchmal geradezu bis zur Anstößigkeit übertrieben – wenn sie beispielsweise Sarajevo mit Auschwitz verglichen, wenn sie erklärten, sie seien Europäer und keine Somalis, oder wenn sie, wie der Militärkommandant von Mostar es einmal getan hat, behaupteten, der Krieg in Bosnien sei der schlimmste der Weltgeschichte –, mag das bei Boutros-Ghali und seinen Helfern Anstoß erregt haben, für mich war es menschlich verständlich. Als ich einmal mit einem UN-Mitarbeiter vom Flughafen nach Sarajevo zurückfuhr, sah ich an einem ausgebombten Gebäude entlang eines völlig verwüsteten Teils der Strecke das berühmte Graffito: »Welcome to Hell«. Der Uno-Mann deutete darauf und schnaubte: »Das ist das Problem hier. Natürlich ist es schlimm, aber dauernd wird übertrieben. Deshalb kommt es ja auch zu keinem Friedensvertrag.«
Als ich ihm sagte, daß das, was er Friedensvertrag nennt, die bosnische Kapitulation bedeuten würde, zuckte er nur

mit den Achseln. Diese Einstellung war typisch für die Denkweise bei der Uno. Für sie war das eigentliche Problem die bosnische Regierung. Natürlich hätten die Serben große Verbrechen begangen, das hatte noch jeder UN-Vertreter zugestanden, aber jetzt seien sie immerhin bereit, sich an den Verhandlungstisch zu setzen und Frieden zu machen. Wieso also nicht auch die Bosnier? Der Hinweis, daß die Vereinten Nationen von den Bosniern damit schlicht die Kapitulation verlangten, machte keinen Eindruck. Die Uno war an Frieden interessiert, nicht an Gerechtigkeit. Hochrangige Offiziere wurden nicht müde, daran zu erinnern, daß das Mandat der UNPROFOR nicht dem Schutz der Bosnier, sondern dem Schutz der humanitären Hilfe gelte, auch wenn die Bezeichnung »UN-Schutztruppe« zu Mißverständnissen Anlaß gegeben haben mochte. Nachdem er Bosnien verlassen hatte, sagte selbst General Mackenzie, daß in dieser Bezeichnung der Grund für ein Großteil der Probleme der Uno in Bosnien zu suchen sei. Damit hatte er ganz recht, denn für die Bosnier war es völlig unverständlich, weshalb man überhaupt Soldaten geschickt hatte, wenn diese nichts taten, um die Bürger von Sarajevo, Tuzla oder Banja Luka zu schützen.

Ursprünglich hatte man im »UN-Department for Peacekeeping Operations« eine andere Bezeichnung im Sinn gehabt: »United Nations Interim Force in Former Yugoslavia«. Doch die Abkürzung dafür wäre UNIFFY gewesen, was zu sehr an das englische *unify* (vereinigen) erinnert hätte. Doch ungeachtet der am Ende gewählten Bezeichnung hatten die Bosnier bald begriffen, daß die Vereinten Nationen sie nicht nur nicht schützten, sondern nicht einmal mit ihnen sympathisierten. Die UNPROFOR hatte ein Peacekeeping-Mandat und das Haupthindernis für die Erfüllung dieses Auftrags waren seit 1993 die Bosnier.

Kein Wunder also, daß sich die Bosnier restlos allein gelassen fühlten und sich aufs Phantasieren über ihre eigene

Anständigkeit und die Einzigartigkeit ihres Leidens verlegten. Wenn der einflußreiche moslemische Religionswissenschaftler Eneš Karić, der später sehr zum Leidwesen des »multikulturellen« Sarajevo Erziehungsminister werden sollte, in seiner Erzählung *Auszug aus einer Sufi-Chronik des Jahres 2092* schreibt, daß »vor der bosnischen Misere von 1992 Angriffe auf die Ehre und Unbescholtenheit von Frauen unbekannt waren«, dann hatte er damit zwar zum Ausdruck gebracht – wie man es in Bosnien allgemein empfand –, daß sich die Außenwelt noch immer weigere, die Ungeheuerlichkeit des Geschehens zu erfassen, nicht aber, wie mir ein UN-Mitarbeiter sagte, als ich ihm das Buch zeigte – und damit unabsichtlich bestätigte, was Leute wie Karić vermuteten –, »bequemerweise vergessen, was die pakistanische Armee in Bangladesch getan hat, so wie die Bosnier eben immer gern vergessen, daß es auch noch andere Tragödien in unserer schrecklichen Welt gab und gibt«.

Die Klagen und die Selbstkonzentration der Bosnier gegen derartige Vorwürfe zu verteidigen, war relativ leicht. Schwerwiegender war, daß ihre eigene Stimmungsmache, so verständlich sie auch war, schreckliche Folgen für die Bosnier selbst haben mußte. Die Frage, ob Kriegsanstrengungen, die sich auf eine Mobilisierung der Massen – was die bosnische Regierung, obwohl es eigentlich zu erwarten gewesen wäre, nie systematisch getan hat – und einen ideologischen Konsens stützen, vom Bürger verlangen, nie aus der Einheitsfront auszuscheren, oder ob die Menschen die Pflicht haben, unabhängig von den möglichen praktischen Folgen weiterhin ihre Meinung zu sagen, ist spätestens seit dem republikanischen Barcelona im Spanischen Bürgerkrieg heftig umstritten. Es war genau diese Frage, die Orwell in seinem Buch *Mein Katalonien* von allen Seiten beleuchtet hat. Eine befriedigende Lösung des Problems, was zu tun ist, wenn in einer Notsituation

Wahrheit und Gerechtigkeit miteinander in Konflikt geraten, hat es nie gegeben. Letztlich ist sie wohl immer abhängig von den Umständen. Je verlassener die Bosnier sich fühlten – die kaum verhüllte Feindschaft der Uno bedeutete da einen schweren Schlag –, desto mehr neigten sie dazu, dieses Problem mit der Antwort zu lösen, daß sie sich nicht auch noch interne Meinungsverschiedenheiten leisten konnten.

Gordana Knesević, die serbische stellvertretende Chefredakteurin von *Oslobodenje* und einer ihrer aufmunterndsten Geister während der Kämpfe – ihr Mann Ivo, ein Kroate, war Informationsminister der bosnischen Regierung –, meinte zu diesem Problem: »Vor dem Krieg hat die Zeitung keine der drei nationalen Parteien in Bosnien unterstützt. Als der Krieg begann, ging Kemal jedoch zu Izetbegović und sagte ihm: ›Während des Krieges werden wir unseren Beitrag zur Verteidigung leisten, indem wir die gewählte Regierung von Bosnien-Herzegowina unterstützen. Aber nach dem Krieg, in dem Moment, wenn er zu Ende ist, werden wir wieder in die Opposition gehen. In der Zwischenzeit, in der ein demokratischer Wandel der Politik unmöglich ist, werden wir nichts unternehmen, was den Staat untergraben könnte.‹«

Nichtsdestoweniger konnte, wenn sogar die unabhängigsten bosnischen Medien es für ihre bedauerliche Pflicht hielten, außer Nachrichten auch noch eine ganze Menge Agitprop zu produzieren – die Motive dafür mochten noch so lauter oder verständlich sein –, ein erheblich korrumpierender Effekt auf das Bewußtsein von Lesern wie Informanten nicht ausbleiben. Gordana Knesević war von ihrer Biographie wie von ihrer geistigen Einstellung her dem multikulturellen bosnischen Ideal verpflichtet, dem die Parteiführung der SDA vor dem Krieg ja mit Skepsis gegenübergestanden war. Und doch versicherte sie, nicht die geringsten Zweifel an der derzeitigen Linie von *Oslobo-*

denje zu haben. Die Agitprop der bosnischen Seite, betonte sie, ohne den Begriff auch nur in Frage zu stellen, sei doch gar nichts verglichen mit dem, was Pale, Belgrad und – abhängig davon, auf welche Seite sich die kroatische Regierung gerade schlug – Zagreb produzierten. Zudem sei es ganz und gar ungerecht, die bosnischen Bemühungen um Solidarität mit jener erbarmungslosen Gefühlswelt zu vergleichen, die mit dem Slogan »Nur Einheit kann die Serben retten« zum Ausdruck komme und die zu so vielen Toten und so viel Leid geführt habe.

Was Gordana Knesević nicht sehen wollte, war, daß korrumpiertes Denken, selbst wenn es für eine gute Sache gefordert wurde und menschlich nur allzu verständlich sein mochte, nur schwer korrigierbar ist, wenn es sich erst einmal festgesetzt hat. Die meisten Kriege waren schon lange zu Ende, bevor auch die geistige Haltung, die sie hervorgebracht hatte, zu schwinden begann. Wäre dieser psychologische Kriegszustand das einzige gewesen, das die bosnische Gesellschaft im Laufe der Kämpfe verändert hätte, wäre die geistige Deformation, derer sich so viele Menschen bewußt wurden, bei weitem nicht so groß gewesen. Wenn irgendein Volk in der jüngeren Geschichte das Recht hatte, seine eigene Lage vereinfacht darzustellen, seine eigenen Tugenden zu preisen, seine eigenen Verantwortlichkeiten für den Ruin seines Landes zu ignorieren oder seine Feinde und die internationale Gemeinschaft, die keinen Finger rühren wollte, um ihm zu helfen, zu dämonisieren, dann das Volk von Bosnien-Herzegowina – und vor allem seine Moslems –, an dem man sich so versündigt hat. Aber in Bosnien hatte man allenthalben nicht nur mit den rhetorischen Simplifikationen infolge des Krieges zu kämpfen – die weder eine bosnische Besonderheit waren noch hier besonders extreme Formen angenommen hatten –, sondern auch gegen die Korruption im Alltag, und die war in der Tat extrem.

Eine der ersten, weitreichendsten und allgegenwärtigsten Folgen der Kämpfe war, daß die gesellschaftliche Pyramide völlig auf den Kopf gestellt wurde. Das wohlhabende Bürgertum war vom Krieg ruiniert und demoralisiert. Mit jedem Monat verschlechterte sich seine materielle Lage. Wer jedoch vor den Kämpfen wenig besessen hatte, für den war es umgekehrt. Einfache Bauernburschen und gerissene Stadtkids hatten entdeckt, daß sie sich mit ihren Waffen verschaffen konnten, was sie wollten: D-Mark und Vorteile aller Art, auch sexuelle. Häufig wurde so buchstäblich der Letzte zum Ersten und der Erste zum Letzten. Ob in Sarajevo oder Tuzla: junge Männer im Rambo-Outfit lümmelten in den Cafés herum oder jagten mit ihren Mädchen in den wenigen Zivilfahrzeugen, die es noch gab, durch die Straßen. Der Grad, in dem sie Filmhelden aus Streifen wie *Rambo* oder *Road Warrior* imitierten, brachte den Theaterdirektor Haris Pasović aus Sarajevo einmal dazu, mir zu sagen, er hoffe, daß es zu einem Kriegsverbrecherprozeß kommen würde, sobald wieder Frieden herrsche. Als ich ihm sagte, er solle nicht glauben, daß es der Uno ernst damit sei und daß die gleichen Leute, die heute mit Karadžić und General Mladić verhandelten, diese später hinter Gitter bringen würden, schüttelte er ungeduldig den Kopf. »Nein, nein«, sagte er lachend, »die meine ich nicht. Ich spreche von Sylvester Stallone. Er trägt die Verantwortung für vieles, was hier vorgeht.«

Allerdings wurden den Männern, die kämpften und starben, in Bosnien nicht so bereitwillig Privilegien eingeräumt wie in Israel, wo man sie nachgerade vergöttert. Viele bosnische Kämpfer waren junge Männer, die mit Gewalt verherrlichenden Hollywood-Filmen aufgewachsen waren, und nun kleideten und gaben sie sich so, als seien sie wirklich Stallone oder Mel Gibson. Wie sie in ihrer Freizeit umherstolzierten, große Patronentaschen auf der Brust – hätten sie sich plötzlich auf den Boden werfen müssen, um

Deckung zu suchen, hätten sie sich gewiß das Brustbein gebrochen – und dabei so viele Waffen mit sich herumschleppten, wie sie tragen konnten, war reines Hollywood. Auf serbischer und kroatischer Seite war das natürlich noch extremer, denn bei den Bosniern herrschte ständig Mangel an Waffen und Munition. Aber die Grundeinstellung war im Prinzip überall gleich. Angesichts solcher Kämpfer war es nicht weiter verwunderlich, daß in Bosnien Krieg und Schwarzmarkt einander in die Hände arbeiteten.

Zum Teil hatte das historische Gründe. So rekrutierten sich die extremsten paramilitärischen Tschetniks auf serbischer Seite aus der alten Belgrader Mafia. Wenn Kämpfer wie Arkan oder Seselj – beide hohe Kommandanten der Tschetnik-Miliz waren vor dem Zusammenbruch Jugoslawiens einflußreiche Mafiosi gewesen – in eine moslemische Stadt eindrangen, waren sie genauso auf der Jagd nach Schwarzmarktbeute wie nach Blut. Doch auch die bosnische Regierung war auf ihre Kriminellen angewiesen. In der Hoffnung, einen Krieg abwenden zu können, hatte die Regierung Izetbegović 1992 keine eigene Landesverteidigungsarmee aufgestellt wie Kroatien und Slowenien zuvor. »Man braucht zwei Seiten für einen Krieg«, hatte er gesagt, »und wir werden nicht kämpfen.« Für ein Gemetzel braucht es allerdings keine zwei Seiten, und das sollte, ungeachtet des Bemühens von Izetbegović, nicht kampflustig zu erscheinen, sogleich beginnen. Wäre Sarajevo damals den SDA-Politikern und der städtischen Mittelschicht überlassen worden, wäre es wahrscheinlich ebenso leicht den Serben in die Hände gefallen wie Banja Luka. Vor Ausbruch der Kämpfe hatte Izetbegović die Uno um die Stationierung von Blauhelmen gebeten. Doch diese hat mit der Begründung abgelehnt, daß sie kein Mandat für die Stationierung von Truppen im Bundesland eines Staates habe, durch die die Sezession dieses Bundeslandes noch gefördert werden könnte.

Die Kämpfe begannen also. Spontan bildete sich eine wilde Armee aus Gangstern und moslemischen Einwohnern Sarajevos, um die Stadt zu verteidigen. Es war ein sonderbarer Haufen. Einige hatten der Patriotischen Liga angehört, einer paramilitärischen moslemischen Gruppe, eine größere Zahl aber entstammte Sarajevos Unterwelt. Mit Pistolen und Kalaschnikows trieben sie die Jugoslawische Volksarmee in die Hügel zurück, brachen in deren Kasernen ein und überfielen zur Empörung der UN-Unterhändler schließlich sogar einen Konvoi der JNA-Truppen, der sich gemäß einem Waffenstillstandsabkommen gerade aus der Stadt zurückzog. Als die Kämpfe heftiger wurden, zogen sie durch die Viertel, in denen sie aufgewachsen waren, und beschwatzten, beschworen oder brachten ihre ehemaligen Schulkameraden durch Einschüchterung dazu, sich ihnen anzuschließen. Einer ihrer Führer war ein angesehener Lederfabrikant, ein anderer war der neunundzwanzigjährige Barmusiker Mušan Topalović, genannt Caco, und ein Dritter, Čelo genannt, war ein Karrieregangster mit der Figur eines Bodybuilders, der gerade aus dem Gefängnis entlassen worden war, wo er acht Jahre wegen Vergewaltigung eingesessen hatte. Erst nachdem die frühen chaotischen Kämpfe vorüber waren, begann sich die bosnische Armee zu organisieren. Es sollte noch über ein Jahr dauern, bevor eine kleine, engagierte Gruppe ehemaliger JNA-Offiziere, die auf der bosnischen Seite geblieben war – unter ihnen eine Reihe hochrangiger Serben und Kroaten –, auch nur damit beginnen konnte, ihr eine Struktur und das Aussehen einer disziplinierten, normalen Armee zu geben.

Die Verteidigung Sarajevos war eine aufregende Geschichte – der Stoff, aus dem früher auf dem Balkan Volkslieder entstanden. Doch je länger sich der Krieg hinzog, desto mehr hatte die Beteiligung von Kriminellen auf allen Seiten nicht nur zur Folge, daß die Kämpfe immer gesetzloser und brutaler wurden, sondern auch, daß sich die politischen Ziele des Krieges täglich hoffnungsloser mit Profitmacherei und Schwarzmarktgeschäften verquickten. Der gleiche Mut, der es einem Caco trotz seiner hoffnungslos schlechteren Bewaffnung möglich gemacht hatte, die Jugoslawische Volksarmee zu bekämpfen, machte ihn nun auch zum geeignetsten Mann, die Versorgung Sarajevos mit dringend benötigter Schmuggelware zu organisieren, was ihm außerdem ungeheure persönliche Profite brachte. Was Caco, Čelo und die anderen in die Stadt schafften – bei den bosnischen Serben und den Kämpfern der HVO war es nicht viel anders[5] –, gedachten sie nicht zu verschenken. Und da viele der Soldaten, welche an vorderster Front Schlüsselpositionen verteidigten, diesen Männern treu ergeben waren, sah sich die Regierung von Sarajevo nicht in der Lage, diesen Aktivitäten Einhalt zu gebieten. Erst als Haris Silajdžić im Spätherbst 1993 das Amt des bosnischen Ministerpräsidenten unter der Bedingung angenommen hatte, daß diesen Banden das Handwerk gelegt würde, sollte die Macht der Gangster-Guerilla in Sarajevo gebrochen werden. In anderen Gebieten Bosniens war es ähnlich: Eine morsche, militarisierte und immer gesetzlosere Gesellschaft versuchte ihre Ideale selbst angesichts des brutalen Krieges zu wahren, der gegen sie geführt wurde, angesichts der Gleichgültigkeit der Welt und sogar trotz der inneren Kompromisse, zu denen sie ständig gezwungen war, um zu überleben.

In Anbetracht der Brüchigkeit des bosnischen Staates ist es unwahrscheinlich, daß viel hätte getan werden können, um diese Widersprüche zu vermeiden. Allerdings hat die Tatsache, daß die Regierung so lange vor den Aktivitäten von Männern wie Caco und Čelo die Augen verschlossen hatte, dazu geführt, daß sich der bosnische Durchschnittsbürger vermutlich sehr viel früher in Zynismus flüchtete, als er es sonst getan hätte. Während sich die Kämpfe hinzogen und die militärische Lage immer hoffnungsloser wurde, kam bei vielen der Verdacht auf, das wahre Ziel des Krieges sei nicht mehr der Sieg, sondern der Profit – eine Ansicht, die sich vor allem in Sarajevo und Tuzla in den Köpfen festsetzte. Die Enthüllungen über Čelos und Cacos private Reichtümer schürte diesen Verdacht noch weiter. Doch als es dann plötzlich hieß, sie seien tot, meinten viele, die von ihnen einst in Angst und Schrecken versetzt worden waren, sie seien die einzigen Kämpfer gewesen, die wirklich Mumm in den Knochen gehabt hätten. Viele waren außerdem überzeugt, daß hinter ihrer Eliminierung mehr gestanden hatte als nur eine Fehde zwischen Ganoven. Nach Cacos Tod – »auf der Flucht erschossen«, hatte die Regierung freudig bekanntgegeben – gedachten viele seines Heldenmuts in der Anfangszeit der Kämpfe.[6] Doch im Sommer 1994 meinten die Soldaten an der Front bitter, sie verteidigten nicht mehr ihre Heimat, sondern nur noch den Schwarzmarkt. Die Tatsache, daß die Familien fast aller hohen Regierungsmitglieder im Ausland lebten, trug auch nicht gerade zur Hebung der öffentlichen Moral bei. »Silajdžić hat seine Familie in Pakistan, und die anderen sind auch nicht besser«, sagte ein Soldat in Ost-Mostar zu mir. »Für sie ist es einfach. Ihnen macht es nichts aus, wenn diese Scheiße ewig dauert.«

Ob gerechtfertigt oder nicht, Ende 1993 waren solche Ressentiments allgegenwärtig. In der Realität macht Leid nicht edel, sondern korrupt. An jedem Tag des Krieges sahen sich die Bürger Bosniens Umständen ausgesetzt, auf die sie weder durch ihre Erziehung noch durch Erfahrung vorbereitet waren. Gewöhnt an ein Leben im Wohlstand, waren sie plötzlich gezwungen, mit den größten Widrigkeiten fertig zu werden. Menschen, die außer beim Skifahren niemals gefroren hatten, mußten plötzlich monatelang bittere Kälte ertragen. Menschen, die zweimal täglich geduscht hatten, mußten sich daran gewöhnen, mit kaltem Wasser und ein paar Katzenwäschen im Monat auszukommen. Rechtschaffene Menschen wurden zu Schiebern, um sich durchzuschlagen. Der Beschuß Sarajevos war nicht zuletzt auch ein Angriff auf ihre Seele. Weit mehr als ein Drittel aller Kinder in Sarajevo sollen mehr oder weniger stark unter einem posttraumatischen Streß-Syndrom leiden, einem *shell shock* (Bombenschock). Die Bedingungen aber, unter denen sie leben mußten, waren ein Anschlag auf ihr ganzes bewußtes Selbst.

Die kleinen Dinge waren oft am schlimmsten, denn je selbständiger und unabhängiger jemand gewesen war, um so schwerer lernte er, von anderen abhängig zu sein, Gefälligkeiten abzuschmeicheln oder um Bevorzugung zu betteln. Leute vom Land und Angehörige der Arbeiterschicht ließen sich gewöhnlich nicht so leicht unterkriegen, denn sie hatten mit diesen Zwängen schon vor Ausbruch der Kämpfe leben müssen. Doch für die städtische Mittelschicht war die Anpassung an diese neue Realität traumatisch. »Ich hab es so satt, danke zu sagen«, gestand mir Amela Simic eines Abends in Sarajevo. »Ich glaube, worauf ich mich am meisten freue, wenn wieder Frieden ist, ist, nie mehr danke sagen zu müssen. Was für eine schreckliche Redensart. Ich glaube, ich werde meinen Freunden Geld schicken und schachtelweise Pralinen. Ich werde sie beschenken. Ich werde wieder ich selbst sein.«

Dabei war Amela Simic, eine glänzende Übersetzerin und bekannte Persönlichkeit in der Literaturszene Sarajevos, die erste, die mir gegenüber zugab, daß sie und ihr Mann, der serbische Dichter Goran, relativ privilegiert waren. Sie hatten Freunde im Ausland, die ihnen zu helfen versuchten. Sie hatten gute Beziehungen zu vielen ausländischen Journalisten in Sarajevo, bei denen man sich für gewöhnlich auch darauf verlassen konnte, daß sie versuchen würden zu helfen. Doch der psychologische Druck, Almosenempfänger zu sein, und, was noch schlimmer war, die damit verbundene Demütigung, wurden immer unerträglicher, je länger die Belagerung dauerte. Mit der Zeit gewöhnte ich mich daran, daß ich mich, wenn ich Amela besuchte, mit ihr streiten mußte, weil ich *kein* Buch von ihr annehmen wollte, *keine* ihrer geliebten Opernaufnahmen, *kein* Tuch und auch *keinen* kleinen Gegenstand aus ihrem Haushalt. »Ich brauche das nicht«, pflegte sie zu sagen. Doch in Wirklichkeit wollte sie damit das natürliche Gleichgewicht wiederherstellen und etwas von dem bedrückenden Gefühl der Dankesschuld gegenüber ihren ausländischen Besuchern loswerden. Sie wollte ihre Unabhängigkeit wiederhaben, ihre Würde, die ihr die Jahre der Belagerung genommen hatten.

Mit Recht stellte Amela die Motive der Sarajevo-Besucher in Frage. »Ich habe herauszufinden versucht«, schrieb sie einer Freundin ins Ausland, »was uns so interessant für die Leute macht, die zu uns kommen. Warum bewundern sie uns, machen uns Komplimente, schwören, daß es ewige Freundschaft sei? [...] Ich stelle mir das so vor. Ein Journalist (humanitärer Helfer etc.) kommt hierher und erwartet einen Dschungel (die meisten von ihnen sind nicht sehr gebildet), und dann findet er heraus, daß es ein paar Leute in diesem Dschungel gibt, die anständig angezogen sind, relativ sauber, und sogar eine Fremdsprache beherrschen [...] Es wird sehr interessant sein, festzustellen, ob diese Freundschaften auch auf der anderen Seite der Grenze überleben werden, wo es keinen Sarajevo-›Nimbus‹ gibt. Ich glaube nicht. Und deshalb wehre ich mich dagegen, daß wir zu Opfern, Helden, etc. erklärt werden.«

Am Ende des Briefes fügte sie resigniert hinzu: »Wir müssen uns glücklich schätzen, daß wir uns ›unseren Heroismus‹ zunutze machen können.« Schließlich wußte sie genau, daß die Lage in Sarajevo, je länger die Belagerung dauerte, zu immer mehr Abhängigkeit führen würde. Zudem *war* die Stadt schon zum Dschungel geworden.

Worauf Amela Simic anspielte, war natürlich die Art und Weise, wie die Presse und die Vereinten Nationen die Bürger Sarajevos als Kolonialvolk behandelten. Das UN-HCR hatte seine Erfahrungen hauptsächlich in der Dritten Welt gesammelt. Viele seiner Mitarbeiter hatten tief im Inneren das Gefühl, daß nur sie wüßten, was das Beste sei, und daß »die Einheimischen«, wie UN-Offiziere sie gern nannten – die Bezeichnung klang im Englischen wie eine etwas aktualisierte, aber nicht wesentlich verbesserte Version von »die Eingeborenen« –, tun sollten, was man ihnen sagte. Ob in den neunziger Jahren des 20. Jahrhunderts selbst Afrikaner noch so gefügig gewesen wären, ist eine andere Frage, aber in Bosnien, zumal in den Städten, waren die einheimischen Mitarbeiter des UNHCR oder des Internationalen Komitees vom Roten Kreuz meist höher qualifiziert als die Mitarbeiter, die aus Genf geschickt worden waren.[7] Für die Leute aus Sarajevo war dies schmerzlich, wie auch der Hinweis auf den niedrigen Bildungsstand vieler Ausländer in Amela Simics Brief deutlich zum Ausdruck brachte. Für die meisten Ausländer war es einfach nur verwirrend.

Doch letztlich spielte es keine Rolle, ob die Bürger Sarajevos bessere Ausbildungen genossen als die Ausländer, die gekommen waren, um zu helfen oder wie die UNPROFOR – entgegen allen guten Absichten – über sie zu herrschen. Die Fachkenntnisse, welche die Bosnier in ihrer zivilisierten Mittelstandsgesellschaft erworben hatten, waren von keiner großen Bedeutung mehr. Leute, die weniger stolz als Amela Simic oder vielleicht nur praktischer veranlagt waren, suchten den Kontakt zu ausländischen Reportern – die sie, wie jeder merkte, der ein scharfes Auge hatte, nicht ausstehen konnten –, in der Hoffnung, dadurch an ein paar Tassen Kaffee oder einen Drink zu kommen oder auch nur, um vielleicht ein Stück im Auto mitgenommen zu werden. Ob es einem Bosnier nun psychologisch relativ leichtfiel, sich in diese Situation der Abhängigkeit zu schicken, oder ob er es schmerzlich und demoralisierend empfand: keiner kam unversehrt davon. Der Preis, der für die wenigen Privilegien, die Städte wie Sarajevo oder Tuzla zu vergeben hatten, zu zahlen war, war die Abhängigkeit von Ausländern. Dabei war das Leben dort selbst für Ausländer spartanisch, wir hatten gar nicht immer so viel zu geben. Der Preis für den Verzicht auf solche Kontakte war ein Leben in Kälte, Dunkelheit und Not – es sei denn, man war bereit, sich mit der örtlichen Mafia, der Armee oder der politischen Nomenklatura gutzustellen oder war gar selbst Teil davon. Oder man hatte etwas anzubieten, wie so viele junge Mädchen ihren eigenen Körper.

»Wissen Sie, wie wir früher gelebt haben? Können Sie sich das noch vorstellen, wenn Sie nur noch die Trümmer von allem sehen, was wir einmal waren?« fragte mich eine Frau, die vor dem Krieg Richterin gewesen war, während eines Empfangs des neuakkreditierten französischen Botschafters in einer behelfsmäßigen Kunstgalerie in Sarajevo. »Wir haben besser gelebt als Sie. Ich weiß über New York Bescheid. So viel Kriminalität. So viele Arme. Das hatten wir hier in Bosnien nicht. In Sarajevo konnten Sie so spät Sie wollten auf der Straße gehen.« Ihre Augen füllten sich mit Tränen. »Dieses wunderbare Leben«, sagte sie. »Ich möchte es so gern wiederhaben. Was Sie heute von mir sehen, bin nicht wirklich ich. Ich bin nicht diese schmutzige, arme Frau in den schmutzigen Kleidern, die so muffig sind, daß es mein ganzes Parfum nicht überdecken kann. Ich bin die Person, die ich einmal war, wissen Sie.« Dann lächelte sie, und nach einer kurzen Pause wiederholte sie: »Für mich selbst werde ich immer die Person sein, die ich vorher war.«

Viele Leute in Sarajevo empfanden so. Sie haßten, was sie taten und tun mußten, um zu überleben. »Vor dem Krieg habe ich nie jemanden um irgendwas beneidet«, fuhr die

Frau fort. »Aber heute verzehrt mich der Neid, er frißt mich auf. Ich denke an etwas, was meine Nachbarin hat, und dann denke ich manchmal: Morgen, wenn sie Wasser holen geht, schleich ich mich rein und stehl' es ihr. Am schlimmsten ist es, wenn sie Besuch bekommt. Dann frag ich mich: Was hat er ihr mitgebracht? Und dann denke ich: Großer Gott, du warst Richterin, bevor du ein armseliger Flüchtling geworden bist. Hat dich der Krieg wirklich zur Kriminellen gemacht? Bist du eine von denen, denen du früher immer Strafpredigten gehalten hast, bevor du sie eingelocht hast?« Sie wandte sich ab. Ein französischer Offizier neben uns gab dem bosnischen Paar, mit dem er sich gerade unterhielt, eine Flasche. Sie schüttelte den Kopf. »Sehen Sie? Jetzt frage ich mich, warum ich mich ausgerechnet mit Ihnen unterhalten mußte. Sie haben mir nichts zu trinken gegeben. So heruntergekommen bin ich, so heruntergekommen sind wir alle in Bosnien. Wir sind eine Bettlernation geworden.«

Während sie sprach, schlenderte ein bosnischer Schriftsteller vorüber, den ich ein paarmal gesehen hatte. Es war kalt und er trug mehrere Schichten abgetragener Pullover unter seiner braunen Lederjacke. Er blieb stehen und hörte aufmerksam zu, zu aufmerksam für einen fast volltrunkenen Mann. »Ja, Bettler«, sagte er plötzlich und unterbrach die Frau wie bosnische Männer, betrunken oder nüchtern, es bei bosnischen Frauen zu tun pflegen. »Es ist eine moralische Katastrophe, eine moralische Katastrophe. Sag mir bitte, was ist Moral? Was soll ich noch glauben, wenn es keinen Gott gibt, keine Demokratie, keine amerikanischen Werte? Ich hab' das alles geliebt. Wie soll ich jetzt weiterleben, wenn nichts davon real ist? Was sollte mich noch daran hindern, dich zu töten oder sie zu töten oder überhaupt jeden Scheiß zu tun, der mir einfällt? Aber so bin ich nicht erzogen worden, so ist sie nicht erzogen worden, und so haben wir auch unsere Kinder nicht erzogen.«

»Ich kannte Karadžić«, sagte er. »Wir waren Kollegen im Schriftstellerverband. Er war ein netter Kerl. Ich hab ihn gemocht, obwohl ich immer dachte, daß er ein besserer Arzt als Dichter ist. Jetzt ist er ein Irrer, ein Mörder. Was soll ich also jetzt machen? Ich glaube an Poesie, nicht an Politik. Soll ich jetzt auch irre werden? Das ist leicht, weißt Du. Du mußt nur...«, er hielt inne, dann sagte er, jedes Wort sehr langsam und bewußt betonend: »...ganz ... genau ... das ... tun ... was ... du ... willst.« Dann sprach er schneller und stellte die Frage, die unweigerlich bei jedem Gespräch zwischen Ausländern und Bosniern fällt: »Was sind die Vereinten Nationen überhaupt? Was machen sie? Heute reden sie in New York, wie sie es immer tun. Hier starb ein vierjähriges Kind in der Nähe der Velika-Kava-Fabrik. Warum? Ich weiß einfach nicht, warum.«
Die Richterin war verschwunden und wir waren allein. »Kannst du mir helfen?« fragte er.
So unauffällig wie möglich griff ich in meine Tasche, zog einen Hundertmarkschein heraus und gab ihn ihm. »Danke«, sagte er, küßte mich auf beide Wangen und ging. Die Richterin kam zurück. Sie hatte uns beobachtet. Jetzt war ihr Ton viel selbstsicherer als zuvor. »Ich weiß nicht, was schlimmer ist«, sagte sie, »die Würdelosigkeit, mit der er Sie um Geld gebeten hat, oder der verständnisvolle, wissende Ausdruck in Ihrem Gesicht, als Sie es ihm gaben. Sehen Sie, wir sind Bettler. Und ihr Ausländer, ihr seid Touristen. Ich sage das ohne Groll gegen Sie. So ist die Situation nun mal. Dieser Krieg hat uns alle korrumpiert. Ich weiß nicht, ob wir uns je davon erholen werden. Häuser können wiederaufgebaut werden. Die Europäer werden sich wahrscheinlich so schuldig fühlen, daß sie uns reichlich Geld dafür schicken werden. Und die Araber werden die Moscheen wiederaufbauen wollen, nehme ich an. Aber wir sind wie Waren, die das Verfallsdatum überschritten haben. Wir sind eine Generation von *shell-shocked* Bettlern.«

Sie starrte zum französischen Botschafter hinüber, der, in diskretem Abstand von seinem Sicherheitsbeamten gefolgt, gerade seine Runde bei den noch anwesenden bosnischen Honoratioren machte, um sich zu verabschieden. Die Ausstellung von Werken französischer Künstler, die ihre »Solidarität« mit Sarajevo zum Ausdruck bringen wollten, war Teil eines paneuropäischen Projekts für eine »Kunstbrücke« in die bosnische Hauptstadt. Sie war voller Beteuerungen, daß Sarajevo weiterleben werde. Die Richterin las sie gleichmütig. »Sehr nett«, sagte sie. »Nur schade, daß die Franzosen nicht auch Soldaten geschickt haben, um uns zu schützen. Das hätten sie tun können, wissen Sie; dazu hätten sie von Anfang an alle Macht gehabt. Es wäre so einfach gewesen für sie. Aber sie lassen uns lieber sterben.«

7

WÄHREND DAS STERBEN und die ethnische Säuberung kein Ende nahmen und die UN-Beamten sich öffentlich wie privat nach wie vor auf den Standpunkt stellten, die UNPROFOR-Truppen seien nur zum Schutz der humanitären Maßnahmen in Bosnien, wollte den Bosniern einfach nicht in den Kopf, daß die Vereinten Nationen wirklich meinten, was sie sagten. Von der Uno hatten sie erwartet, daß sie moralischer handeln würde als selbst die aufgeklärteste Regierung, und doch war, was in Bosnien geschah, so offenkundig unmoralisch. Die Uno, hatten sie geglaubt, stehe für Frieden, denn das behaupteten ja auch ihre eigenen Vertreter. Für Bosnien hatte die Uno extra Tausende von Aufkleber und Buttons mit dem Spruch: »UNPROFOR: Working for Peace« bedrucken lassen. In jedem UN-Büro in Bosnien lagen Stapel von Broschüren. Eine, die sich an Kinder richtete, hatte den Titel: »Was die Vereinten Nationen für den Frieden tun«. In der idealen Welt dieser Broschüre war nicht von Mandaten und ihren Einschränkungen die Rede. »UNPROFOR«, hieß es dort, »ist eine große Gruppe von Menschen aus vielen verschiedenen Ländern, die ins ehemalige Jugoslawien gekommen sind, um zu versuchen, dem Krieg ein Ende zu machen. UNPROFOR bedeutet Schutztruppe der Vereinten Nationen. Sie versucht, die Menschen davor zu schützen, bei den Kämpfen verletzt zu werden, so wie ein Lehrer die bösen Kinder in der Schule daran zu hindern versucht, dich zu schlagen.«

Die Tragödie war, daß die Welt, die diese Broschüre beschrieb, genau die war, in der die meisten Bosnier zu Beginn der Kämpfe zu leben geglaubt hatten. Die Worte der UN-Broschüre waren auf infantile Weise simpel, aber das war auch die Lage der Bosnier. Nur wurden sie nicht geschlagen, sondern ermordet. Doch anstatt das Notwendige zum Schutz der Bosnier zu tun, klammerten sich die Vereinten Nationen an ihre Aufgabe, die humanitäre Hilfe zu sichern. Damit haben sie das Morden nicht nur nicht verhindert, sondern implizit sogar noch sanktioniert. So jedenfalls war es aus bosnischer Sicht. Denn selbst wenn die UN-Vertreter einmal nicht – wie es den Bosniern und den ausländischen Journalisten so oft vorkam – ihre ach so gepriesene Unparteilichkeit so weit trieben, daß es den Anschein erweckte, als kollaborierten sie mit den bosnischen Serben, gab ihre Untätigkeit ständig von neuem Anlaß zu Enttäuschung und Bestürzung.

Viele Mitarbeiter der Vereinten Nationen schienen oft selbst das eindeutigste Geschehen in Bosnien leugnen zu wollen. Vor allem Angehörige der UNPROFOR – die Mitarbeiter des UN-Flüchtlingshochkommissariats neigten eher zu einer probosnischen Haltung – wurden im Laufe der Zeit immer ärgerlicher über die Haltung der bosnischen Regierung, in der sie nichts anderes als deren Weigerung sahen, ihre Niederlage zu akzeptieren. Das war nicht unverständlich, denn Aufgabe der UNPROFOR war ja, die humanitären Hilfsaktionen des UNHCR zu sichern. Und was stand dem im Weg? Die Kämpfe. Und wer sorgte dafür, daß die Kämpfe weitergingen? Die bosnische Regierung, die nicht bereit war, die Zerstückelung ihres Landes zu akzeptieren. Aus der Sicht vieler UN-Mitglieder waren es also die Bosnier selbst, die dem humanitären Hilfsauftrag »mit ihrem permanenten Widerstand« im Weg standen.

Da konnte es nicht überraschen, daß viele UN-Offiziere fast schon begeistert darauf hinwiesen, daß die Serben keineswegs die einzigen Schurken im bosnischen Drama seien. »In diesem Krieg hat keiner eine weiße Weste, es gibt nur zwei schwarze und eine tiefgraue«, sagte mir ein amerikanischer Oberst bei der UNPROFOR in Sarajevo[1], womit er die Serben, die Kroaten und die bosnische Regierung meinte. Doch wenn die UN-Offiziere ihre persönlichen Animositäten gegenüber den Bosniern wegen deren Beitrag zur Verlängerung der Kämpfe einmal außer acht ließen, gaben auch sie meist zu, daß an den bosnischen Moslems ein Genozid begangen wurde. Wenn das die Bosnier hörten, nahmen sie das Eingeständnis, daß das Geschehen ein Verbrechen war, ernster als die Vorbehalte der Uno – auch wenn ihnen gesagt wurde, daß die Vereinten Nationen kein »Mandat« hätten, irgendwas dagegen zu tun – und folgerten daraus, daß diese Institution früher oder später wieder zur Vernunft kommen würde.

Ihrer Meinung nach hätte es für die UN-Mitarbeiter, die mit eigenen Augen sahen, was geschah, jedenfalls wichtiger sein müssen, dem Völkermord ein Ende zu setzen, als sich an eine Direktive des Sicherheitsrats im so fernen New York zu halten. Schließlich hing die moralische Autorität, die die Vereinten Nationen künftig noch zu besitzen hoffen konnten, davon ab, ob sie etwas tun würden, um Bosnien zu helfen. Wenn Lebensmittel und Medikamente heranzuschaffen alles war, was die Vereinten Nationen zu tun beabsichtigten – hieß das nicht, die Menschen länger am Leben zu erhalten, um den Serben Gelegenheit zu geben, mehr von ihnen zu töten? War es nicht widersinnig, daß UN-Soldaten und UNHCR-Fahrer ihr Leben riskierten und manchmal opferten, um Lebensmittel in die eingeschlossenen Gebiete zu bringen, sich zugleich aber beharrlich weigerten, eben die Kanonen zum Schweigen zu bringen, die diese Not verursachten? Es schien unvorstellbar, daß die Vereinten Nationen auf Dauer so weitermachen wollten. Hätten mehr Bosnier die bissige Bemerkung Fred Cunys gehört – er war ein großartiger humanitärer Helfer aus den USA, der dank seiner enormen Erfahrungen im militärischen wie im humanitären Bereich vom ungarisch-amerikanischen Finanzier George Soros beauftragt worden war, ein neues Wasserversorgungssystem in Sarajevo zu konstruieren –, hätten sie vielleicht schon eher begriffen, daß sie sich falsche Hoffnungen machten. »Wenn die Uno 1939 hier gewesen wäre«, hatte Cuny in seinem schleppenden Texanisch gesagt, »würden wir heute alle Deutsch sprechen.«

Im Talmud steht: »Es ist deine Pflicht, den Menschen das zu sagen, was sie ertragen können; es ist deine Pflicht, den Menschen nicht zu sagen, was sie nicht ertragen können.« Daß sie aufhören sollten, an die Uno zu glauben, wie ihnen so viele Ausländer sagten, dazu waren viele Bosnier selbst nach zwei Jahren Gemetzel nicht in der Lage. Für viele hätte es bedeutet, alle Hoffnungen aufzugeben. Andere wieder konnten es nicht, weil sie den Westen in der Tito-Ära derart idealisiert hatten, daß sie sich einfach nicht vorstellen konnten, er würde sie verraten. Für sie waren die Vereinten Nationen ein Instrument des Westens. Mit dieser Diagnose hatten sie ja auch nicht grundsätzlich unrecht. Falsch war nur, was sie daraus folgerten.

Gordana Knesević hatte das einmal so formuliert: »Du kannst dir einfach nicht vorstellen, wie die Leute in Sarajevo die Moralität des Westens übertrieben haben. Für sie war der Reichtum des Westens Beweis für seine Anständigkeit, so wie die Armut des Kommunismus die Folge seiner Tyrannei war. Viele meiner Bekannten hatten geglaubt, ihr im Westen hättet ein Reich der Gerechtigkeit errichtet. Deshalb waren sogar diejenigen von der Entscheidung gegen eine Intervention überrascht, die es, wie ich zugeben muß, besser hätten wissen müssen. Sie haben das empfunden, was du empfinden würdest, wenn man dich vor den Augen eines Polizisten ausrauben würde und er nichts täte,

um dir zu helfen. Wir beide wissen, daß der Westen nicht Polizei spielen will – schon gar nicht, wenn es um bosnische Moslems geht –, aber die Menschen in Bosnien wußten es nicht. Und als die Welt dann etwas schickte, was UNPROFOR – UN-*Schutz*truppe! – hieß, mußten die Leute ja annehmen, sie sei geschickt worden, um sie zu schützen, und nicht bloß die Hilfstransporte und die humanitären Helfer.«
Solchen Erwartungen konnte man überall in Sarajevo begegnen. Manchmal hatten sie sogar einen ausgesprochen rassistischen Unterton wie den von Europäern, die von der Geschichte eine Vorzugsbehandlung erwarten. »Ich verstehe einfach nicht, warum ihr nichts für uns tut«, sagte mir einmal ein Geschäftsmann aus Sarajevo ärgerlich. »Wir sind doch keine Afrikaner, wir sind doch zivilisierte Europäer wie ihr!« Er hatte sich von einer Diavorführung in der Obala-Galerie in Sarajevo provoziert gefühlt, ein avantgardistischer künstlerischer Freiraum, der allen Widrigkeiten zum Trotz die Belagerung bislang überstehen konnte. Es waren die Werke des jungen britischen Fotografen Paul Lowe gezeigt worden, der sowohl in Somalia als auch in Bosnien gearbeitet hatte. Die Veranstaltung auf die Beine zu stellen, hatte ziemlichen Mut erfordert, denn diese beiden Tragödien im selben Atemzug zu nennen, war in Sarajevo nicht eben populär.[2] Gerechterweise muß jedoch gesagt werden, daß die Tragödie in Somalia den Geschäftsmann keineswegs kaltgelassen hatte. Er war nur gegen die Analogie gewesen, die Lowe und Miro Purivatra, der Direktor des Obala, zwischen beiden Situationen herzustellen versucht hatten.
Selbstbezogenheit ist oft Nebenprodukt großen Leids, und die unbedachte Haltung dieses Geschäftsmanns in bezug auf die Tragödie eines anderen Volkes war nicht typisch für Sarajevo. Sie ist überall anzutreffen, wo Menschen nicht wissen, ob sie die nächste Woche überleben werden. Zwar

mögen die Bosnier tatsächlich so »eurozentrisch« sein – was in ihrem Fall in der Tat nur hieße: auf sich selbst konzentriert –, wie UN-Beamte gern spöttisch feststellten, doch war die Erwartung, daß die Bosnier den Klagen über ihre eigene Lage stets Worte des Mitgefühls für die Leute in Somalia, Afghanistan oder Ruanda vorausschicken sollten, kaum weniger rassistisch. Schließlich haben die Menschen in Kigali im Mai 1994 auch nichts über Bosnien hören wollen. Der Unterschied war nur, daß viele Bosnier völlig überrascht waren, daß das, was geschah, ihnen selbst geschah. Wie andere Bürger der reichen Welt hatten auch sie geglaubt, daß sie eine solche Tragödie höchstens im Fernsehen verfolgen, nicht aber am eigenen Leib erfahren müßten. Eine junge Frau, die für eine der internationalen Nachrichtenagenturen arbeitete, brachte diese gekränkte Bestürzung einmal auf den Punkt, als sie an einem Sommernachmittag verkündete, sie habe vor, sich den Rest des Tages bräunen zu lassen. »Da uns die Uno nicht wie Weiße behandelt«, bemerkte sie, »werde ich wohl besser braun.« Doch was für die Bosnier im tiefsten Inneren wirklich auf dem Spiel stand, war nicht ihr Status als Weiße und Europäer, sondern ihr Glaube an eine Welt, in der noch Moral herrscht. Nach jahrelangen Kämpfen war das, was andernorts geschah, irgendwie abstrakt geworden. Die täglichen Sorgen der Bosnier waren, wo sie Lebensmittel und Wasser bekommen, wie sie dem Beschuß durch Heckenschützen und Artillerie entgehen, sich warm halten und bei Verstand bleiben konnten. Die Angehörigen der Mittelschicht hörten zwar über Kurzwelle BBC und Voice of America oder fragten Besucher aus, was in Paris, London oder New York »los« sei, doch während sie ihrem Leben als Waren- und Informationskonsumenten nachtrauerten, vermochten sie sich meist nur noch auf das zu konzentrieren, was ihnen geschah: auf ihren Schmerz und ihre Fassungslosigkeit. Immer wieder fragten sie nach dem Warum, nicht anders

als die Juden nach dem Holocaust gefragt hatten, warum sich der Himmel nicht verdunkelt habe, wie Opfer allenthalben fragen: Warum?
Zweifellos gab es für die bosnische Regierung propagandistische Gründe, in bezug auf das Gemetzel in ihrem Land vom moralischen »Scheideweg« des Westens zu reden. Doch was immer Zyniker auch denken mögen: auch ihre Fassungslosigkeit war echt. Eine der bittern Ironien der Situation in Bosnien war, daß sich die SDA von Izetbegović vor dem Krieg längst nicht so stark einem multikulturellen Bosnien verpflichtet gefühlt hatte, wie sie es hätte sollen. Zwar war sie nie islamisch-fundamentalistisch gewesen, doch hatten viele ihrer Parteiführer dafür plädiert, die oft nur dem Papier nach moslemische Bevölkerung Bosniens wieder für den Islam zu interessieren. Doch während die Kämpfe andauerten und die Bosnier für den Erhalt eines multiethnischen und multikonfessionellen Staates litten und starben, bekannte sich die SDA-Führung sehr viel ernsthafter zum Pluralismus als je zuvor. Das hieß nicht, daß es in der Partei keine Fundamentalisten gegeben oder daß die Kämpfe nicht auch junge Fanatiker hervorgebracht hätten, die darauf bestanden, *es-salaam aleikum* zu sagen statt *dobar dan* (guten Tag) und sich selbst als Mudschaheddin zu bezeichnen. Doch in den beiden ersten Jahren der Kämpfe ging der Trend eindeutig in die andere Richtung, was immer sich jene, die den bosnischen Konflikt nur als einen weiteren, unkontrollierbaren Bürgerkrieg abtun wollten, einbilden mochten. Erst Ende 1994, als die meisten Bosnier ihre Hoffnung auf irgendeinen gerechten Ausgang völlig verloren hatten, begannen die Islamisten erste Erfolge zu verbuchen und das multikulturelle Ethos der städtischen Bevölkerung Bosniens zu unterwandern, und auch dann erst begann die SDA, sich einem moslemischen Nationalismus zuzuneigen.[3]
Bis dahin hatten die meisten Bosnier, die fähig waren, ihre

schreckliche Lage rational zu beschreiben, dies mit Hilfe moralischer Analogien getan. Damit hatten sie nicht bloß die Aufmerksamkeit der internationalen Öffentlichkeit auf sich lenken wollen: so sprachen sie auch untereinander. »Wenn nichts für uns getan wird«, sagte Haris Silajdžić wiederholt im bosnischen Fernsehen, »dann bedeutet das, daß es in der internationalen Politik keine Moral gibt.« Und einmal fügte er hinzu: »Wollen die Menschen in Amerika, Großbritannien und Frankreich wirklich in einer solchen Welt leben? Ich kann das einfach nicht glauben.« Hätten die Bosnier damit lediglich versucht, um die Gunst des Westens zu buhlen oder deutlich zu machen, daß sie es als ein zivilisiertes Volk verdienten, bevorzugt behandelt zu werden, hätten sie das Desaster, das über sie gekommen war, nicht so schnell auf den geistigen Verfall der reichen Welt zurückgeführt. Besonders Alija Izetbegović neigte zu dieser Denkweise. Einmal hatte er mir gegenüber die Bemerkung gemacht, fünfzig Jahre Wohlstand hätten den Westen »moralisch aufgeweicht«. Auch Silajdžić pflegte über die geistige Krise nachzusinnen, die Europa bedrohe; und die Gleichgültigkeit gegenüber der Sache Bosniens sei, wie er es erstaunlich leidenschaftslos formulierte, »nur ein unbedeutenderes Symptom« dieser Krise.

Diejenigen, die vom Temperament her pragmatischer waren oder sich vom Intellekt her stärker von der westlichen Kultur angezogen fühlten, verwünschten sich selbst ihrer eigenen Naivität und ihrer Unfähigkeit wegen, die Hoffnung aufzugeben. »Vielleicht bin ich ja nur ein balkanischer Narr«, meinte der weder persönlich noch politisch naive Filmemacher Ademir Kenović, »aber egal wie lange das noch dauert, ich kann einfach nicht akzeptieren, daß die Welt bloß zusieht, wie wir alle massakriert werden. Doch schau uns an, wir werden massakriert – und ich gebe die Hoffnung nicht auf.« Und ein Mitglied der Jüdischen Gemeinde, ein zäher Geschäftsmann, der früher zur Leitung

einer der größten Import-Export-Firmen des ehemaligen Jugoslawien gehört hatte, sagte mir eines Nachmittags nur halb ironisch: »Ich wuchs mit amerikanischen Cowboyfilmen auf. Da kommt am Ende immer die Kavallerie. Es mag Ihnen idiotisch vorkommen, aber wenn ich zum Himmel blicke und die Nato-Flugzeuge über meinem Kopf sehe, dann denke ich immer: Diese Flugzeuge sind unsere moderne Kavallerie, und sie tun doch nichts für uns.«
Was aber kein Bosnier ertragen konnte, war der Gedanke, daß sich niemand um sie kümmerte. Wenn sich der Westen vor den Serben gefürchtet hätte oder tatsächlich so moralisch degeneriert gewesen wäre, wie Izetbegović und einige andere SDA-Politiker zu glauben schienen, wäre dieses Verhalten wenigstens verständlich gewesen. Und wenn er nur deshalb nicht interveniert hätte, weil er nicht ausreichend informiert war, und es nur notwendig gewesen wäre, den Menschen im Westen die volle Bedeutung des Gemetzels noch einmal klarzumachen, wäre auch das verständlich gewesen. Unerträglich aber war eine Erklärung, von der einfach niemand in Sarajevo etwas hören wollte: daß fünfzig Jahre Wohlstand den Westen nicht moralisch aufgeweicht, sondern unmoralisch und hart gemacht haben, und daß einfach deshalb keine Intervention in Bosnien stattfand, weil dem Westen das Schicksal Bosniens nicht genug am Herzen lag, um das Leben auch nur eines einzigen seiner eigenen Soldaten zu riskieren. Menschlich war es nur allzu verständlich, daß das niemand glauben wollte. Zdravko Grebo – der nicht nur Jura-Professor war, sondern auch den besten unabhängigen Radiosender Sarajevos leitete, Radio Zid *(zid* heißt Mauer), und zuvor Koordinator für George Soros' »Open Society Fund for Bosnia and Hercegovina« gewesen war – pflegte zu sagen: »Natürlich ist alles Illusion, aber die Menschen brauchen etwas, woran sie glauben können.« Die Erwartung, daß viele Bürger Sarajevos seiner nüchternen Argumentation folgen konnten, wäre genauso

absurd, wie zu erwarten, daß sich die Leute weiterhin so heldenhaft verhalten hätten, wie viele es in Sarajevo und anderswo getan haben, wenn ihnen jede Hoffnung auf Sieg oder Rettung genommen wäre.

Viele UN-Vertreter, überzeugt, daß es nie auch nur die geringste Möglichkeit für eine Intervention gegeben habe, waren der Ansicht, daß die moralische Unterstützung Bosniens durch die Ausländer – allem voran durch Journalisten – großen Schaden angerichtet habe, weil sie nur Illusionen genährt habe. Dabei war nach Meinung diverser UN-Leute gar nicht entscheidend, was den Bosniern selbst gesagt worden war, sondern daß die bosnische Regierung zu einer völligen Fehleinschätzung der politischen Lage gebracht worden sei, weil die Journalisten es der amerikanischen Regierung politisch unmöglich gemacht hätten, ein für allemal zu erklären, daß sie niemals intervenieren wird, und falsche Hoffnungen geweckt hätten, indem sie die Empörung der westeuropäischen und vor allem der französischen Öffentlichkeit weiter geschürt hätten. Es hätte das Leid der Bosnier eher gelindert werden können, sagte mir einmal ein hochrangiger UNPROFOR-Vertreter, wenn die Amerikaner unmißverständlich erklärt hätten, daß sie nicht kommen würden. Statt dessen schürte die Clinton-Regierung bis ins späte Frühjahr 1994 die Hoffnung auf Intervention.

Wenn, wie es rückblickend immer wahrscheinlicher scheint, Washington in diesem Punkt von Anfang an unaufrichtig war und dort nicht einfach nur Verwirrung oder Inkompetenz geherrscht hatte, dann klebt an den Händen Präsident Clintons und seiner Berater genausoviel Blut wie an denen eines General Mladić. Es *war* die Aussicht auf militärischen Beistand, die die Entschlossenheit der bosnischen Regierung immer wieder aufs neue bestärkt hat, weiterzukämpfen. Soweit hatte die Uno recht. Bosniens Ministerpräsident Haris Silajdžić mochte noch so oft wiederholen, daß die bosnische Armee die Serben schlagen könnte: Er wußte ganz genau, wie finster die Lage auf dem Schlachtfeld wirklich aussah. Ohne militärische Intervention war die Teilung des Landes unter den für die bosnische Regierung ungünstigsten Bedingungen unausweichlich. Insgeheim hatte die bosnische Regierung allerdings schon seit dem Vance-Owen-Plan im Grundsatz irgendeine Form der Teilung akzeptiert. Die Tatsache, daß sich die bosnische Armee im Spätherbst 1994 besser auf dem Schlachtfeld zu halten begann, änderte daran nichts Entscheidendes.

Wer dem Gerede glaubte, das aus Washington und seltsamerweise auch aus dem Mund einiger französischer Politiker zu hören war, obwohl die Franzosen von Anfang an dezidiert gegen eine Intervention waren, konnte kaum zu dem Schluß kommen, daß ein Militärschlag des Westens gegen die Serben gänzlich ausgeschlossen sei. Zwischen 1992 und 1994 hatte es immer wieder kurze Phasen gegeben, in denen sich die Vereinigten Staaten darauf vorzubereiten schienen, im Alleingang zu handeln oder zumindest auf ihre Verbündeten zugunsten einer Nato-Intervention Druck auszuüben. In solchen Zeiten erlebten die Bosnier in Sarajevo das immer gleiche Spektakel: Ein Nato-General nach dem anderen wurde eingeflogen, und die Presse – von ihren Chefredakteuren in der Annahme losgeschickt, daß jeden Moment die Bomben fallen würden – versammelte sich zuhauf im Holiday Inn. Den alten Hasen unter den Korrespondenten mochte dies zwar nur zynische Bemerkungen entlocken, aber sogar sie waren dann ein paar Tage aufs äußerste gespannt. In einer solchen Atmosphäre fiel es selbst den Bosniern, die längst zu der schmerzlichen Einsicht gelangt waren, daß ihnen niemand aus dem Ausland helfen würde, schwer, weiterhin zu glauben, daß man sie ihrem Schicksal überlassen würde.

Den Mitgliedern der bosnischen Regierung blieb kaum

mehr zu tun, als immer wieder zu versuchen, die Regierungen des Auslands und zumal die Regierung Clinton zur Intervention zu drängen. Allerdings hat man selbst als eine Intervention noch immer möglich schien, den Offiziersanwärtern der bosnischen Armee, wie mir einige 1993 sagten, bereits verkündet, sie trainierten für eine entscheidende bosnische Offensive, die frühestens 1996 stattfinden würde. In der Zwischenzeit aber verlangte der tägliche Kampf ums Überleben, daß die Bosnier, obwohl sie sich nach einer Intervention sehnten und sie erwarteten, weder auf Beistand seitens der Nato noch der 82.US-Luftlandedivision bauten, sondern ausschließlich mit der Hilfe des UNHCR und der UNPROFOR rechneten. Denn sie waren die einzigen Mächte, die zwischen den Bosniern und den Truppen des General Mladić standen.

In Sarajevo, in Zentralbosnien und in den östlichen Enklaven Srebrenica und Goražde war die Abhängigkeit von diesen Mächten nahezu total, vor allem nachdem die Serben das Hinterland um die beiden Kessel eingenommen hatten. Je mehr Menschen sich in den Städten zusammendrängen mußten, je mehr Hunger sie litten und je schwieriger ihre Lage wurde, desto mehr waren sie auf humanitäre Hilfe angewiesen. Über lange Zeiträume konnten Orte wie Maglaj – im Grunde waren es nur Marktflecken, deren Einwohnerschaft sich nach der ethnischen Säuberung der umliegenden Gebiete durch die Serben verdoppelt und verdreifacht hatte – nur dank der Abwürfe von Lebensmittelpaketen aus amerikanischen Transportmaschinen überleben. Aber außer in Sarajevo, wo die UNHCR-Luftbrücke in der Tat Tausende von Menschen vor dem Hungertod bewahren konnte, kam nur ein Bruchteil dessen, was die Menschen nach Schätzung des UNHCR dringend benötigten, auch wirklich an. Ein Logistiker des UNHCR beschrieb die Lage Ende 1993 – eine Zeit der schwersten Angriffe und Notlagen in der Hauptstadt – lakonisch: »Bei der Geschwindigkeit, in der sich die Situation überall im Land verschlimmert, wird Sarajevo, egal wie sich auch hier die Dinge verschlechtern, für den Rest dieses Winters Bosniens Garten Eden sein.«

Die Serben fuhren fort, »Dorf für Dorf zu schlucken«, wie es Larry Hollingworth – der weißbärtige ehemalige britische Oberst war einer der effizientesten und gewiß der freimütigste UNHCR-Vertreter in Bosnien – einmal formuliert hat. Sie blockierten weit mehr Hilfskonvois, als sie passieren ließen. Trotz aller Beteuerungen, daß die UNPROFOR in Bosnien sei, um das Hilfsprogramm zu unterstützen, waren die Soldaten nicht befugt, Gewalt anzuwenden, wenn einem Konvoi, den sie eskortierten, die Weiterfahrt durch eine serbische Straßensperre verwehrt wurde. Wohl hätte man sich einmal den Weg freischießen können, aber man fürchtete, daß man dadurch die Passage künftiger Konvois unmöglich machen würde. Ob dieses Argument nun richtig oder falsch war, in der Praxis führte es dazu, daß in die Orte, die die Hilfslieferungen am dringendsten benötigten, nur ganz wenig durchkam. So gelangten, um nur ein Beispiel zu nennen, zwischen August 1992 und März 1993 nur *drei* Konvois nach Srebrenica. Und weil der Krieg in Bosnien kein moralisches Lehrstück war, wurde ein großer Teil des wenigen, das schließlich hineinkam, nicht an die Bedürftigsten verteilt, sondern geradewegs zu den Kämpfern an die Front gebracht. Vor allen Stellungen der bosnischen Regierungstruppen sah man die mit Sand gefüllten Plastiksäcke aus den Lebensmittellieferungen des UNHCR, oder Plastikplanen, die als Ersatz für zerschossene Fensterscheiben gedacht waren. Sprach man bosnische Zivilisten darauf an, fanden sie daran nichts Verwerfliches. Der Krieg hatte Vorrang.[4]

Doch es war auf allen Ebenen ausgesprochen schwierig, die politischen, diplomatischen und humanitären Bemühungen nicht miteinander zu verstricken. Wenn die Vereinten

Nationen weiter humanitäre Hilfskonvois schicken wollten, mußten sie eben ein Auge zudrücken, wenn nicht alle Hilfsgüter wie geplant verwendet wurden. Die bosnische Führung in Sarajevo ihrerseits war, obwohl sie der UNPROFOR vorwarf, daß sie nicht mehr zu ihrem Schutz tat, schon bald selbst von deren Gnade und gutem Willen abhängig, und das sogar, wenn es um so grundlegende Dinge ging wie das Reisen aus der oder die Rückkehr in die belagerte Stadt. Im Verlauf der Kämpfe war es den Bosniern gelungen, zwei Tunnel zu graben, die von der Stadt unter den serbischen Linien und dem von der Uno kontrollierten Flughafen hindurch in das von der bosnischen Regierung kontrollierte Dorf Butmir führten. Durch diese Tunnel, deren Existenz bis 1993 ein streng gehütetes Geheimnis war, bis man es Chuck Sudetic von der *New York Times* erlaubte, einen von ihnen zu passieren – es ging gerade das Gerücht, die Uno stünde kurz davor, öffentlich bekanntzumachen, daß es sie gebe –, wurden fast alle Schwarzmarktwaren und Waffen herein- sowie Soldaten und einige Zivilisten hinausgebracht. Es war wahrhaftig nicht einfach, den Tunnel zu passieren, denn er war niedrig und dunkel und für jeden, der nicht mehr jung und agil war, schwer zu bewältigen.[5] Wenn der fünfundsiebzig Jahre alte Alija Izetbegović seine Truppen in Zentralbosnien besuchen wollte – wofür die UNPROFOR kaum Hilfestellung geleistet hätte –, mußte er, wie es hieß, in einer Schubkarre durchgeschoben werden. Für die meisten Einwohner Sarajevos hätte dieser Tunnel allerdings auch auf dem Mond sein können. In Sarajevo zu leben bedeutete für die allermeisten, in einer vollkommen isolierten Stadt zu sein – abgeschlossen von der Außenwelt in erster Linie natürlich durch die Serben, doch auch durch die UNPROFOR.

Allem voran schien es empörend für die Menschen, daß die Vereinten Nationen die Regeln dafür festlegen konnten, wer nach Sarajevo hinein- und wer herausdurfte. Immer-

hin handelte es sich um die Hauptstadt eines Mitgliedstaates der Vereinten Nationen. Angesichts dieses Fakts und der Tatsache, daß die Serben in Pale die illegitimen Führer einer Rebellion gegen einen international anerkannten Staat waren, hätte man von UN-Vertretern wohl eher erwarten können, daß sie sich den Wünschen von Izetbegović und seinen Kollegen anschließen würden. Es war schon wirklich überraschend, daß UN-Vertreter es effektiv selbst übernahmen, die serbische Belagerung zu verwalten, unter anderem, indem sie die kleine Personengruppe aus Sarajevo festlegten – meist Regierungsangehörige und einheimische Journalisten –, die mit jenen UN-Transportmaschinen ausfliegen durfte, mit denen fast alle ausländischen Journalisten und hohen Besucher kamen und gingen. Auf ihren Rückflügen nach Split, Ancona und Frankfurt waren die Transportmaschinen, welche die Nato dem UNHCR zur Verfügung gestellt hatte, immer leer, also war es kaum eine Platzfrage.[6] Aber das schien keine Rolle zu spielen. Den Vereinten Nationen zufolge hatten diese kein »Mandat«, Personen zu transportieren. Außerdem sei es Teil des im Frühjahr 1992 zwischen UNPROFOR und General Mladić geschlossenen Vertrages, mit dem der Flughafen unter UN-Kontrolle gestellt worden war, daß man die Bevölkerung hindern werde, die Stadt zu verlassen. Schriftlich festgehalten war das allerdings nirgends.
Nicht genug damit, daß fast allen Bosniern die Erlaubnis verweigert wurde, in diesen Maschinen mitzufliegen, wurde auch bald allen ausländischen Journalisten verboten, mehr als sechs Briefe aus Sarajevo herauszubringen. »Sie sind Journalist, kein Postbote«, sagte einmal ein schwedischer Blauhelm der *UN Civil Police* zu mir, als er in meiner kugelsicheren Weste versteckte Briefe entdeckte und den größten Teil davon konfiszierte. »Ich kann Sie das nicht mitnehmen lassen. Es könnte Plastiksprengstoff drin sein.« Als ich ihn fragte, ob er jemals Semtex oder Formex ent-

deckt hätte, sagte er ernst: »Nein, hab ich noch nicht ... Gott sei Dank.« Dann wandte er sich einem bosnischen Journalisten zu, den ich beiläufig kannte, und packte, während er alles genau betastete, sämtliche Habseligkeiten des Mannes aus. Weder dieser Militärpolizist, der sich im Grunde *weniger* arrogant benahm, als es die »UN CivPol« gewöhnlich tat – nur bei einem kleinen Kontingent von kolumbianischen Blauhelmen konnte man sicher sein, daß sie sich human verhielten, Kanadier und Skandinavier hingegen führten sich auf wie Gefangenenwärter –, noch irgendeiner seiner Vorgesetzten, mit denen ich je gesprochen habe, schienen an ihrem Verhalten irgendwas Beanstandbares zu finden oder sich zu fragen, ob es richtig war, daß sie darüber entschieden, wer und was nach Sarajevo hinein- und herauskommen durfte.[7] Wer »CivPol« bei der Arbeit beobachtete, begriff, warum so viele Menschen der Dritten Welt den Vereinten Nationen vorwerfen, Peacekeeping-Missionen dazu zu benutzen, eine neue Art von Kolonialismus zu schaffen. Die Militärpolizisten und ihre Vorgesetzten beim »Civil Affairs«, denen ich in Bosnien begegnete, hätten fast ausnahmslos genausogut in irgendeinem entlegenen Distrikt des ehemaligen Britisch-Indien Dienst tun können, wo sie den Angehörigen der minderwertigeren Rasse, die ihnen unterstellt worden waren, sagen konnten, was sie zu tun hatten. Und zweifellos war die Polizei des Empire 1893 genauso schnell bei der Hand gewesen, ihr Verhalten mit einem Hinweis auf ihr »Mandat« vom Kolonialministerium in London zu rechtfertigen, wie die UN-Soldaten alle anstehenden Fragen einfach an den Weltsicherheitsrat in New York verwiesen.

Die Türhüterrolle der Uno beschränkte sich aber nicht nur auf demütigendes und launenhaftes, angeblich dem Schutz vor terroristischen Angriffen dienendes Autoritätsgehabe gegenüber den wenigen, die die Erlaubnis hatten, in den Transportmaschinen mitzufliegen. Die UN-Schutztruppe patrouillierte auch auf der Landebahn des Flughafens. Sie schickte alle Leute zurück, die verzweifelt genug gewesen waren, sich den serbischen Scharfschützen auszusetzen, um Sarajevo zu verlassen. Viele dieser Flüchtlinge starben im Lichtkegel, mit dem die UN-Soldaten die Rollbahn nach ihnen absuchten und sie so auch noch für die serbischen Scharfschützen beleuchteten. Es gab viele Berichte, denen zufolge einzelne Blauhelme Menschen aus Sarajevo, die sie eingefangen hatten, routinemäßig demütigten. Die Uno hat dergleichen immer bestritten. Doch sogar bei unleugbaren Vorfällen wie dem, als 1993 UNPROFOR-Panzerwagen auf einer Patrouillenfahrt mehrere Bosnier einfach überfahren haben, die in der Nähe der Rollbahn gekauert hatten, verwiesen die UN-Sprecher nur kaltblütig darauf, daß Fluchtverhinderung Teil ihres Vertrages mit den Serben sei. Als jemand erwiderte, es sei einfach ein Gebot der Menschlichkeit, weniger durchgreifend zu patrouillieren, und außerdem gäbe es eine Menge anderer Aspekte, daß sie ihr Mandat entweder nicht erfüllen könnten oder nicht erfüllen wollten – wie die vom Weltsicherheitsrat zu Schutzzonen erklärten Gebiete auch wirklich zu schützen –, reagierten sie wie gewohnt, indem sie argumentierten, nachlässige Patrouillen würden nur den Zorn der Serben erregen und somit die humanitäre Luftbrücke gefährden. Vielleicht hatten sie damit recht, auch wenn es nicht sehr wahrscheinlich war, denn die bosnischen Serben schienen nie einen Vorwand zu brauchen, um den Flugbetrieb zu unterbinden. Sie feuerten einfach ein paar Granaten ab oder beschossen UN-Flugzeuge. Daß die UNPROFOR nicht einmal versucht hat, eine nachgiebigere Haltung gegenüber den Bosniern einzunehmen, und es auch nie darauf hat ankommen lassen, ob die Serben tatsächlich zurückschlagen würden, war bezeichnend für viele Entscheidungen der Vereinten Nationen in Bosnien. Sie hätten weniger Patrouillen einsetzen können; sie hätten bei den Menschen

aus Dobrinja und Sarajevo, die schwerbeladen mit Lebensmitteln auf dem Rückweg in die Stadt oder mit einem kleinen Köfferchen beim Versuch zu fliehen das Rollfeld überquerten[8], genauso ein Auge zudrücken können, wie sie es bei ihren eigenen dunklen Geschäften taten – es war ein offenes Geheimnis in Sarajevo, daß das ukrainische UNPROFOR-Bataillon beispielsweise Serben, die von Sarajevo nach Pale wollten, zum Preis von tausend Mark hinüberschmuggelte. Das Überqueren der Rollbahn war immer lebensgefährlich, denn die serbischen Scharfschützen mit ihren Infrarot-Nachtsichtgeräten schossen in jedem Fall. Aber die UNPROFOR tat wahrlich noch das Ihre dazu: sie patrouillierte, schickte die Leute zurück, die sie gefaßt hatte, und konfiszierte meist sogar die Lebensmittel, die diese in die Stadt zu bringen versucht hatten. Am beunruhigendsten daran aber – noch beunruhigender als dieses Verfahren selbst – war, daß die UN-Leute sich dessen nicht schämten. Es schien, als wären sie mit sich selbst darin übereingekommen, daß sie die – ihrer Auffassung nach einzige – ehrenhafte Partei in dieser bosnischen Tragödie waren und folglich alles, was sie taten, ehrenhaft sein mußte, selbst die Schikanen der UNPROFOR am Flughafen von Sarajevo. Bei dieser ungewöhnlichen Selbsteinschätzung, die unter UN-Vertretern um sich gegriffen hatte, drängte sich allerdings eher der Eindruck auf, daß sich die UNPROFOR als einzig wirklich bedauernswerte Partei in Bosnien empfand.
Und doch war die bosnische Regierung aus schierer Notwendigkeit gezwungen, mit der UNPROFOR selbst bei Fragen wie der Ein- und Ausreise zu kooperieren. Wenn Haris Silajdžić oder irgendein anderes Mitglied der bosnischen Regierung zu einer neuen Verhandlungsrunde nach Genf mußte, dann ging das nur mit einer Maschine der Vereinten Nationen. Und nur in einem gepanzerten Mannschaftswagen der Uno konnten sie sicher zum Flughafen gelangen. Wenn Angehörige der UNPROFOR wirklich är-

gerlich wurden, drohten sie daher üblicherweise erst einmal damit, Regierungsmitglieder künftig keine UN-Fahrzeuge mehr benutzen zu lassen. Einmal beobachtete ich eine bosnische Demonstration gegen die Uno, in deren Verlauf ein hochrangiger französischer Offizier, Oberst Valentin, zu einem anwesenden bosnischen Regierungsmitglied sagte: »Wenn das nicht sofort aufhört, kann [Vizepräsident] Ganić laufen wenn er das nächste Mal zum Flughafen will.« Sogar Sadako Ogata, die Flüchtlingshochkommissarin der Vereinten Nationen, bediente sich dieser Taktik. Als der Bürgermeister von Sarajevo nach einer Phase ganz besonders schweren Beschusses zum Hungerstreik aufrief, reagierte Frau Ogata mit der Aussetzung der Luftbrücke, als hätte sie es mit einer Horde aufsässiger Kinder zu tun, bis die Stadtbehörden schließlich klein beigaben. Es war ein reines Machtspiel. Die Lebensmittellager des UNHCR waren fast völlig leer, und das UNHCR hätte diese Zeit nutzen können, sie wieder aufzustocken. Aber Frau Ogata schien es wichtiger, unmißverständlich klarzumachen, daß im souveränen Staat Bosnien-Herzegowina die UN-Schutztruppe und das UN-Flüchtlingshochkommissariat das Sagen hatten.

Wenn etwas schiefging, fand die Uno schnell einen Schuldigen, nur war sie das nie selbst. Und schiefgehen konnte sogar etwas so Simples wie die Abholung eines Mitglieds der bosnischen Regierung vom Flughafen. Im Januar 1993 kehrte der bosnische Vizepräsident Dr. Hakija Turaljič, das vielleicht fähigste Kabinettsmitglied der Regierung Izetbegović, in einem Mannschaftswagen des französischen UN-Bataillons vom Flughafen, wo er sich mit Vertretern der türkischen Humanitären Hilfe getroffen hatte, nach Sarajevo zurück. In einer Kurve auf halbem Weg in die Stadt – an der Stelle, wo die bosnischen Serben später einen Kontrollpunkt errichten sollten, obwohl sie laut Flughafenvertrag das Recht hatten, Hilfsgüter bereits am Flughafen

zu inspizieren, und obwohl sie die Kontrolle über die Straße angeblich der Uno überlassen hatten – wurde sein Konvoi von hundertfünfzig serbischen Kämpfern und einer Reihe serbischer Panzerwagen gestoppt. Was dann geschah, spottet einfach jeder Beschreibung.
Der französische Bataillonskommandeur Oberst Patrice Sartre weigerte sich nicht nur, über Funk die Flughafengarnison der UNPROFOR zu Hilfe zu rufen, sondern befahl sogar drei anwesenden britischen Kampfwagen, sich zurückzuziehen. Als der britische Kommandeur Captain Peter Jones anbot, seine Panzerfahrzeuge um den Wagen, in dem sich Turaljič befand, in Kampfaufstellung gehen zu lassen, wies ihn Sartre zurecht: »Dies ist ein französisches Problem.« Kurz darauf erlaubte Sartre sogar, daß die hintere Einstiegsluke des Panzerfahrzeugs geöffnet wurde, um, wie er später erklärte, den Serben zu beweisen, daß sich in Turaljičs Wagen weder Waffen noch »Mudschaheddin« befanden. Ein französischer Blauhelm, der sich in dem Fahrzeug befand, erzählte später, Turaljič habe in diesem Moment geweint. Er hatte auch allen Grund, entsetzt zu sein, denn während Sartre untätig daneben stand, richtete ein serbischer Soldaten über seine Schulter seine Maschinenpistole ins Wageninnere und erschoß Dr. Turaljič.
Eine UN-Untersuchungskommission entlastete die französischen Soldaten und verwies überdies darauf, daß es die Bosnier selbst gewesen seien, die an jenem Tag »eine Atmosphäre der Angst« bei den Serben geschaffen hätten. Die Serben, so der Bericht, seien durch die Ankunft eines türkischen Flugzeugs »verstört« gewesen. Auch hätten die Bosnier der UNPROFOR diese Fahrt nicht rechtzeitig angekündigt gehabt. Colonel Sartre wurde nicht etwa nach Hause geschickt, er durfte in Bosnien bleiben. Nach seiner Rückkehr nach Frankreich wurde ihm das Kreuz der Ehrenlegion verliehen. Später wurde er als Divisionskommandeur der französischen Eingreiftruppe nach Ruanda ge-

schickt. Wer wußte, wie die UNPROFOR mit ihren Leuten umging, den konnte der abschließende Bericht der UN-Kommission und die Entlastung Sartres nicht überraschen. Denn wie die Uno ihre eigenen Straftaten vertuschte, hatte sie bereits mit ihrer Weigerung vorexerziert, die Verstrickungen der UNPROFOR-Truppen in Schwarzmarktgeschäfte, auf welche die Journalisten immer wieder hinwiesen, auch nur als Möglichkeit in Betracht zu ziehen. Der damalige französische UNPROFOR-Kommandeur Generalleutnant Philippe Morillon schickte zwar ein paar ukrainische Blauhelme nach Hause, betonte aber zugleich, bei diesen Unregelmäßigkeiten habe es sich um Einzelfälle gehandelt. Offenbar waren für die höheren Ränge der UN-PROFOR weder Korruption noch Pflichtvergessenheit Gründe zur Selbstprüfung.

Für die Bosnier gab es also mindestens soviel Anlaß, der UNPROFOR zu mißtrauen, wie über ihre Anwesenheit froh zu sein. Eines der Dinge, die man in Bosnien schnell lernte, war eben, daß Menschen gleichzeitig ganz unterschiedliche Meinungen haben können – um nicht zu sagen: unterschiedliche Identitäten. Das augenfälligste und beunruhigendste Beispiel dafür war natürlich die Fähigkeit vieler bosnischer Serben, sich *zugleich* als absolut modern und zutiefst stammesverbunden zu empfinden. Aber auch auf der bosnischen Regierungsseite konnte man die traurige Beobachtung machen, daß Bosnier die Vereinten Nationen zwar verwünschten und zumal in Sarajevo unter ihrer nur begrenzt wohlwollenden Besatzung litten, von ihnen aber *dennoch* mehr erwarteten als Konvois und Frachtmaschinen voller Lebensmittel und Medikamente. Für die Vereinten Nationen waren die Bosnier zwar nicht die Guten aber doch die, an denen man sich am meisten versündigt hatte und die man nun zu ihrem eigenen Besten zur Kapitulation zwingen mußte. Die Bosnier wiederum glaubten gleichzeitig, daß die UNPROFOR anmaßend und ineffizient sei, doch da sie schon einmal in Bosnien stationiert sei, würde sie früher oder später zu ihren Gunsten intervenieren und sie retten. Der Grund für diesen Irrtum war jedoch nicht allein die irreführende Bezeichnung »UN-Schutztruppe«. Viele Bosnier hatten vielmehr 1994 deshalb noch immer genauso auf Rettung durch eine internationale Militäraktion gehofft, wie sie es 1992 getan hatten, weil sie zutiefst davon überzeugt waren, diese Rettung *zu verdienen*. Wohl alle Flüchtlinge auf der Welt haben dieses Gefühl, doch im Gegensatz zu Afghanen und Ruandern hatte sich bei den Bosniern aufgrund ihres Lebens vor dem Krieg die Annahme festgesetzt, daß sie auch bekämen, was sie verdienten.

Als sich Bosnien schließlich unaufhaltsam in Richtung Teilung bewegte, wurde dieser fatale Irrtum überdeutlich. Die bosnische Regierung war davon ausgegangen, daß sie die Sache der Bosnier im Westen nur eloquent genug vertreten und in der Öffentlichkeit nur genügend Empörung bewirken müsse, um die Großmächte und vor allem die Vereinigten Staaten schließlich zu einer Intervention zu zwingen. Doch als der amerikanische Außenminister Warren Christopher im März 1993 nach Europa gereist war – offenbar um zu versuchen, für die amerikanische Haltung Unterstützung zu gewinnen –, hatte er nur noch eine weitere Verhärtung der ablehnenden britischen und französischen Einstellung hinsichtlich einer Intervention bewirkt. Mag es Absicht oder Unfähigkeit gewesen sein – einige vertraten in Washington die Auffassung, die Amerikaner hätten nie wirklich vorgehabt, etwas zu unternehmen, sondern immer nur versucht, die Elite im eigenen Land zu beruhigen –, spätestens damals hätte den Bosniern klarwerden müssen, daß die Amerikaner nicht daran dachten, einzugreifen. Denn anstatt das Foreign Office und den Quai d'Orsay nach Art seiner Vorgänger einfach nur darüber zu informieren, was die Vereinigten Staaten zu tun gedachten, hatte Christopher zur gemeinsamen Diskussion eingeladen, die zu nichts führen konnte.

Natürlich war eine Aktion des Westens nicht allein von der Diplomatenrunde mit ihren scheinbar endlosen, selbsttäuschenden Diskussionen über Optionen, regionale Auswirkungen und innenpolitische Rücksichtnahmen – was dem bosnischen Durchschnittsbürger völlig absurd erscheinen mußte (die Sprache der Politik ist allerdings nur selten plausibel für die, die ihre Folgen zu spüren bekommen) – verhindert worden. Auch viele Militärstrategen der UN-PROFOR und in den westlichen Verteidigungsministerien, allem voran die Briten, hatten beharrlich erklärt, der Vormarsch der bosnischen Serben sei einzig und allein durch einen totalen Krieg zu stoppen. Manche vertraten die Ansicht, die Herbert Okun in epigrammatischer Kürze auf die Formel gebracht hatte: »Serben töten bedenkenlos und sterben klaglos.« Stillschweigend waren sie sich einig, daß eigentlich nur ein Sturmangriff auf Pale die Serben daran würde hindern können, in Bosnien alles zu bekommen, was sie wollten.

Die kämpferischen Fähigkeiten der bosnischen Serben waren wiederum nur ein Teil der Geschichte. Sich den Kriegszielen der Serben zu beugen oder den totalen Krieg als einzig mögliche Optionen des Westens hinzustellen, hieß, im voraus festzulegen, was die letzte Entscheidung sein würde. Indem man sich ein solches Maximalziel setzte, machte man das Große zum Feind des Guten. Luftangriffe hätten die Serben vielleicht nicht zum Rückzug gezwungen, aber sie hätten der Belagerung Sarajevos ein Ende setzen können. Sie hätten General Mladić auch daran hindern können, die wirtschaftliche Lebensfähigkeit des Goražde-Kessels zu zerstören. Wenn man den UN-Pressesprechern in Sarajevo und Zagreb und den Strategen in London und Paris zuhörte, konnte man sich nur schwer des Eindrucks

erwehren, daß die westlichen Militärs die bosnischen Serben um so mehr bewunderten, je öfter diese die UNPROFOR demütigten. Und die UN-Pressekonferenzen gerieten immer mehr zu einem Debattierklub darüber, wie großartig sich bosnisches Terrain für den Guerillakampf eigne, wie leicht es für die Serben wäre, Panzerkolonnen auf diesen Berg-und-Tal-Bahnen festzunageln, und daß die serbische Tradition für diese Art der Kriegführung bis zum Zweiten Weltkrieg zurückreiche, als sie siebenundzwanzig Divisionen der deutschen Wehrmacht zum Stehen gebracht hätten. Solche Darstellungen stärkten nur die Position derer, die ohnehin dagegen waren, den Bosniern zu helfen. Und was die Militärs da sagten, war weder historisch ganz korrekt, noch entsprach es dem bißchen Erfahrung, das die Vereinten Nationen und die Westmächte seit Beginn der Kämpfe 1992 mit der Reaktion der bosnischen Serben auf westliche Gewaltandrohungen gemacht hatten.
Daß die Legende, die jugoslawischen Partisanen hätten die mächtige Wehrmacht in die Knie gezwungen, fast schon zum europäischen Volksgut geworden ist, macht sie deshalb noch lange nicht wahr. Die Wirklichkeit des Partisanenwiderstands, so heroisch er auch war und sosehr er den deutschen Kriegszielen auf dem Balkan auch geschadet haben mag, hatte nämlich so ausgesehen, daß Titos Truppen im Verlauf des Krieges mehr vor den Deutschen zurückwichen, als daß sie diese zum Rückzug zwangen. Im wesentlichen war es hier um einen brutalen Dreiparteienkrieg zwischen Partisanen, Kroaten und bosnischen Ustascha-Kroaten und den serbisch-monarchistischen Truppen unter General Mihailović gegangen – nicht um einen Krieg gegen die Deutschen. Bosnische Moslems hatten auf seiten der kroatischen Faschisten wie der Partisanen gekämpft. Im Verhältnis zur Bevölkerungszahl hatten sie größere Verluste erlitten als irgendeine andere nationale Gruppe Bosniens. Die Geschichte von den siebenundzwanzig Divisio-

nen der Wehrmacht ist eine Mär. In den Partisanenkampf waren überhaupt nur zwei deutsche Frontdivisionen verwickelt gewesen. Churchill hatte im Krieg entgegen all seinen Tory-Grundsätzen auf den Kommunisten Tito gesetzt. »Mich interessiert nur, wer die meisten Deutschen tötet«, hatte er gesagt, und als ein Tory-Politiker darauf einwandte, daß Tito doch ein Roter sei, hatte ihm Churchill scharf entgegnet: »Haben Sie vor, nach dem Krieg in Jugoslawien zu leben?«
Nach Titos Bruch mit Moskau 1948, als der Westen an einer Stärkung des Belgrader Regimes interessiert war, dienten Titos Legenden über das Geschehen zwischen 1940 und 1945 als nützliches Propagandainstrument zur Rechtfertigung der im Rahmen des Marshall-Plans nach Jugoslawien fließenden Hilfe. Aus dem Kommunisten Tito war keine akzeptable Figur zu machen, aber Tito, der Widerstandsheld, war etwas anderes. Das ständige Gerede von den Siegen der Partisanen konnte vom Westen gut genutzt werden, um den repressiven Charakter des titoistischen Staates systematisch zu ignorieren und sich darauf zu beschränken, dessen außenpolitische Unabhängigkeit vom Sowjetblock hervorzuheben – eine ähnliche Haltung hatte der Westen gegenüber Ceausescus Rumänien eingenommen, und das fast bis zu dem Moment, als das »Karpathengenie« an die Wand gestellt und erschossen wurde. Als der Zerfall Jugoslawiens begann, zeigte sich, wie tief sich diese Legenden im Denken einiger Leute festgesetzt hatten, so daß sie nun zutiefst davon überzeugt waren, es gäbe kein wirksames militärisches Mittel gegen die Serben. Und nützlich erwiesen sich diese Legenden für eine andere, ständig wechselnde Gruppe, der zeitweise fast alle hochrangigen Mitglieder der französischen und britischen Regierung angehörten und die überhaupt keine Intervention, ja nicht einmal die Aufhebung des Waffenembargos gegen die bosnische Regierung wünschte.

Doch es gab noch andere Faktoren. Bis zu einem gewissen Grad schlossen sich die britischen und französischen Offiziere dieser Einschätzung auch deshalb so gern an, weil sie sich ständig den unerfahrenen und schlecht informierten Forderungen einiger westeuropäischer Anhänger der bosnischen Regierung gegenübersahen, die behaupteten, eine Intervention sei eine relativ einfache Angelegenheit. Viele, die die Aufhebung des Waffenembargos gegen die bosnische Regierung forderten, hatten dabei die militärischen Gegebenheiten auf bosnischem Boden nie einkalkuliert. Auf die Frage, wie die Waffen nach Sarajevo oder Tuzla hineingebracht werden sollten, erhielt man von ihnen bestenfalls vage Antworten. Drängte man sie weiter, gaben sie zu, daß ein gewisses Maß äußerer Gewalt wohl erforderlich wäre, um die von den Bosniern benötigten Waffen hineinzubringen. Wäre man ihrer Forderung nachgekommen, wäre dies auf nichts anderes als eine militärische Intervention hinausgelaufen. Doch nur die Nato verfügte über die Mittel, eine Luftbrücke mit Waffenlieferungen einzurichten und Raketen- und Artillerieangriffe aus den serbischen Stellungen um die Flughäfen Sarajevo und Tuzla auszuschalten. Nur die Nato verfügte über die Kampfflugzeuge, die in der Lage gewesen wären, die serbischen Maschinen abzuschießen – oder sie zumindest glaubwürdig zu bedrohen –, die zweifellos aufgestiegen wären, um jeden Versuch zu unterbinden, schwere Waffen oder Panzerabwehrraketensysteme an die Bosnier zu liefern.

In Wahrheit hatte es nie eine Möglichkeit gegeben, Waffen in ausreichender Menge zu den bosnischen Regierungstruppen zu schaffen, ohne wenigstens eine begrenzte Intervention einzukalkulieren. Vielleicht hätten die Serben nachgegeben. Doch kein Militärstratege im Vollbesitz seiner geistigen Kräfte hätte zugestimmt, daß eine solche Mission ohne Kämpfe abgehen könnte. Und solange die Interventionstruppen keinen klaren Kampfauftrag bekamen, kam ein solches Vorhaben nicht in Frage. Soviel jedenfalls konnten die Soldaten, die in der Tat hätten töten und sterben müssen, mit Recht von ihren Regierungen fordern. Von der bosnischen Regierung war es moralisch äußerst fragwürdig, so zu tun, als wollten sie nur die Waffen. Sie brauchten Nato-Soldaten, die sie ihnen bringen würden. Von den probosnischen Aktivisten im Ausland war es verständlich, aber moralisch verantwortungslos, etwas anderes zu behaupten. Allerdings hatten wahrscheinlich viele von ihnen einfach nicht begriffen, welche Folgen ihre Forderung haben würde. Die europäischen und nordamerikanischen Verfechter der bosnischen Sache stammten ja mehrheitlich aus der linken Szene und forderten nun zum ersten Mal in ihrem Leben das Militär ihrer eigenen Länder zum Handeln auf. Ihr ganzes Leben hatten sie gegen Waffengewalt argumentiert, und nun hatten sie einfach nicht wirklich durchdacht, was ein Einsatz von Waffen mit sich bringt. In jedem Fall war die Wahl hart, vor der man in Bosnien stand. Selbst ein begrenzter militärischer Einsatz wäre den Gesetzen des Krieges gefolgt – mit anderen Worten: er wäre grausam gewesen. Die Serben zu stoppen, hätte bedeutet, eine Menge Serben zu töten, darunter, wie es im Krieg nun einmal ist, natürlich auch unschuldige Zivilisten. Jedenfalls hätte es nicht bedeutet, bessere Polizisten ins Land zu schicken, um die Serben zu verhaften oder sie dazu zu bringen, ihre Aggression zu beenden.

Weder die Überschätzung der Serben durch die UN-Militärs noch ihre ebenso unsinnige Unterschätzung durch die Interventionisten entsprach dem, wozu die Truppen des General Mladić oder der Jugoslawischen Volksarmee fähig waren. Und es war einfach heuchlerisch, wenn UN-Vertreter behaupteten, aufgrund rein objektiver militärischer Kriterien zu solchen Schlußfolgerungen gelangt zu sein. Man mag durchaus anderer Ansicht sein, aber es gab mindestens soviel Grund für die Annahme, daß die Serben äußerst verwundbar durch Luftschläge der Nato wären und daß einige dies auch wußten, wie für die Annahme, daß solche Angriffe weder auf die militärische noch auf die moralische Verfassung der serbischen Truppen große Auswirkungen gehabt hätten. Mit gutem Grund betonten hochrangige amerikanische und westeuropäische Militärs zwar immer wieder, daß bislang noch kein Krieg ausschließlich aus der Luft gewonnen werden konnte, doch implizierte dies, daß es sinnlos wäre, mit Luftangriffen überhaupt zu beginnen, solange die Nato nicht auch bereit wäre, Bodentruppen einzusetzen. Nur wäre es eben gar nicht der Zweck von Luftangriffen gewesen, die Serben zu besiegen, sondern sie zu demoralisieren, eine Menge ihres Materials zu zerstören und die Bosnier mit jenen Mitteln auszurüsten, die sie brauchten, um General Mladić und seine Untergebenen zum Nachdenken darüber zu zwingen, ob es klug sei, ihren Feldzug fortzusetzen.

Die Serben mochten zwar klaglos sterben, unbesiegbar aber waren sie nicht. Obwohl das militärische Kräfteverhältnis während der ersten drei Jahre der Kämpfe eindeutig zu ihren Gunsten gelagert war, gab es doch viele Momente, in denen ihre Moral deutlich angeschlagen war. Im Herbst 1993 war es in der bosnisch-serbischen Armee in Banja Luka fast zur Meuterei gekommen. Zwar hatten die Tschetnik-Milizionäre – darunter viele »Wochenendkrieger«, die aus Serbien und Montenegro, zum Teil sogar aus Deutschland und Österreich, zu Stipvisiten an die Front reisten – ihre Kampflust durchaus noch nicht verloren, aber bereits im Winter 1993 war ich vielen Soldaten der bosnisch-serbischen Armee begegnet, die die Nase vom Krieg voll hatten. Gewiß war es noch immer um vieles besser, als serbischer Kämpfer in einem Bunker oberhalb von Sarajevo oder am Berg Viš östlich von Tuzla zu sitzen und Slibowitz zu trinken, denn als einer der schlecht bewaffneten Vertei-

diger in einer dieser beiden Städte zu hocken. Doch wie sehr sie auch beteuern – und glauben – mochten, daß sie ewig weiterkämpfen würden: Auch das Leben eines serbischen Frontkämpfers war höchstens vergleichsweise leicht.
Auch die bosnisch-serbischen Soldaten froren, waren durchnäßt und sehnten sich nach ihren Familien. Ihre Zuversicht aber war gewaltig, denn für sie waren die Kämpfe bisher eine fast lückenlose Reihe von Siegen gewesen. Außer an wenigen Schauplätzen wie in der Gegend um Brčko, wo die bosnische Armee und kroatische Miliz ein gewisses taktisches Gleichgewicht mit ihnen erreicht hatten, erweckten inzwischen sogar jene serbischen Regimenter den Eindruck von Freischärlern, die seit April 1992 von ihren ehemaligen Kommandeuren in der Jugoslawischen Volksarmee gleich kompanieweise dem Kommando von General Mladić unterstellt worden waren. Putz und Politur waren dem Rambo-Look gewichen. Es war beängstigend, aber keineswegs beeindruckend, diese Soldaten zu beobachten, wie sie mit ihren Stirnbändern und Bärten herumstolzierten und dabei meist nicht nur ein Sturmgewehr, sondern auch noch eine Maschinenpistole, eine Pistole und ein eindrucksvolles Sortiment an Messern herumschleppten. Ein UN-Militärbeobachter hat mir einmal gesagt, eine solche Ausrüstung diene ausschließlich dazu, Zivilisten zu töten, nicht feindliche Soldaten. Wenn die Serben geglaubt hätten, sagte er, daß sie es mit Leuten zu tun bekämen, die zu wirksamer Gegenwehr fähig wären, hätten sie mehr Munition und weniger Waffen mit sich geführt und kurze, gezielte Schüssen abgegeben, anstatt mit wilden, ungezielten Salven ihre Munitionsstreifen leer zu schießen, als ob es ihnen völlig egal wäre, wo ihre Kugeln landen.
Ein anderer Militär, ein britisches Mitglied des Beobachtertrupps der damaligen Europäischen Gemeinschaft – einer jener weißgekleideten Männer, meist ausgediente Offiziere westeuropäischer Armeen, die im ehemaligen Jugoslawien

»Eisverkäufer« genannt und als Spione betrachtet wurden –, sagte mir einmal, am meisten beeindrucke ihn an der Art und Weise, wie alle Serben kämpften, daß »niemand auch nur das geringste Interesse daran zu haben scheint, sich zu verschanzen«. Seine Feststellung paßte nicht ganz zu der Furcht vor den Fähigkeiten der serbischen Kämpfer, an die seine Kollegen bei der UNPROFOR so unerschütterlich glaubten. Dennoch sei, betonte er, die Taktik der bosnisch-serbischen Armee perfekt gewählt, sofern tatsächlich ethnische Säuberung das Ziel sei: zuerst schwerer Artilleriebeschuß, anschließend blinde Schießerei mit leichten Waffen, um unter der Zivilbevölkerung größtmöglichen Terror zu verbreiten, und schließlich Vergewaltigungen, wenn man denn den Berichten Glauben schenke – »Wenn man eine automatische Waffe abfeuert«, sagte er, »ist der ganze Trick, den Abzug zu drücken und augenblicklich wieder loszulassen. Selbst dann werden noch immer mehrere Kugeln irgendwohin fliegen. Aber diese Kerle zielen ja gar nicht auf andere Soldaten, sie zielen auf das ganze Dorf. Insofern trifft aus ihrer Sicht jeder Schuß sein Ziel.«

Die Soldaten der Jugoslawischen Volksarmee, die das Rückgrat der bosnisch-serbischen Armee bildeten, waren gut ausgebildet. Während des ersten Kriegsjahres waren sie allerdings auf so gut wie keine Gegenwehr gestoßen. Die bosnische Regierungsarmee war erst 1993 aufgestellt worden und war zu dieser Zeit kaum mehr als eine Bürgerwehr. Das allein hätte gereicht, die Serben äußerst selbstsicher zu machen. Hinzu kam, daß die bosnisch-serbische Propaganda ihnen die Vorstellung einhämmerte, daß die ganze Welt gegen die Serben sei und sich zugleich vor ihnen fürchte – all den grimmigen Reden der Präsidenten Bush und Clinton zum Trotz war es ja nie zu einer Intervention gekommen –, und so die Selbstsicherheit schließlich in Selbstgefälligkeit umschlagen ließ, was auch eine Reihe von beschämenden UN-Aktionen beweisen sollte: Als die

UNPROFOR im April 1994 endlich von ihrem berühmten Recht auf Anforderung von Nato-Luftangriffen Gebrauch machte – allerdings nur zum Schutz von UN-Personal in Goražde –, die angreifenden Maschinen aber nur einmal kurz im Tiefflug ein paar Bomben abwarfen, oder als das britische Kommando, das den Luftangriff vom Boden aus koordiniert hatte, von den Serben angegriffen und vernichtet wurde, aber kein Gegenschlag der Uno und Nato erfolgte, und als ein britischer Harrier-Jet abgeschossen wurde und eine französische Maschine mehrmals getroffen worden war und wiederum keine Reaktion erfolgte – da schien es, als sei die prahlerische Behauptung von General Mladićs Stellvertreter General Gvero, daß die Armee der bosnischen Serben »die drittbeste Armee in ganz Europa« sei, bewiesen worden.

Kein Wunder also, wenn diese Armee bis 1994 gelernt haben sollte, ihre schweren Waffen ohne jede Vorsicht in Stellung zu bringen. Man tarnt seine Geschützstellungen, wenn man befürchtet, daß sie durch Feindfeuer zerstört werden könnten, nicht um seine Leute irgendwie zu beschäftigen. Offenbar hielten die Serben einen solchen Aufwand aber für überflüssig. Was haben sie wohl gedacht, als sie erfuhren, daß UNPROFOR-Vertreter bei Pressekonferenzen darauf hinwiesen, wie schwierig es sei, Stellungen der bosnisch-serbischen Armee anzugreifen? Die UNPROFOR wußte genau, daß die Geschütze für Angreifer aus der Luft leicht auszumachen waren. Viele der Korrespondenten in Sarajevo, die regelmäßig die Frontlinien zwischen der Hauptstadt und Radovan Karadžićs Hauptquartier Pale überquerten, wußten es auch. Wer auf den »Kriegsstraßen« fuhr, welche die Serben entlang der Hügel rund um die Stadt gerodet hatten, passierte eine schier endlose Reihe von Unterständen und Stellungen mit Granatwerfern und Artilleriegeschützen. Völlig ungetarnt gegen Luftangriffe standen sie offen da, häufig nur wenige Meter abseits der Straße. Wenn die Serben vorrückten, errichteten sie natürlich auch neue Frontstellungen, doch in den meisten Gebieten Bosniens blieben sie monatelang in den gleichen Stellungen und bewegten ihre Kanonen überhaupt nicht.

Sogar direkt über dem belagerten Sarajevo, auf das sich das Interesse der internationalen Medien hauptsächlich konzentriert hatte, weil es als wahrscheinlichster Schauplatz eines Nato-Luftangriffs galt, befanden sich die serbischen Geschützstellungen größtenteils noch in denselben Positionen, an denen sie nach dem Abzug der Jugoslawischen Volksarmee und bei Beginn der Belagerung aufgestellt worden waren. Und dort waren sie bis unmittelbar vor dem Ablauf des Nato-Ultimatums vom Februar 1994 gestanden, das die Serben zwang, ihre schweren Waffen zurückzuziehen oder in Depots zu bringen. Die Tatsache, daß sich die Serben tatsächlich zurückzogen, nachdem die Großmächte ihrer Forderung einmal Nachdruck verliehen hatten, zeigte, daß sie die Macht der Nato nicht annähernd so gering schätzten, wie sie vorgaben.

Während der längsten Zeit der Belagerung von Sarajevo schienen allerdings weder die einfachen serbischen Soldaten noch ihre Kommandeure zu glauben, daß der Westen je den Willen aufbrächte, gegen sie vorzugehen. Wer serbische Stellungen besuchte, den empfing eine Stimmung der Langeweile und nicht des Schlachtentaumels. Zwar redeten die Soldaten davon, jedes Flugzeug der Nato oder der Amerikaner abzuschießen, das es wagen würde, sie anzugreifen, und gelegentlich schulterten sie für die Kameras ihre tragbaren Flugabwehrgeschütze, doch ließ ihr Ton keinen Zweifel daran, daß sie an solche Angriffe nicht glaubten. Was in Washington der »Mogadischu-Effekt« genannt wurde, hatte sich längst auch in den bosnischen Bergen herumgesprochen. »Sie glauben, es habe die amerikanische Öffentlichkeit aus der Fassung gebracht, als achtzehn eurer

Soldaten in Afrika umgebracht wurden?« dröhnte ein bosnischer Serbe. »Wartet ab, bis die Särge aus Bosnien zurückkommen. Ihr seid keine starke Nation mehr. Ihr könnt die Vorstellung nicht ertragen, daß eure Kinder getötet werden. Aber wir Serben können dem Tod ins Auge sehen. Wir haben keine Angst. Und deshalb werden wir euch schlagen, wenn ihr den Türken, die ihr ja so liebt, zu Hilfe kommt.«
Tapfere Worte, jedem vertraut, der öfter auf der serbischen Seite war. »Wir werden euer nächstes Vietnam sein«, pflegte Karadžić zu sagen. Doch diese Stimmung änderte sich immer dann, wenn es für eine Weile so aussah, als hätten die Amerikaner tatsächlich vor, zu intervenieren. *Wann immer* Drohungen glaubhaft waren, haben die Serben klein beigegeben. Dieselben Serben, die sich damit gebrüstet hatten, unbesiegbar zu sein, machten plötzlich rhetorische Rückzieher und begannen über die Berufung der Serben zum Märtyrertum zu reden. Von triumphierender Prahlerei wechselten sie zu wehleidigen Klagen darüber, daß die ausländischen Journalisten sie so völlig mißverstehen würden und von ihren wahren Zielen auf so bösartige Weise ein völlig falsches Bild gäben. »Sie müssen uns helfen, Frieden zu schaffen«, sagte Karadžić einmal in einem besonders bedrohlichen Moment zu Christiane Amanpour von CNN. Die Serben, beteuerte er stets, wollten nichts, als in Frieden leben, und hätten schon lange die Kämpfe beenden wollen. Sie forderten nur das Recht, unter Gleichgesinnten zu leben, »so wie West Virginia während *Ihres* Bürgerkriegs nicht der Konföderation hatte angehören wollen«.
Hinzu kam, daß die serbische Führung immer dann, wenn sie fürchtete, zu weit gegangen zu sein und durch eine besondere Grausamkeit den Westen womöglich wirklich zum Handeln getrieben zu haben, plötzlich humanitären Hilfstransporten der Vereinten Nationen die Durchfahrt

gestattete. Sie gaben Hilfsgüter frei, deren Abtransport vom Flughafen Sarajevo sie bisher verhindert hatten, ließen UNHCR-Konvois ungehindert die Kontrollpunkte der bosnisch-serbischen Armee passieren und in eingeschlossene Gebiete wie Maglaj im nördlichen Zentralbosnien fahren, oder schafften wenigstens einen großen Teil ihrer schweren Waffen aus den von der Nato zu Waffenverbotszonen erklärten Gebieten wie im Februar 1994 um Sarajevo und im April 1994 um Goražde. Offenbar fürchteten sich die Serben viel mehr vor Luftangriffen, als sie zugaben, und glaubten auch weit mehr an deren Wirkung als die UN-Militärs. Oft wechselten sie von einem Tag auf den anderen von völliger Unnachgiebigkeit zu so bereitwilliger Kooperation, daß ein unerfahrener Besucher sich wundern mochte, worüber sich das UNHCR ständig aufrege.

Doch kaum begann sich die Aufmerksamkeit der Welt wieder von dem Gemetzel in Bosnien abzuwenden und die Forderung der westlichen Öffentlichkeit, den Serben die Zähne zu zeigen, schwächer zu werden, wurden die Schrauben wieder angezogen. Hilfsgüter durften nun nicht mehr den Kontrollpunkt zwischen Sarajevo und dem Flughafen passieren, der von den Serben zur »internationalen Grenze« erklärt worden war – gegen welche die UNPROFOR ursprünglich Einspruch erhoben, die sie aber bald ebenso hingenommen hatte wie jede andere Umdeutung jeder anderen Vereinbarung, die sie mit den Serben getroffen hatte. In den von Hilfslieferungen abgeschnittenen Dörfern herrschte bald wieder Hunger, in den Krankenhäusern fehlte wieder das Notwendigste, und die Welt – einmal mehr erleichtert, die Last ihrer Empörung über das Geschehen in Bosnien los zu sein – schaute weg, als die Serben dreister denn je ihren Angriff auf die letzten Teile Bosniens fortsetzten, nach denen es sie noch gelüstete und die sie noch nicht erobert hatten.

8

DIE LEUTE, DIE DAS PEACEKEEPING vom New Yorker Sekretariat der Vereinten Nationen aus leiteten, waren von Anfang an gegen einen Einsatz in Bosnien gewesen. Die Operation der UN-Schutztruppe war ursprünglich im Grunde auf Kroatien beschränkt gewesen. Sie hatte nach Unterzeichnung des Waffenstillstandsabkommens begonnen, das Cyrus Vance Ende 1991 zwischen Serben und Kroaten vermittelt hatte. Es war eine nach Art der Vereinten Nationen klassische, traditionelle friedenserhaltende Maßnahme. Das heißt, der Sicherheitsrat hatte das DPKO (Department of Peacekeeping Operations) ermächtigt, Truppen zwischen zwei Parteien zu stationieren, die bereits den Wunsch hatten, die Kämpfe zu beenden, aber noch neutrale Truppen brauchten, um den von ihnen unterzeichneten Waffenstillstand zu überwachen. Obwohl auch in Bosnien bereits ein paar UN-Militärbeobachter stationiert waren und die UNPROFOR ihr Hauptquartier in Sarajevo errichtet hatte – ironischerweise, um zu demonstrieren, daß sie weder Serben noch Kroaten bevorzugte –, hatte die Uno anfänglich nicht erwogen, das UNPROFOR-Mandat auf Bosnien auszuweiten.

Nicht, daß die Vereinten Nationen nicht darum gebeten worden wären. Daß die Regierung Izetbegović mit der Unabhängigkeitserklärung von Bosnien-Herzegowina ihr eigenes Todesurteil unterzeichnet habe, davon waren vor allem diejenigen überzeugt, die diese Bitte immer wieder zur Sprache brachten. Es sei zu erwarten gewesen, so ihr Argument, daß die Serben, die zweiunddreißig Prozent der bosnischen Bevölkerung ausmachten, niemals ein unabhängiges Bosnien akzeptieren würden. Daß Sarajevo dies ignoriert habe, sei selbstmörderisch gewesen. In Wirklichkeit hatte Izetbegović überhaupt keine andere Wahl gehabt. Gemeinsam mit dem makedonischen Präsidenten Gligorow hatte er während des ganzen Jahres 1991 verzweifelt versucht, eine Formel für eine lockere jugoslawische Konföderation zu finden. Es war Slobodan Milošević, der davon nichts hören wollte und darauf bestand, daß Jugoslawien stärker zentralisiert werden müsse – was nichts anderes bedeutete, als mehr Macht für Serbien und für sich selbst zu sichern. Der bosnischen SDA-Führung schien der Verbleib in Jugoslawien ebensowenig Hoffnung zu bieten wie eine Abspaltung. Am Ende entschied sich die bosnische Regierung unter dem falschen Eindruck, daß Europa die Souveränität des Staates garantieren würde, für ein Referendum über die Unabhängigkeit, bei dem die überwältigende Mehrheit der bosnischen Moslems und Kroaten für sie stimmte – ausgenommen merkwürdigerweise im Bezirk Tuzla, einer linken Hochburg aller ethnischen Gruppen. Obwohl fast alle Serben die Abstimmung boykottierten, war die Entscheidung mit großer Mehrheit für die Unabhängigkeit gefallen.

Auch wenn sich erweisen sollte, daß Izetbegović viel zu optimistisch gewesen war in bezug auf das, was der Westen tun oder nicht tun würde, so hatte er doch sehr wohl gewußt, daß er einen äußerst gefährlichen Kurs einschlug. Genau deshalb hatte er ja Vance und einige DPKO-Repräsentanten noch kurz vor Ausbruch der Kämpfe bei einem ihrer Aufenthalte in Sarajevo dringend um die Stationierung von UN-Blauhelmen in Bosnien gebeten. Die UN-Vertreter waren sich völlig im klaren über das, was bevorstand. Bereits auf dem Höhepunkt des Krieges in Kroatien,

während in Bosnien noch Frieden herrschte, hatte Vance an den deutschen Außenminister Hans-Dietrich Genscher geschrieben und ihn gewarnt, daß der Druck Deutschlands auf die Europäische Gemeinschaft, Kroatien und Slowenien anzuerkennen, den Krieg in Bosnien geradezu heraufbeschwören würde. Dennoch waren sie nun nicht bereit, die Entsendung von UN-Soldaten nach Bosnien zu empfehlen. Ein UN-Beamter meinte dazu rückblickend: »Praktisch wurden wir damit ja um den Einsatz im Bundesland eines souveränen Staates gebeten, um bei der Sezession dieses Bundeslandes zu helfen.«
Und diese Position vertrat das DPKO sogar noch nach Beginn des Blutbads. Im Mai 1992, einen Monat nach Beginn der Belagerung Sarajevos, hatte Marrack Goulding, UN-Staatssekretär für Besondere Politische Aufgaben und ehemaliger Chef des DPKO, in einem Memorandum an den Weltsicherheitsrat behauptet, daß die Situation in Bosnien noch nicht »reif« sei für ein Peacekeeping-Unternehmen, da die beteiligten Seiten noch keinem Peacekeeping-Mandat zugestimmt hätten – eine diplomatische Art zu sagen, daß beide Seiten noch kämpfen wollten. Die meisten Beobachter der Beratungen, die daraufhin im UN-Sicherheitsrat stattfanden, stimmten darin überein, daß die Vertreter der Mitgliedsstaaten unter dem Druck der öffentlichen Meinung in ihren Ländern es vorzogen, diese Empfehlung zu ignorieren. Aber sie konnten sich untereinander nicht einigen, was in Bosnien getan werden sollte. Nachdem der Sicherheitsrat wiederholt vergeblich die Einstellung der Kämpfe gefordert hatte, verabschiedete er am 30. Mai 1992 schließlich eine Resolution, mit der er über Restjugoslawien – Serbien und Montenegro – Sanktionen verhängte. Kurz darauf genehmigte er die humanitäre Hilfsaktion für Bosnien unter der Leitung des UN-Flüchtlingshochkommissariats und beauftragte die UN-Schutztruppe, die humanitären Organisationen[1] bei ihrer Arbeit

zu unterstützen und die Wiedereröffnung des damals von den Serben kontrollierten Flughafens von Sarajevo sicherzustellen. Am 5. Juni erreichten die Vereinten Nationen eine Vereinbarung mit den Serben, und am 8. Juni votierte der Sicherheitsrat für die Erweiterung der UNPROFOR-Operation auf Bosnien.

Obwohl der Sicherheitsrat im Laufe der folgenden zweieinhalb Jahre eine erstaunliche Anzahl von Resolutionen zu Bosnien verabschieden sollte – insgesamt über fünfzig –, haben diese ersten Schritte mehr oder weniger determiniert, wie die Vertreter der Vereinten Nationen die Regeln ihres Mandats von nun an auslegen sollten. Für das DPKO in New York und die UN-Schutztruppe vor Ort besaß die Sicherung der humanitären Hilfe eindeutig Priorität, obwohl es Resolutionen des Sicherheitsrats gab, die noch ganz andere Forderungen an die kriegführenden Parteien stellten. So hatte wenigstens eine Resolution gefordert, die Praxis der ethnischen Säuberung zu beenden. Ferner hatte die Uno über Bosnien eine Flugverbotszone eingerichtet und Sarajevo, Tuzla, Bihać, Goražde, Zepa und Srebrenica zu UN-Schutzzonen erklärt. Dies waren Maßnahmen, die kaum allein auf strikt humanitärer Basis umgesetzt werden konnten, denn als diese Resolutionen verabschiedet wurden, hatten nur die Serben Luftangriffe geflogen und ethnische Säuberungen durchgeführt. (Dies war, bevor auch die kroatische Armee HVO damit begann, das Gebiet in und um Mostar von Moslems zu säubern, womit sie wiederum die bosnischen Regierungstruppen zu Kriegsverbrechen als Vergeltungsmaßnahmen provozierten.) Und was die »Safe Havens«, die sicheren Zufluchtsorte betrifft, wie die Schutzzonen bald genannt wurden, so handelte es sich dabei ausschließlich um von der bosnischen Regierung kontrollierte und von den Serben angegriffene Gebiete.

Weil das UN-Sekretariat das Mandat der UN-Schutztruppe in Bosnien ausschließlich als Auftrag zur Sicherstellung des humanitären Hilfsprogramms interpretierte und überdies der Meinung war, daß die anderen Deklarationen des Sicherheitsrats, die sehr viel weiter reichenden Fragen wie die der ethnischen Säuberung betrafen, keine genaueren Angaben dazu machten, welche Aufgaben den Vereinten Nationen dabei zukämen, widersetzte es sich beharrlich jeder Aufforderung, mehr in Bosnien zu tun. Es hatte sich erbittert gegen die Schutzzonen-Resolution gewandt und im stillen sogar gegen die Umsetzung der Flugverbotszonen-Politik gewehrt, weil es beides für eine einseitige Parteinahme der Vereinten Nationen hielt. Damit hatte das Sekretariat allem zuwidergehandelt, was das DPKO glaubte tun zu müssen, um seinen Teil des Peacekeeping zu erfüllen. Doch das Sekretariat hatte sich auf den Standpunkt gestellt, daß jedes andere Verhalten das Gesamtkonzept des UN-Peacekeeping gefährden würde. »Wir werden unseren Operationen auf der ganzen Welt nicht die rechtliche Grundlage entziehen«, sagte mir ein UN-Vertreter in Zagreb, »indem wir den schlecht durchdachten Versuch machen, den bosnischen Staat zu retten.« Sashi Tharoor, ein bekannter indischer Romancier und ehemaliger Vertreter des UNHCR, der die für Bosnien und Kroatien zuständige DPKO-Abteilung leitete, hatte 1993 mürrisch in einer Rede erklärt, die Umsetzung der Flugverbotszonen-Resolution bringe »die Vereinten Nationen in eine Lage, in der ihre Peacekeeper, die ja immerhin Blau tragen und nur leicht bewaffnet sind, in Wirklichkeit gleichzeitig Krieg führen und Frieden stiften«.

Die internationale Menschenrechtsorganisation Human Rights Watch schrieb in einem ihrer Berichte, ein solches Konzept führe unvermeidlich dazu, daß der Schutz der Menschenrechte zur »vergessenen Agenda« der Peacekeeping-Arbeit der Vereinten Nationen würde, obwohl »schwere Menschenrechtsverletzungen häufig entscheidend zur Intensivierung eines bewaffneten Konflikts bei-

tragen und jede humanitäre Krise verschärfen«. Die Vereinten Nationen hatten den ehemaligen polnischen Ministerpräsidenten Tadeusz Mazowiecki zum »Sonderberichterstatter« über die Lage der Menschenrechte im ehemaligen Jugoslawien ernannt. Er bat die Vereinten Nationen dringend, endlich ihre eigenen Menschenrechtsresolutionen in die Tat umzusetzen, wobei er schließlich sogar mit Rücktritt drohte, weil er, wie er sagte, nicht wolle, daß sein Büro die Rolle einer »Tarnkappe« spiele, mit der »die Hilflosigkeit der internationalen Organisation verborgen wird«. Die UN-Vertreter lobten sein Bemühen, unternahmen aber nicht die geringsten Anstrengungen, ihre Aktivitäten vor Ort entsprechend seinen Empfehlungen, die sie angeblich so hoch schätzten, zu modifizieren.
Die Leiter der Operation in Bosnien waren durch nichts zu bewegen, die Rolle der UNPROFOR auch nur minimal über den Schutz der humanitären Aufgaben hinaus auszulegen. Die Vereinten Nationen, argumentierten sie, seien weder dorthin geschickt worden, um den Konflikt zu beenden, noch um dem Schutz der Menschenrechte Priorität zu geben. Wenn es das sei, was der Sicherheitsrat wolle, müsse er es schon explizit sagen. Solange er dies jedoch nicht tue, sei eine solche durchaus zu begrüßende Verbesserung der Lage nur durch Druck von außen oder durch Verhandlungen zu erreichen. Das aber sei Aufgabe der Regierungen und der Chefunterhändler der Uno und der EG, anfangs also von Vance und Owen und nach dem Rücktritt von Vance im Mai 1993 von Owen und Thorvald Stoltenberg, dem einstigen norwegischen Außenminister und ehemaligen Leiter des UNHCR. Wenn der Sicherheitsrat eine militärische Lösung der bosnischen Krise gewollt hätte, hätte er nicht unter dem Peacekeeping-Titel des Kapitels VI der UN-Charta, sondern unter dem »Peace Enforcement«-Titel des Kapitels VII intervenieren müssen, wie er es im Fall von Kuwait getan hatte.[2] »Uns wäre das nur recht

gewesen«, sagte mir ein DPKO-Beamter. »Wir hätten uns wohl kaum beschwert, wenn sie uns das Ganze aus den Händen genommen und erklärt hätten, daß sie statt Peacekeeping nun ein Peace Enforcement wollten, und uns wieder unseren Geschäften hätten nachgehen lassen.«
Solche Kommentare haben immer auch einen Hauch von bürokratischer Engstirnigkeit, und bis zu einem gewissen Grad war es das ja auch, denn das UN-Sekretariat wurde weitgehend von britischen Beamten geführt, die der Organisation ihren glanzlosen, konformistischen Stempel aufdrückten. Typisch für die Art und Weise, wie die Uno arbeitet, ist auch, daß nie auch nur ein UN-Beamter der Bosnien-Politik öffentlich widersprochen hat oder gar ihretwegen aus Prinzip zurückgetreten wäre.[3] Wenn man einen der besagten Beamten fragte, warum er nicht aus Protest zurückgetreten sei, blickte er einen zumeist verständnislos an, als sei dergleichen bei der Uno völlig undenkbar. Aber eine glühende Verteidigung der UNPROFOR war dennoch selten zu hören. Privat waren zwar auch UN-Beamte durchaus bereit zuzugeben, daß die Bosnier moralisch im Recht sein könnten, doch hinsichtlich der Peacekeeping-Mission, glaubten sie, unparteiisch bleiben zu müssen. Manchmal war diese Unparteilichkeit nur noch grotesk, beispielsweise wenn Yasushi Akashi, der Sonderbeauftragte des UN-Generalsekretärs, nach einem Treffen in Pale der Presse erklärte, er halte Radovan Karadžić für »einen Mann des Friedens«, und sich der »Freundschaft« brüstete, die sich zwischen ihnen entwickelt habe. Diese unverständliche und selbst vom diplomatischen Standpunkt aus unnötige Erklärung machte er zu einem Zeitpunkt, als ein Großteil der zivilisierten Welt und fast alle UN-Vertreter längst zu dem Schluß gekommen waren, daß der Serbenführer ein Kriegsverbrecher sei.[4]
Die anwesenden Journalisten, die meist schon viel zuviel von Karadžićs Art der Kriegsführung gesehen hatten,

packte bei Akashis Worten die blinde Wut. Die Schimpfnamen, mit denen verärgerte UNHCR-Mitarbeiter Akashi längst schon bedacht hatten – »Mitsubishi-Tschetnik« oder »Serbischer Verbindungsoffizier« –, schienen an diesem Tag besonders passend. Das Beste, was man über ihn noch sagen konnte, war, daß er die Verkörperung jenes Triumphs der Hoffnung über die Erfahrung war, die das Markenzeichen aller UN-Diplomatie zu sein schien. Letztlich aber war Akashi nicht anders als so mancher UNPROFOR-Militär, den die Journalisten kennen- und dem sie wie ich zu mißtrauen gelernt hatten, ein heuchlerischer Apologet der Serben, der mit seinen Äußerungen zu verhindern versuchte, daß die Nato-Staaten eine entschlossenere Haltung einnähmen. Und doch hieß es, Akashi sei einer der besten Leute der Vereinten Nationen. Man hatte ihn ins ehemalige Jugoslawien geschickt, nachdem er die Mission in Kambodscha zu Ende geführt hatte – eine der bis heute erfolgreichsten Peacekeeping-Operationen überhaupt. Obwohl er in Bosnien oft so naiv wirkte, war er also gewiß nicht unerfahren. Wenn es ihm nichts auszumachen schien, über Radovan Karadžić die Unwahrheit zu sagen und die Mörder so zu behandeln, als verdienten sie den gleichen Respekt und denselben Zuspruch wie ihre Opfer – Akashi pflegte ständig seine »guten persönlichen Beziehungen« zu den Führern der bosnischen Serben hervorzuheben –, dann deshalb, weil er sich zutiefst jenem Konzept verpflichtet fühlte, auf dem das ganze UN-Peacekeeping basiert. Um der Wahrung dieses Konzepts willen war er wohl zu fast allem bereit – was er demonstrierte, als er Ende April 1994, nachdem die Serben dem Ultimatum, sich völlig aus Goražde zurückzuziehen, nicht Folge geleistet hatten, im Alleingang verhinderte, daß die Nato Luftangriffe flog.
Doch im Grunde unterschied sich Akashi auch in diesem Punkt nicht von seinen Vorgängern. Er mochte zwar unklugerweise von seinen freundschaftlichen Gefühlen ge-

genüber Karadžić reden, aber es waren seine Vorgänger in der Bosnien-Mission, die, um die Verhandlungen nicht zu gefährden, sogar der Forderung der Serben nachgegeben hatten, Sarajevo nicht mehr als belagerte Stadt zu bezeichnen. Die bosnischen Serben selbst hatten das natürlich schon immer mit der Begründung abgelehnt, daß alle von ihnen kontrollierten Stadtgebiete Sarajevos »zufällig« schon vor dem Krieg serbisch gewesen seien und sie »die Moslems« im übrigen auch gar nicht angriffen, sondern die Serben vor deren Angriffen schützten. Nach dem, was in Pale üblich war, war diese Behauptung nicht einmal besonders verrückt. Doch wer hörte, wie ein erfahrener Pressesprecher der UNPROFOR – der beliebte und gut informierte Kanadier Barry Frewer – diese Phrasen gedankenlos nachplapperte und einem ungläubigen Pressekorps mitteilte, die Serben belagerten Sarajevo nicht, sondern »kreisten es nur taktisch vorteilhaft ein«, mußte feststellen, daß auch die Uno die Tatsachen völlig auf den Kopf stellte.

Die betroffenen UN-Vertreter schien es nicht einmal zu beschämen, daß sie mit ihren Lügen im Interesse der Serben handelten. Sie taten dies aus nüchternem Eigeninteresse. Auf den Punkt gebracht verlangte es der Beruf, mit dem die UN-Mitarbeiter zurechtkommen mußten, daß sie bedingungslos an ihr Mandat glaubten und sich der Meinung anschlossen, nicht mehr für Bosnien tun zu können, als humanitäre Hilfe zu leisten. Sie wurden nicht müde zu wiederholen, daß die humanitäre Mission gefährdet würde, wenn sie sich für eine militärische Intervention einsetzten. Entweder leiste man humanitäre Hilfe, argumentierten sie, oder man brauche Gewalt. Was die Menschenrechte anging, zuckten sie meist nur mit den Achseln. Fast alle waren überzeugt, daß alle Seiten Kriegsverbrechen begingen. Oft konnte man UNPROFOR-Mitarbeiter sagen hören, der einzige Grund, weshalb die bosnische Regierungsseite weniger Kriegsverbrechen begangen hätte, sei, daß sie einfach weniger Gelegenheit dazu gehabt hätte. (W.H. Audens Satz: »Wem Böses widerfährt, der gibt Böses zurück«, wäre eine zutreffendere Beschreibung der Lage gewesen.) Im privaten Gespräch taten sie das von der Uno eingesetzte Kriegsverbrechertribunal zwar nicht völlig ab, ließen aber keinen Zweifel daran, daß man mit Leuten wie Milošević, Karadžić, Mladić entweder verhandelt oder sie vor Gericht bringen müsse. Zu behaupten, man könne beides tun, möge von westlichen Regierungen ihren Bürgern verkauft werden, sei aber kindisch.

Wie das Verhalten der Vereinten Nationen in Bosnien deutlich machte, glaubten ihre Vertreter, sie müßten strikt an ihrer Unparteilichkeit festhalten, um die Mission der UNPROFOR nicht zu gefährden. Im Grunde hieß das, man könne nicht erwarten, daß die Serben UNPROFOR und UNHCR weiterarbeiten ließen, wenn dem Oberkommando der Vereinten Nationen unterstehende Truppen militärisch aktiv würden. Konvois würden gestoppt, UNHCR-Personal würde getötet oder ausgewiesen und die Luftbrücke nach Sarajevo – der beachtlichste Erfolg der humanitären Bemühungen – eingestellt werden. Immerhin war der Flughafen von serbischen Geschützen eingekreist. Die Vereinten Nationen könnten kaum hoffen, ihn für die Luftbrücke offenhalten zu können, wenn erst einmal Nato-Bomben gefallen wären. Selbst eine etwas weitere Auslegung des humanitären UN-Mandats wäre dann nicht mehr möglich. Theoretisch war die UNPROFOR zwar autorisiert, alle erforderlichen Mittel einzusetzen, also auch Gewalt, um die Hilfskonvois sicher an ihre Ziele zu geleiten. In der Praxis aber waren die UN-Beamten schon früh zu dem Schluß gekommen, daß es zwar Genugtuung verschaffen könnte, wenn sie ihren Blauhelmen erlaubten, sich den Weg durch einen Kontrollpunkt freizuschießen – oder auch nur damit zu drohen –, daß es aber wahrscheinlich alles zunichte machen würde, wofür die Vereinten Nationen in Bosnien arbeiteten. Sergio Vieira de Mello – wie Akashi ein hochangesehener UN-Veteran der Kambodscha-Mission, bevor er Ende 1993 ranghöchster UN-Zivilist in Sarajevo wurde – sagte mir einmal: »Den Weg freischießen kann man sich nur einmal. Danach ist man im Krieg, und dann wäre es praktisch mit allen humanitären Bemühungen vorbei. Man hätte verloren.«

Der Haken an diesem Argument war nur, daß es sich ausschließlich am Dogma der Uno, nicht aber an den praktischen Erfahrungen der UN-Blauhelme in Bosnien orientierte. In Wahrheit hatte es die Arbeit einzelner UN-PROFOR-Einheiten immer erleichtert, wenn diese einmal Gewalt angewendet hatten. So hatten britische Blauhelme, die in Nordbosnien Hilfskonvois von ihrem vorgerückten Stützpunkt im Dorf Kladanj bis zur Stadt Tuzla auf einer allgemein als »Bombenallee« bekannten Straße Geleitschutz zu geben hatten, einmal kurz entschlossen das serbische Feuer aus den umliegenden Hügeln erwidert. Nach ein paar Schußwechseln unterließen es die Serben ein für allemal, diese Konvois anzugreifen. Ein weiteres Beispiel ist das vereinte skandinavische Bataillon in Zentralbosnien[5], das Ende 1993 einen neuen Kommandeur bekommen hatte, einen schwedischen Haudegen namens Hendrikson. »Wenn ich an einem Kontrollpunkt gestoppt werde«, sagte er, »dann droh ich ihnen, sie sollen mich durchlassen, sonst puste ich ihnen ihre Scheißköpfe runter. Klar, manchmal klappt's nicht, dann muß ich umkehren, aber es tut ja nicht weh, wenn man es wenigstens versucht. Das muß man einfach auf dem Balkan. Entweder man markiert den starken Mann, oder sie bepinkeln einen von oben bis unten.«

Die Vereinten Nationen ihrerseits bepinkelten alle, die wie Hendrikson auch nur versucht hatten, mehr als gefordert zu tun. Als der damalige UNPROFOR-Kommandeur in Bosnien, General Philippe Morillon, während der Belagerung von Srebrenica beschloß, sich in die Enklave zu begeben und dort auszuharren, um die Serben zur Einstellung ihres Beschusses zu zwingen, war das Sekretariat in New York wütend. Boutros-Ghali erteilte Morillon persönlich einen Verweis und ließ ihn wissen, er habe sich der »Mandatsübertretung« schuldig gemacht. Mit anderen Worten: Anstatt immer nur darüber zu reden, hatte Morillon für einen kurzen Moment tatsächlich Leben gerettet und ein gewisses Maß an Frieden hergestellt. Er hatte seinen Soldaten nicht einmal befohlen, auf die Serben zu schießen. Er war einfach dorthin gegangen, wo er glaubte, etwas Gutes tun zu können. Wo immer sonst seine Grenzen gelegen haben mögen: Der General hatte wenigstens noch einen gewissen altmodisch gaullistischen Sinn für Ehre und persönliche Grandeur. Ein paar Monate später wurde ihm sein Kommando entzogen und er wurde nach Frankreich zurückgeschickt. Es ging das Gerücht, daß Frankreich damit einer persönlichen Bitte von Boutros-Ghali entsprochen habe.

Für jemanden wie mich, der mit der bosnischen Sache sympathisierte und überzeugt war, daß der Aktivismus, den die Uno an den Tag legte, um eine militärische Intervention zu vermeiden oder – wie nach dem Luftangriff auf Goražde – zumindest zu begrenzen, waren die Vereinten Nationen, wie unbeabsichtigt auch immer, zu Handlangern des Genozids an den bosnischen Moslems geworden. Daran ändert auch die Beteuerung nichts, daß sie sich nur streng an das Peacekeeping und das Mandat gehalten hätten, das sie glaubten, vom Sicherheitsrat erhalten zu haben. Dennoch ist es wichtig, daß man zu verstehen versucht, weshalb die Uno sich so verhalten hat. Am bequemsten wäre es wohl, ihre Politik einfach einer gewissen Abgebrühtheit innerhalb der Organisation zuzuschreiben. In Wahrheit aber zählen die Leiter der Peacekeeping-Operationen der Vereinten Nationen im allgemeinen zu den intelligentesten und erfahrensten Beamten der Welt, die meist *sensibler* als

andere darauf reagieren, daß unsere Welt ein Schlachthaus ist. Diese Kluft zwischen der Sensibilität, mit der viele UN-Vertreter im ehemaligen Jugoslawien, in New York und in Genf das Geschehen in Bosnien erfaßt hatten, und ihrem Beharren darauf, daß sie dem Gemetzel nicht Einhalt bieten könnten, hat Außenstehende so schockiert.
Je mehr UN-Vertreter ich kennenlernte, desto mehr gewann ich den Eindruck, als seien sie in einer Organisation gefangen, die womöglich konformistischer und hierarchischer ist als jede andere Institution, sieht man einmal von Armeen ab. Sie hatten sich daran gewöhnt, sich untereinander einer selbstbezogenen Sprache zu bedienen, die ihnen verständlich sein mochte, für andere im Zusammenhang mit Bosnien aber kaum noch Sinn zu ergeben schien. Gewiß lag es zum Teil an der Fetischisierung »des Mandats«, daß Boutros Boutros-Ghali in seinem Bericht an den Sicherheitsrat vom 16. März 1994, in dem er sich darüber ausließ, ob die UNPROFOR-Mission fortgesetzt oder beendet werden sollte, jede substantielle Kritik an dieser Operation einfach vom Tisch fegen konnte. »Ich bin mir bewußt«, hatte der Generalsekretär geschrieben, »daß die Fortdauer des Konflikts und der Tragödie im Operationsbereich der UNPROFOR seit der Zeit, als ihr Mandat zuletzt erneuert wurde, zu einer beträchtlichen, aber ungerechtfertigten Kritik an der Wirksamkeit der Truppe geführt hat.«
Ungerechtfertigt sei diese Kritik allein schon deswegen, weil gewisse »hoffnungsvolle« Entwicklungen rund um Sarajevo – gemeint war der von der Nato erzwungene Waffenstillstand – darauf hindeuteten, daß eine Vereinbarung endlich in greifbare Nähe gerückt sei. Ganz besonders unfair aber sei die Kritik am Verhalten der Vereinten Nationen in Bosnien, weil »die Stationierung der UNPROFOR den Willen der internationalen Gemeinschaft verkörpert, zu einer solchen Vereinbarung beizutragen ... Es liegt in der

Verantwortlichkeit der Parteien, die mit dem Fortbestand der UNPROFOR gebotene Möglichkeit zu ergreifen und durch ihr Verhalten zu beweisen, daß sie sich ernsthaft entschlossen haben, den Weg des Friedens einzuschlagen. Wenn dies der Fall ist, stehen die Vereinten Nationen wie immer hilfreich zur Verfügung.«

Man brauchte nicht einmal lange in Bosnien gewesen zu sein, um sich beim Lesen solcher Sätze in eine Welt versetzt zu fühlen, in der alle Realitäten auf den Kopf gestellt waren. Akashi und Boutros-Ghali konnten öffentlich verkünden, was sie wollten: Die Lage Mitte Mai 1994 war *nicht* hoffnungsvoll. Während der folgenden Monate wurde sie immer hoffnungsloser: Die von der Nato eingerichtete Waffenverbotszone um Goražde erwies sich als windiger Witz, die militärische Drohung der Nato als Schwindel und sogar der Waffenstillstand in Sarajevo als eine zunehmend wacklige Angelegenheit. Und was die Behauptung anging, die UNPROFOR sei ein Erfolg, so erinnerte sie an den alten Spruch: »Operation geglückt, Patient tot.« Hätten die UN-Beamten, wie es die weniger Nachdenklichen unter ihnen gewöhnlich taten, einfach von den Leben gesprochen, die durch die Luftbrücke gerettet worden waren, oder wie einige Militärs einfach behauptet, daß die Bosnier eine Horde Wilder seien, der man es erlauben solle, sich gegenseitig umzubringen, wäre das wenigstens verständlich gewesen. Gänzlich unverständlich aber war, daß die besten Leute bei UNPROFOR und im DPKO ernsthaft sagen konnten, sie hätten gute Arbeit geleistet und – im selben Atemzug – die Situation in Bosnien entwickle sich zu einem totalen Desaster.

Das war der Punkt, an dem die Berufsblindheit des Peacekeepers ins Spiel kam. Ein Mitarbeiter des UN Civil Affairs in Sarajevo (Abteilung, die für Fragen der Zivilbevölkerung zuständig ist) hat es mir gegenüber einmal so formuliert: »In diesem Job muß man einfach lernen, die Dinge zu trennen. Ich weiß, was die Serben in Bosnien getan haben. Ich hab die Leichen gesehen, ich hab die Frauen weinen hören. Aber es spielt keine Rolle, wo meine Sympathien liegen oder was ich sagen würde und wofür ich eintreten würde, wenn ich ein Journalist wäre wie Sie. Es ist weder meine Aufgabe, die Serben zu bekämpfen, noch sie an den Pranger zu stellen. Ich bin hier, um den Bosniern zu helfen, so gut es geht. Und um das tun zu können, muß ich unparteiisch wirken, muß ich Serben und Moslems gleich behandeln. Und weil die Serben diesen Krieg nahezu gewonnen haben, braucht man für fast alles hier ihre Erlaubnis. Deshalb muß ich mich mit ihnen gutstellen.«

Viele Peacekeeper konnten sich den Luxus, ihre moralischen Bedenken zu äußern, einfach nicht leisten. Die Nachdenklichsten unter ihnen haben ohne weiteres eingeräumt, daß sich die Vereinten Nationen in einer problematischen Lage befanden. Fred Cuny hatte einmal bissig bemerkt, daß heute jedermann in Europa Deutsch sprechen würde, wenn die Vereinten Nationen in den dreißiger Jahren dort im Einsatz gewesen wären. Für diejenigen unter uns, die die Vereinten Nationen in Bosnien ihrer »Unparteilichkeit« und ihrer überheblichen Selbstzufriedenheit wegen zu verachten gelernt hatten, schien damit alles gesagt zu sein, was über die UNPROFOR zu sagen war. (Eine ganz andere Sache war das UNHCR.) Es gab sogar UN-Beamte, die das zugaben und dennoch verteidigten, was sie in Bosnien getan hatten. Einmal, Fred Cunys Kommentar noch im Ohr, hörte ich völlig perplex, wie ein UN-Vertreter fast beiläufig zu mir sagte: »Wissen Sie, wenn Sie mir vorwerfen, was wir in Bosnien alles nicht getan haben, dann kann ich nur antworten, daß es eine Menge Situationen gibt, für die das Peacekeeping als Instrument einfach nicht geeignet ist. Ich glaube zum Beispiel, daß die Uno nicht sehr effektiv gewesen wäre, wenn sie es in den dreißiger Jahren mit Hitler zu tun gehabt hätte.«

»Wir werden beschuldigt«, fuhr er fort, »daß wir in Bosnien zu wenig getan hätten, aber die Wahrheit ist, daß wir seit der ersten Peacekeeping-Operation im Jahr 1947 noch nie ein Mandat des Sicherheitsrates ausgeweitet haben. Und hier waren wir ganz sicher nicht dazu in der Lage. Wenn Sie uns verurteilen, dann tun Sie das meiner Meinung nach nur, weil wir das sichtbarste Symbol dieser Welt sind und folglich auch ihrer Unfähigkeit, die schrecklichen Dinge zu verhindern, die im ehemaligen Jugoslawien geschehen sind. Aber wenn Sie uns verurteilen, treffen Sie eigentlich nur den Laufburschen. Geben Sie den einzelnen Regierungen die Schuld für das, was hier vorgeht; sie hätten uns ein anderes Mandat geben können. Geben Sie sich selbst die Schuld, weil Sie Ihre Regierung nicht davon überzeugt haben, daß Handlungsbedarf besteht. Es ist völlig sinnlos, uns die Schuld zu geben. Die Uno ist nicht die Weltregierung. Sie ist eine Organisation der Regierungen dieser Welt. Und Peacekeeping ist ein Instrument, das wir nur zur Verfügung stellen können, wenn uns der Sicherheitsrat dazu auffordert. Sie glauben, wir versteckten uns hinter unserem Mandat. Tatsächlich aber verschafft es uns die einzige Rechtsgrundlage, die wir haben. Wenn wir weniger tun, als vom Sicherheitsrat gewünscht, dann ist das eine Sache – oft haben wir gar keine andere Wahl. Doch Sie und Ihre Kollegen greifen uns an, weil wir nicht mehr tun. Wir tun aber nicht mehr, weil wir es einfach nicht als unsere Funktion oder unser Recht betrachten. Würden wir versuchen, mehr zu tun, würden wir uns anmaßen, wozu nur die Mitgliedsstaaten berechtigt sind, und ich sage Ihnen, die würden sich das nicht lange gefallen lassen.«
Eine solche Sicht der Dinge impliziert, daß es die Aufgabe eines Peacekeepers ist, ein wohlgesinnter und unparteiischer Zuschauer zu sein und sich niemals persönlich zu engagieren. Sie wehrt sich schon gegen den Gedanken, daß er sein Mandat und die Resolutionen, die er umzusetzen

hat, selbst auslegen könne. Die Beamten der Vereinten Nationen waren auch völlig unzugänglich für die Überlegung, daß sich die taktischen Entscheidungen, welche die UNPROFOR vor Ort in Bosnien getroffen hat, entscheidend auf alle Beschlüsse ausgewirkt haben könnten, die von den Regierungen der fünf ständigen Mitglieder des UN-Sicherheitsrates oder von einer übernationalen Organisation wie der Nato gefaßt wurden. Durchaus zu Recht aber wiesen sie darauf hin, daß der Sicherheitsrat die Peacekeeper einerseits mit äußerst schwierigen und ehrgeizigen Aufgaben betraute, andererseits aber kaum je bereit war, ein neues Mandat auch nur mit den nötigsten finanziellen und personellen Mitteln auszustatten.

Ein klassisches Beispiel dafür war die im Mai 1993 verabschiedete Schutzzonen-Resolution. Die UNPROFOR war davon ausgegangen, daß 30.000 Blauhelme zusätzlich nötig wären, um die sechs ausgewählten Zonen wirklich schützen zu können. Notfalls, so der Truppenkommandeur, könne er den Auftrag auch mit 10.000 Soldaten erfüllen – »Safe Havens Lite« nannte man diese Variante im Zagreber Hauptquartier der UNPROFOR. Schließlich genehmigte der Sicherheitsrat 7500 neue Blauhelme, stellte aber nur Gelder für 3500 zusätzliche Soldaten zur Verfügung. Und selbst diese wurden erst ein Jahr später nach immer neuen Rückziehern im Sicherheitsrat und endlosem Gerangel im DPKO eingesetzt. Wie so oft bei UN-Resolutionen zu Bosnien deckte sich der erklärte Zweck des Beschlusses keineswegs mit dem realen Ziel. Die Schutzzonen-Politik war beschlossen worden, nachdem die Serben Srebrenica in ein riesiges Schlachtfeld verwandelt hatten. Vor allem die Mitterrand-Regierung in Frankreich stand damals unter dem starken Druck der Öffentlichkeit, militärisch zu intervenieren. Aber auch in Großbritannien nahm der Druck zu. Nach Ansicht vieler Beobachter innerhalb und außerhalb des Sekretariats der Vereinten Nationen war den Franzosen und Briten daher gar nichts anderes übriggeblieben, als zumindest den Anschein zu erwecken, als wolle man aktiv werden. Also war man froh, als ein paar Städte in Bosnien zu Schutzzonen erklärt wurden und man auf diese Weise Entschlossenheit demonstrieren konnte, ohne daß die Vereinten Nationen oder die Nato sich damit zu viel verpflichteten.

Auch die Vereinigten Staaten favorisierten diese Politik, weil sie wenigstens auf ein verstärktes militärisches Engagement hindeutete. Die Deklaration von Schutzzonen schien daher ein Schritt in die richtige Richtung zu sein. Doch am Ende sollten den größten Nutzen daraus die Briten und Franzosen ziehen – eben die, die stets und auf jeder Stufe der Entwicklung gegen eine Intervention gewesen waren und deren Aktionen, um verstanden werden zu können, alle vor diesem Hintergrund gesehen werden müssen. Srebrenica wurde, wie ein Jahr später Goražde, zum Gefängnis für bosnische Flüchtlinge. Für den Schutz der anderen Gebiete – Bihać, Zepa, Tuzla und Sarajevo – wurden keine besonderen Anstrengungen unternommen. Die Vereinigten Staaten hatten zwar großmäulig versprochen, den Bosniern zu helfen – es war die Zeit, in der Präsident Clinton unentwegt beteuerte, daß er das Waffenembargo »gern« aufheben würde, seine europäischen Bündnispartner aber leider nicht dazu überreden könne –, weigerten sich aber, eigene Truppen zu schicken. Schließlich brachen sie sogar ihr altes Versprechen, sich an den Kosten für den Einsatz von Truppen anderer Staaten zu beteiligen. Erst nachdem es ein Jahr nach dem Schutzzonen-Beschluß zur Goražde-Krise kam, sollte die Regierung Clinton ihr einstiges Versprechen schamhaft erneuern.

Schuld tragen also alle genug. So zu tun, wie viele Mitarbeiter der Vereinten Nationen, als sei die Uno die einzig wahrhaft uneigennützige Partei in dieser bosnischen Tragödie, war nun wirklich unredlich. Tatsächlich verfolgten

die UN-Peacekeeper seit Beginn ihres Einsatzes eine sehr klar definierte und wohldurchdachte politische Agenda. Ihr Ausgangspunkt war einfach: Die Vereinten Nationen sahen in einer großangelegten Intervention zugunsten der Bosnier und in jeder zusätzlichen militärischen Aktivität, wie Nato-Luftschlägen oder der Aufhebung des einseitigen Waffenembargos gegen Bosnien, eine Gefahr für alles, was sie in Bosnien zu erreichen suchten. Ihnen ging es nicht um Moral – wie sie selber zugaben, glaubten die UN-Beamten, daß es nicht ihre Aufgabe sei, über Recht oder Unrecht in diesem Konflikt zu urteilen. Auch um Moralpolitik ging es für sie nicht, denn obwohl die bosnische Regierung einen international anerkannten Staat repräsentierte und die »Republik« der bosnischen Serben keine Legitimität besaß, sahen sich die Vereinten Nationen gezwungen, beide Seiten als gleichwertige »Parteien« oder »Kriegsparteien« zu behandeln. Der Uno ging es allein darum, Hilfslieferungen durchzukriegen und Frieden zu fördern. »Es ist die Aufgabe der UNPROFOR, den Frieden aufrechtzuerhalten«, betonte General Bertrand de Lapresle, der Oberkommandierende der UN-Truppen im ehemaligen Jugoslawien, Ende Oktober 1994. »Ich habe keine Feinde, ich habe Partner.«
Unter welchen Bedingungen ein Frieden geschlossen werden könnte, war vom Standpunkt der UNPROFOR aus nahezu irrelevant. Es brauchte kein gerechter Frieden zu sein, nicht einmal ein haltbarer. Die Vereinten Nationen verlangten nur, daß »die Parteien« ihm zustimmten. Nochmals: Das Auftreten der Uno war das einer Organisation, die »unparteiisch« versucht, eine schreckliche Situation zu lösen. Doch hinter dieser Fassade verbargen sich ganz bestimmte Interessen, welche die Uno nicht zugeben wollte, die aber unschwer zu erkennen waren. Denn wenn das Ziel einer Mission die Beendigung eines Krieges ist, wenn eine Seite, nachdem sie gewonnen hat, zu einer Vereinbarung bereit scheint, während die andere, die ihre Sache als

gerecht empfindet, aber verloren hat, entschlossen ist, weiterzukämpfen, dann werden jene, die diese Mission leiten, vermutlich glauben, daß sich ihre eigenen Interessen mit denen der Sieger deckten. Sie wie die Sieger wollen Frieden. Die Besiegten, erfüllt vom Glauben, das Recht auf ihrer Seite zu haben, weigern sich, ihre Niederlage zu akzeptieren. Angesichts dieser gemeinsamen Interessen ist es nur noch ein kleiner Schritt, daß die Sieger und die internationale Organisation schließlich wirklich glauben, sie hätten dasselbe Ziel.

Genau das geschah in Bosnien. Natürlich beklagten die Vereinten Nationen, was die Serben getan hatten. Aber da die Uno weder ein Mandat hatte, das ihr erlaubt hätte, etwas dagegen zu unternehmen, noch eines, das sie ermächtigt hätte, dem Leid des bosnischen Volkes ein Ende zu setzen, versuchten sie die bosnische Regierung dazu zu bewegen, endlich ihre Niederlage anzuerkennen. Das mochte zwar selbst für die Uno keine ideale Lösung sein, aber immerhin würden dann keine Menschen mehr getötet. Wenn, um dies zu erreichen, ein Mitgliedsstaat der Vereinten Nationen delegitimiert werden mußte, dann war das eben nicht zu vermeiden. Interessant war, daß sowohl die UNPROFOR als auch das DPKO ausgerechnet deshalb gegen die Schutzzonen-Resolution opponiert hatten, weil sie angeblich nicht unparteiisch genug war. Die UN-Beamten hatten sich auf den Standpunkt gestellt, daß diese Resolution nur dann wirklich gerecht und »humanitär« sein könne, wenn die bosnischen Regierungstruppen innerhalb dieser sechs Zonen entwaffnet würden. Geschähe dies nicht, würden diese Zonen den bosnischen Regierungstruppen nur als Waffen- und Nachschubbasen dienen. Im Rahmen eines reinen Peacekeeping gedacht, war dies durchaus plausibel. Das Problem war nur: Wäre die UNPROFOR wirklich in der Lage gewesen, in der Hauptstadt Sarajevo, in Tuzla, der zweitgrößten Stadt unter

Regierungskontrolle, und in jenen Enklaven, welche die letzten Gebiete des bosnischen Widerstands in einem sonst vollständig ethnisch gesäuberten Land waren, die bosnischen Regierungstruppen zu entwaffnen, dann hätte sie den bosnischen Staat im Namen des Schutzes seiner Bürger vor serbischen Angriffen effektiv abgeschafft.

Zum Glück für die Bosnier scheiterte der Versuch, die Schutzzonen-Resolution entsprechend zu modifizieren. Aber die Bereitschaft, welche die Vereinten Nationen an den Tag legten, Bosnien zu opfern, um den Bosniern Beistand zu leisten, sprach Bände über die Einstellung der Uno zu ihrer Aufgabe in diesem Staat. Wie jeder Außenseiter bald merkte, der eine Weile in Bosnien verbracht hat, war diese Konvergenz der Interessen der Uno mit denen der Tschetniks keine Ausnahme, sondern nahezu täglich festzustellen. Am deutlichsten wurde dies immer dann, wenn die Serben eine Offensive starteten: Gewöhnlich gab es schreckliche Verluste unter der Zivilbevölkerung, worauf, verstärkt durch die Berichterstattung in den Medien, im Westen der Ruf nach einer Intervention wieder lauter wurde. Aber immer waren es ausschließlich die Präventivmaßnahmen der UNPROFOR, die das Eingreifen von Nato-Kampfflugzeugen verhinderten.

Als beispielsweise die Romanjia-Division von General Mladić im Juli 1993 die letzten beiden strategisch wichtigen Höhenzüge über Sarajevo erobert hatte – den Berg Igman und das Bjelasnica-Massiv –, sah es in der Tat so aus, als würden die Amerikaner ihre Kampfflugzeuge schicken, um die Serben zurückzudrängen. Doch dann begannen der damalige Kommandeur der UN-Schutztruppe in Bosnien, der belgische Generalleutnant François Briquemont, und sein Stellvertreter, der britische Brigadegeneral Guy de Vere Hayes, deren offensichtlich gute Beziehungen zu Karadžić und Mladić in Sarajevo immer wieder Fassungslosigkeit und Empörung hervorriefen, rasch mit den

Serben eine Vereinbarung zusammenzuschustern, die den französischen UN-Blauhelmen gestattete, an der neuen Frontlinie Stellung zu beziehen. Die Serben zogen sich ein kleines Stück zurück, aber nicht weit genug, um die Stellungen der Franzosen und der Tschetniks für einen Bomberpiloten unterscheidbar zu machen.
Die Vereinten Nationen nannten diese »Entflechtungsvereinbarung« – von der allgemein angenommen wurde, daß sie von Hayes und dem damaligen russischen Leiter des UN Civil Affairs in Sarajevo, Viktor Andrejew, aufgesetzt worden war – einen großen Sieg für den Frieden. UN-Beamte betonten gegenüber der Presse, es habe nunmehr »keinen Grund« für Luftangriffe gegeben. In Wahrheit aber hatten die Vereinten Nationen ihre Blauhelme so nahe bei den Serben in Stellung gebracht, daß bei einem Luftangriff genauso viele Franzosen wie Tschetniks umgekommen wären. Damit hatte die Uno nicht als unparteiischer Zuschauer gehandelt, sondern sichergestellt, daß ihre eigenen Anliegen zum Tragen kamen, allem voran der Wunsch, daß es zu keiner Intervention käme. Da war sie wieder, diese Übereinstimmung der Interessen: Die UNPROFOR hat Nato-Luftangriffe verhindert, die Vereinten Nationen konnten ihre Mission erfüllen und die Serben konnten das in der Schlacht eroberte Gelände behalten. Kein Wunder, daß Serben und UNPROFOR-Kommandeure so gut miteinander auskamen. Wie bei so vielen Schlachten vorher und nachher waren die Vereinten Nationen während der Schlacht um den Berg Igman im Grunde die besten Freunde, die die Serben hatten. Schließlich töten Nato-Flugzeuge keine Franzosen. Und das wußte die UNPROFOR ebensogut wie die starken Männer in Pale.
Mitarbeiter der Vereinten Nationen schienen nicht im geringsten an der Korrektheit solcher Aktionen zu zweifeln. Schließlich ging es darum, neue Kämpfe zu verhindern, Punkt. Das hieß, daß man einen Weg finden mußte, die

Lage zu entschärfen, wenn die Serben wieder einmal zu weit gegangen waren. Gewöhnlich geschah dies, indem man überhaupt nicht militärisch reagierte und abwartete, bis die Krise vorüber war. Sogar wenn die Serben UN-Truppen direkt angriffen, wie sie es gelegentlich taten, wandte man keine oder so wenig Gewalt an, daß es nicht nur militärisch nutzlos war, sondern den Serben auch noch zeigte, wie wenig sie von der UNPROFOR zu befürchten hatten. Obwohl man sie in ihrem Glauben nicht hätte beflügeln müssen, fühlten sie sich nun bestätigt in ihrer Überzeugung, daß sie in Bosnien tun und lassen konnten, was sie wollten. Egal wie sie mit der Uno umsprangen, die Uno wollte mit den Serben verhandeln. Und so fielen im Laufe der ersten beiden Jahre – die Reporter gewöhnten sich derweil an die vorsichtig optimistischen Kommuniqués der UNPROFOR, in denen es hieß, daß es diesmal wirklich zu einer Vereinbarung kommen würde – Bosanski Brod und Čerska und Jajce und Zepa, und so wurde Banja Luka gesäubert, Sarajevo zerstört, und Srebrenica und Goražde wurden in riesige moslemische Flüchtlingslager verwandelt. »Wir bewegen uns unaufhaltsam in Richtung eines Friedensvertrags«, hatte David Owen Mitte 1993 verlautbart. Er hätte besser gesagt, daß sich General Mladić unaufhaltsam in Richtung Sieg bewegte.

Beispiele für die würdelose Beziehung der Vereinten Nationen zu den Serben lassen sich in allen Phasen dieser Kämpfe finden. Der Tiefpunkt aber war vermutlich im Mai 1994 erreicht: Damals schloß Akashi ein geheimes Abkommen mit General Mladić, das sieben Panzern der bosnisch-serbischen Armee Geleitschutz durch die Waffenverbotszone um Sarajevo versprach. Dies war ein Fall, in dem die Vereinten Nationen nicht nur gegen ihr eigenes Mandat verstießen, indem sie den Serben gestatteten, schwere Waffen bequem an einer anderen Front in Stellung zu bringen, sondern auch noch die Nato-Vorschriften für die Waffen-

verbotszone brachen, die die UNPROFOR selbst zu überwachen hatte. Weder Akashi noch seine Vorgesetzten in New York entschuldigten sich für dieses Abkommen. Sie rechtfertigten sich damit, daß ihnen die Serben schließlich im Gegenzug das Recht gegeben hätten, hundertfünfzig britische Blauhelme zusätzlich nach Goražde zu bringen und entlang der Front bei Brčko in Nordostbosnien UN-Militärbeobachter zu stationieren – in jenem Gebiet, dem General Mladić nun, nachdem er Goražde zerstört hatte, wohl seine Aufmerksamkeit widmen würde.
Was waren schon sieben zusätzliche Panzer für die Serben, begründeten UNPROFOR und DPKO-Vertreter ihre Aktion, gegen diesen »Zugewinn«? Auch würden sie nur das Mandat des Sicherheitsrates erfüllen und hätten keinerlei eigene Absichten verfolgt. Dabei hatten die Serben von der Uno nicht nur wie üblich etwas bekommen, was man ihnen überhaupt nicht hätte anbieten dürfen. Denn obwohl das Ganze herauskam und ein verlegener Akashi versuchte, die Vereinbarung schnellstens rückgängig zu machen, durften die bosnischen Serben ihre Panzer durch die Zwanzig-Meilen-Zone bringen. Da nur Akashi einen Luftangriff genehmigen konnte, gab es nichts, was die Uno oder die Nato dagegen tun konnten. Einer der Panzer sollte sogar vor den Augen seiner UNPROFOR-Eskorte verschwinden. Er fuhr in einem Konvoi von drei Fahrzeugen: der serbische Panzer auf einem Sattelschlepper, gefolgt von einem serbischen Begleitfahrzeug und dahinter ein UNPROFOR-Wagen. Am nächsten Tag berichtete das Pressebüro der UNPROFOR, das serbische Begleitfahrzeug sei plötzlich hin und her geschlenkert und habe so den Leuten im UNPROFOR-Fahrzeug die Sicht versperrt, während sich der Sattelschlepper mit dem Panzer einfach auf und davon machte. »Er ist verschwunden, wir suchen ihn überall in der Zwanzig-Meilen-Zone«, erklärte UNPROFOR-Pressesprecher Oberstleutnant Eric Chaperon der versammelten Presse.

Nicht nur fand die UNPROFOR kaum etwas dabei, die Serben mit den Bosniern machen zu lassen, was sie wollten; im Verlauf der Kämpfe erwies sie sich sogar bereit, die Serben mit den UN-Truppen machen zu lassen, was sie wollten. Ein Musterbeispiel dafür ist ein Zwischenfall, der sich um die gleiche Zeit im Sommer 1993 abspielte, als die Generäle Briquemont und Hayes nach einer Möglichkeit suchten, die Nato daran zu hindern, die Tschetniks vom Berg Igman zu vertreiben. Die Serben hatten eine französische Einheit angegriffen, die gerade in der Nähe des zerstörten Zetra-Olympiastadions in Sarajevo ein Militärlager errichtete. Die bosnisch-serbische Armee feuerte mehr als achtzig Granaten auf das französische Truppenkontingent, wobei sie viele seiner Fahrzeuge zerstörte, wie durch ein Wunder aber keinen einzigen der Männer tötete. General Briquemont lehnte es ab, den Befehl zum Gegenfeuer zu geben, um, wie er später erklärte, die Friedensgespräche nicht zu gefährden, die gerade wieder einmal in Genf beginnen sollten. Als die Abschleppfahrzeuge die zerschossenen Panzerwagen durch die Straßen von Sarajevo zogen, liefen die Einheimischen zusammen und jubelten schadenfroh. »Diese achtzig Granaten können die Tschetniks wenigstens nicht mehr auf uns abfeuern«, sagte einer von ihnen zu mir. Beide Entscheidungen – der Deal mit den Serben und die Weigerung, ein eindeutig gegen UN-Personal gerichtetes Feuer aus serbischen Stellungen unverzüglich zu erwidern – standen völlig im Einklang mit den operativen Prinzipien der Vereinten Nationen und ihren Zielen in Bosnien. Ohne zu bestätigen, daß Hayes und Andrejew Mladić effektiv Hilfe angeboten hatten, aus der Igman-Krise herauszukommen, sagte mir später ein UN-Beamter, daß er daran, sollten sie es getan haben, nichts falsch finde. »In dieser Situation sind wir die Vermittler«, sagte er. »Die Serben sagen uns, auf was sie sich einlassen können, und unsere Aufgabe ist es, ihnen zu sagen, na schön, dann soll-

tet ihr's tun. Natürlich hätten wir gern, daß sie sich auf so viel wie möglich einlassen würden. Darum geht es ja in unseren Verhandlungen mit ihnen. Aber es gehört nicht zu unserem Mandat, sie zu einer bestimmten Entscheidung zu zwingen, genausowenig wie es zu unseren Aufgaben gehört, die bosnische Seite zu einer Entscheidung zu zwingen. Wir versuchen nur, die Parteien zu einer Einigung zu führen.«
Es ging aber nicht einfach darum, ob die Uno sich mit ihrem Wunsch nach einem schnellen Frieden objektiv eher in Übereinstimmung mit der Position der Serben als mit der der bosnischen Regierung befand, auch wenn das von Brisanz war. Es ging vielmehr darum, daß viele UN-Beamte überzeugt waren, die wahren, für den Zerfall Jugoslawiens verantwortlichen Schurken seien nicht Karadžić oder Milošević gewesen, sondern – und zwar genau in dieser Reihenfolge – Franjo Tudjman, Hans-Dietrich Genscher und Alija Izetbegović. Sie räumten zwar ein, Izetbegović habe alles versucht, um Jugoslawien zusammenzuhalten, aber da sie Milošević für völlig schuldlos hielten, waren sie der Meinung, daß Izetbegović die Verpflichtung gehabt hätte, alles zu akzeptieren, was der serbische Präsident ihm anzubieten bereit war. Und das, so fanden sie, galt 1994 nicht anders, als es 1991 gegolten hatte.
Es war unbestreitbar, daß die bosnischen Serben schon bald fast alle ihrer militärischen Ziele erreicht hatten und deshalb seit Anfang 1994 auf einen Waffenstillstand drängten. Damit wären die Teilungsgrenzen Bosniens auf dem Schlachtfeld entschieden worden. Um des Friedens, irgendeines Friedens willen waren die Vereinten Nationen bereit, sich damit abzufinden. Doch die bosnische Seite machte nicht mit. Sie wollte zuerst eine durchsetzbare Vereinbarung und erst dann einen Waffenstillstand. Der Vance-Plan von 1991 für Kroatien hatte die Möglichkeit für eine Rückkehr kroatischer Vertriebener aus den serbisch besetz-

ten Gebieten vorgesehen. Bis eine endgültige Regelung erreicht sei, sollten diese Gebiete als sogenannte UNPAs (UN Protected Areas) von den Vereinten Nationen kontrolliert werden. Doch bis Ende 1994 war noch keinem einzigen Flüchtling die Rückkehr gestattet worden, und jedermann gab zu, daß die Serben und nicht die Vereinten Nationen die UNPAs kontrollierten. Unter diesen Umständen hatte die bosnische Regierung allen Grund, sich gegen den Druck zu wehren, den die Uno auf sie ausübte, damit sie ihr Einverständnis zu einem ähnlich »vorläufigen« Waffenstillstand im eigenen Land geben würde.

Im Grunde waren die Vertreter der UNPROFOR mehr um die Sicherheit ihrer eigenen Leute besorgt als um die territoriale Unverletzlichkeit Bosnien-Herzegowinas. Die Bedrohung, der das UN-Personal auf bosnischem Boden ausgesetzt war, war kein Hirngespinst. Die rund dreißigtausend UN-Mitarbeiter vor Ort wären ganz sicher das erste Ziel der Serben gewesen, wenn es zu einer ernsthaften militärischen Drohgebärde des Westens gekommen wäre. Die Gefahr, daß Angehörige der UNPROFOR getötet oder als Geiseln genommen werden könnten, hat auch mit Sicherheit dazu beigetragen, daß sich die Uno mit Händen und Füßen gegen eine Intervention gewehrt hat. Als die Serben nach dem Nato-Luftangriff auf Goražde hundertfünfzig Blauhelme als Geiseln nahmen, zeigte sich, daß diese Bedrohung durchaus real war. Sogar die Weigerung Akashis, Nato-Luftangriffe anzufordern, selbst als längst klar war, daß die Serben dem Nato-Ultimatum in Goražde nicht Folge leisten würden, war wahrscheinlich von der Sorge um die Sicherheit seiner Leute mitbestimmt. Doch das war nicht die ganze Geschichte. Denn zur selben Zeit, als die Serben UN-Angehörige als Geiseln hielten und das Nato-Ultimatum ablief, führten Sergio Vieira de Mello als oberster UN-Zivilvertreter in Sarajevo und General André Soubirou als Abschnittskommandeur der UNPROFOR persönlich einen kleinen Truppenverband nach Goražde hinein und offerierten damit den Serben ein weiteres Ziel und weitere potentielle Geiseln. Vermutlich hätte Akashi ohnehin keine Luftangriffe genehmigt, doch erleichterte ihm die Anwesenheit dieser zusätzlichen UNPROFOR-Angehörigen in Goražde die Entscheidung. De Mello und seine Kollegen nannten ihre Aktion bezeichnenderweise einen großen Sieg für den Friedensprozeß.

Es gab zahlreiche Beispiele, die deutlich machten, daß die Serben die UN-Schutztruppe besser einzuschätzen wußten als die UNPROFOR sich selbst, so daß die Journalisten im Zweifelsfall stets davon ausgingen, daß es doch wieder nur zu einer Demütigung der UNPROFOR kommen würde. Die Weichen für diese Entwicklung waren schon früh gestellt worden. Wenn die UNPROFOR und das DPKO hinnahmen, daß General Mladić am 9. April 1993 – eine Woche nach Inkrafttreten der UN-Resolution, mit der die Nato zur Überwachung der Flugverbotszone über Bosnien ermächtigt wurde – in seinem Kommandohubschrauber zu einem Treffen mit General Morillon flog, dann waren sie wohl bereit, auch alles andere hinzunehmen, was ihnen die Serben auftischen wollten. »Bei dem Kurs, den sie steuern«, spottete damals einer meiner Freunde in Sarajevo, »werden sie sogar die Selbstgeißelung noch in Verruf bringen.«

Hinter den Versuchen der Vereinten Nationen, sich mit den Serben gutzustellen, stand mehr als nur die Tatsache, daß sich die Soldaten der UNPROFOR bei der geschniegelten bosnisch-serbischen Armee wohler fühlten als unter den Bosniern, oder daß die Mitarbeiter des UN Civil Affairs um jeden Preis Frieden haben wollten und deshalb bereit waren, im Namen des humanitären Hilfsprogramms jegliche moralischen Grundsätze zu opfern. Der Unterschied im Verhalten der UNPROFOR gegenüber der bosnischen Regierung und den bosnischen Serben trat immer deutlicher

hervor. Mitarbeiter des UNHCR, die UNPROFOR-Vertreter sowohl ins bosnische Präsidialamt in Sarajevo als auch in Radovan Karažićs Hauptquartier nach Pale begleitet hatten, berichteten häufig, wieviel wohler sich die UN-Kommandeure in Gesellschaft der Serben zu fühlen schienen. (Ein hochrangiger UN-Offizier beispielsweise trug beim UNHCR den Spitznamen »Mrs. Mladić«.)
Sogar Mitglieder des Stabes von General Rose ließen im privaten Gespräch durchblicken, daß der General den international unterstützten Teilungsplan vom Frühjahr 1994 höchst unfair gegenüber den bosnischen Serben fand und das bei seinen Treffen mit Radovan Karadžić auch deutlich zum Ausdruck gebracht habe. Wie sich solche Aussagen auf die Bereitschaft der bosnischen Serben, diesen Plan anzunehmen, auswirken würden, war vorhersehbar. Denn wie konnte es dem Westen damit ernst sein, wenn sogar hochrangige UN-Offiziere in Bosnien an ihm zu zweifeln schienen? Die Bereitschaft der Uno, die Geschehnisse in Bosnien von Radovan Karadžićs Standpunkt aus zu betrachten, war jedoch nicht einfach nur Folge der privaten Einstellung einiger UN-Offiziere. In ihr kam ganz einfach zum Ausdruck, wie das UN-Peacekeeping von Anfang an gehandhabt worden war.
Während des ganzen Konflikts waren die UN-Peacekeeper im ehemaligen Jugoslawien, in New York und in Genf mit den bosnischen Serben – wie mit dem Milošević-Regime in Belgrad – umgegangen, als hätten diese im Ernst vorgehabt, auf dem Verhandlungsweg zu einer Einigung zu kommen. Damit hatten sich die Peacekeeper einer Reihe von Verfahrensweisen bedient und waren von Voraussetzungen ausgegangen, die vielleicht beim Umgang mit Leuten angebracht gewesen wären, die den Kämpfen wirklich ein Ende setzen wollten. Beim Umgang mit den kriegslüsternen Kommandanten des Verbrecherstaates »Srpska Republika« waren sie jedoch gänzlich unangemessen.

Es hätte daher niemanden zu überraschen brauchen, daß die Serben sich von der aus Wunschdenken geborenen Aufforderung der Uno, sich wie verantwortungsvolle Bürger der Weltgemeinschaft zu verhalten, ebenso unbeeindruckt zeigten wie von der Drohung mit militärischer Gewalt, von der sie mittlerweile wußten, wie leer sie war. Von Anfang an hatten sie an ihren Kriegszielen und ihrer Militärstrategie keinen Zweifel gelassen. Vor allem aber waren sie sich völlig im klaren darüber gewesen – was immer die Großmächte sagen oder welche Resolutionen sie auch immer im Sicherheitsrat verabschieden mochten –, daß die westlichen Regierungen in keiner Weise bereit waren, ihren Worten auch Taten folgen zu lassen. Denn die Weltgemeinschaft, wie sie irreführend genannt wird, wußte nicht, was sie wollte, und war folglich gelähmt. Sie wollte, daß der Krieg beendet wird, der Völkermord aufhört oder der Konflikt zumindest eingedämmt würde. Doch nur das letztere dieser drei Ziele konnte erreicht werden, ohne das Leben von Nato-Soldaten zu gefährden, und zumindest anfänglich wäre eine solche Eindämmungspolitik sowohl bei einem Sieg als auch bei einer Niederlage der Serben möglich gewesen.

Seit dem serbisch-kroatischen Krieg von 1991 war klar, daß amerikanische, britische und französische Truppen nicht zum Kämpfen auf den Balkan geschickt würden. Humanitäre Hilfslieferungen durchzubringen, war eine Sache, Krieg zu führen eine andere. Was die Serben in Knin[6], Pale und Belgrad anging, so hatte ihnen bereits die Weigerung des Westens, auf die Zerstörung von Vukovar und den Beschuß von Dubrovik zu reagieren, alles gezeigt, was sie wissen mußten. Es waren nicht nur die verärgerten Journalisten, die so dachten. Als David Owen im Frühjahr 1993 bei einem Treffen in New York vorgeworfen wurde, sich so zu verhalten, wie es Briten und Franzosen 1938 mit ihrer Beschwichtigungspolitik gegenüber Hitler getan hatten, entgegnete er eisig: »München war voriges Jahr.« Was man von Owens Diplomatie auch halten mochte: damit hatte er recht. Vance und Owen waren von den Vereinten Nationen und der Europäischen Gemeinschaft beauftragt worden, eine Einigung in Bosnien auszuhandeln, wobei sie von Anfang an wußten, daß es keinen militärischen Druck, ja noch nicht einmal eine glaubwürdige Drohung geben würde, die bei den Serben etwas hätte bewirken können. Und die beiden Unterhändler wußten, daß auch die Serben dies wußten. Es spielt hierbei keine Rolle, daß sich Owen und Vance im Laufe der Zeit selbst aktiv gegen eine militärische Intervention des Westens einsetzten, da sie angeblich, wie sie jedesmal argumentierten, gerade vor einem Durchbruch standen.

Einmal hatte Owen in einem Interview gesagt: »Es wird ständig den Unterhändlern die Schuld gegeben. Geben Sie die Schuld Ihren Regierungen. Ich bin ein Agent, ein Unterhändler. Ein Unterhändler wird sich immer auf die Seite des Friedens stellen ... Ich muß meine Unparteilichkeit wahren. In diesem Kontext bewege ich mich ... Wir waren noch nie gegen eine stärkere Beteiligung der Regierungen ... Unsere Aufgabe war es, den Frieden zu wahren und darauf zu warten, daß die Regierungen wieder aktiv werden.«

Das Problem war nur, daß es keinen Frieden gab, den man hätte wahren, und nichts, worüber man hätte verhandeln können. Was die Serben wollten, war der Sieg. Das war es, was die Vereinten Nationen und die Europäische Gemeinschaft, Vance und Owen und all die anderen nie wahrhaben wollten. Im Grunde war es das uralte Problem von Liberalen, wenn sie es mit Vertretern des Totalitarismus zu tun hatten: Sie waren unfähig, einzusehen, daß das Vorhaben der Mörder in dem, was sie ihren eigenen Landsleuten erzählten, viel deutlicher zum Ausdruck kam als in dem, was sie am Konferenztisch sagten. Wenn Radovan Karadžić oder General Mladić in Belgrad oder Pale im Fernsehen sprachen, dann redeten sie von Großserbien und Sieg. Sprachen sie mit Journalisten, dann redeten sie davon, daß sie lediglich einen Verteidigungskrieg führten und leugneten jede serbische Schuld. Zumindest Karadžić tat das; Mladić beschränkte sich meistens darauf, seinen Feinden die endgültige Vernichtung anzudrohen und Reportern wie UN-Vertretern zu raten, gut auf sich aufzupassen. Aber wenn sie mit Diplomaten sprachen, gerierten sie sich als Verhandlungspartner, während ihre Truppen auf dem Schlachtfeld weitermetzelten wie zuvor.

»Die Serben verstehen, mit der Uno umzugehen«, sagte Owen einmal. Mit der Zeit gewöhnte sich jeder, der es noch ertragen konnte, den Kurs der UN-Vertreter in Bosnien zu erleben, an ein scheinbar festgelegtes Verfahren: Ein neuer UN-Diplomat oder Kommandeur kam in Zagreb oder Sarajevo an und versprach, die Dinge auf völlig neue Weise anzupacken. Oft mit einer feindseligen Zuhörerschaft aus bosnienerfahrenen Journalisten konfrontiert, bestand er darauf, daß es falsch sei, den Serben für alles die Schuld zu geben, und noch ungerechtfertigter, in bezug auf den Verhandlungsprozeß eine zynische Haltung einzunehmen. Stille Zuversicht sei angebracht, und die Hoffnung, daß sich die Dinge zum Besseren wenden. Dergleichen wurde einem entweder offiziell mitgeteilt oder hinter den Kulissen und vertraulich. Dann begann der unvermeidliche Prozeß der Ernüchterung, jene rapide Desillusionierung, die jeder Vertreter der Vereinten Nationen durchmachen mußte, bevor er Bosnien wieder verließ und seine strahlende Reputation in Scherben lag.

Dabei haben die Draufgänger oft mehr Schaden angerichtet als die Opportunisten. Nachdem das UNPROFOR-Mandat von Kroatien auf Bosnien-Herzegowina ausgedehnt worden war, hielt man die gerade amtierenden UN-Vertreter, im Gegensatz zu den Leuten des UNHCR, allgemein für wenig qualifiziert. Der ranghöchste Zivilbeamte der Vereinten Nationen im ehemaligen Jugoslawien, ein anglo-irischer Diplomat namens Cedric Thornberry, wurde von vielen Mitgliedern des Vance-Owen-Teams und des UNHCR für einen redegewandten Opportunisten gehalten, dem es vor allem darum ging, so wenig zu tun wie möglich und nach Möglichkeit anderen die Verantwortung zuzuschieben. Als Yasushi Akashi zum UN-Sonderbevollmächtigten im ehemaligen Jugoslawien und Sergio de Mello faktisch zum Prokonsul der Uno in Sarajevo ernannt wurden, glaubte, wer die beiden kannte, das New Yorker Sekretariat mache nun endlich Ernst in Bosnien. Dies, versicherten UN-Leute, sei das denkbar beste Team, und es wäre nur eine Frage der Zeit, bis die UNPROFOR ganz andere Dinge erreichen würde.

Zur gleichen Zeit wurde General Briquemont, der in seiner Laufbahn keinerlei Kampferfahrung aufzuweisen hatte – Journalisten gegenüber prahlte er ständig mit seinem beispiellosen Zugang zu General Mladić, den er angeblich schon vor dem jugoslawischen Zusammenbruch gekannt hatte, und beklagte sich über die UN-Bürokratie in New York oder seine eigenen Schwierigkeiten in Sarajevo, wo er, wie er es nannte, »im Feuer« stehe –, von Sir Michael Rose abgelöst. Rose, ein wirklich kampferprobter General, war Befehlshaber der Spezialeinheit British Special Air Service sowie Veteran des Falkland-Krieges und des Schmutzigen Krieges in Irland. An der britischen Militärakademie Camberley hatte er Vorlesungen über Peacekeeping gehalten. Obwohl ein UN-Vertreter, der mit Rose zu tun hatte, von einem »entrückten Blick« sprach, der dem General manchmal in die Augen komme und den er darauf zurückführte, daß Rose zuviel Zeit damit verbracht habe, »Gebäude zu stürmen und jedermann in seiner Nähe zu Eis gefrieren zu lassen«, war Rose zweifellos ein außergewöhnlich fähiger Offizier. Zu Beginn des Waffenstillstands und nach dem

Rückzug der schweren Waffen der Serben aus der Zwanzig-Meilen-Zone um Sarajevo schien diese neue militärische wie zivile Führung in der Tat neue Schwerpunkte zu setzen. Konvois des UNHCR erreichten Orte in Bosnien, zu denen ihnen monatelang der Zugang verwehrt worden war. In Sarajevo begann Rose mit der Müllbeseitigung, der Reparatur der Straßenbahngeleise und arrangierte sogar ein Fußballspiel in Sichtweite der serbischen Belagerer.[7] Dergleichen wäre vor dem Waffenstillstand undenkbar gewesen.

Allerdings hätte man von Anfang wissen können, daß sich in Wahrheit weniger veränderte, als es schien. Hätten die Vertreter der Vereinten Nationen und der westlichen Regierungen dem Fernsehen aus Pale mehr Aufmerksamkeit geschenkt, so hätten selbst diejenigen, die einen Sieg über die Serben errungen zu haben glaubten, gemerkt, daß in der »Srpska Republika« alles andere als eine defätistische Stimmung herrschte. Die Serben hatten schon längst ihren Plan aufgegeben, ganz Sarajevo einzunehmen. Owen selbst hatte unmittelbar nach dem Rückzug der meisten, wenngleich, wie sich bald herausstellen sollte, bei weitem nicht aller schweren serbischen Waffen aus der Zwanzig-Meilen-Zone um Sarajevo geäußert: »In gewisser Weise wurden die Serben nur gebeten, etwas zu tun, wozu sie im Prinzip schon längst bereit waren ... Man hat einfach nicht gegen den Strich gehandelt.«

Wer Pale oder die serbisch kontrollierten Stadtteile von Sarajevo besuchte, konnte hören, daß die bosnischen Führer nicht mehr wie noch vor einem halben Jahr von der Einnahme des Rests der Stadt sprachen, sondern nur noch von Teilung. Nikola Koliević, ein zum »Minister« mutierter Literaturkritiker, begrüßte Journalisten in Pale gern mit Berichten über »Neu-Sarajevo«, also über jene Viertel und Vororte, die die Serben nach dem Ende aller Feindseligkeiten zu ihrer Hauptstadt machen wollten. Alles, von neuen Straßennamen bis hin zu Aufbauplänen, wurde bereits durchdacht. Die Vereinten Nationen hätten es auch als Warnzeichen verstehen müssen, daß die Wiedereröffnung der »Brücke der Brüderlichkeit und Einheit« zwischen dem von der Regierung kontrollierten Sarajevo und Grbavica, dem von den Serben kontrollierten Bereich der Innenstadt, keineswegs ein Schritt zur Wiedervereinigung der Stadt war, sondern erstmals ihre Teilung legitimierte, zumindest von dem Moment an, in dem die Uno den Serben erlaubt hatte, dort einen Grenzposten aufzustellen und Schilder mit der Aufschrift anzubringen: »Stadt Neu-Sarajevo« und »Grenzübergang«.[8]

Nachdem das erste Schild angebracht worden war, erklärten UN-Vertreter indigniert, daß dies nicht Teil ihrer Abmachung mit den Serben gewesen sei und es daher sofort verschwinden müsse. Natürlich blieb es. Owen war da aufrichtiger. Im Frühjahr 1994 war er bereit, öffentlich zuzugeben, daß mit jedem Tag »die Wahrscheinlichkeit einer permanenten Teilung Sarajevos größer wird«. Diese freimütige Einschätzung der Lage war erfrischend, zumal verglichen mit den Äußerungen Akashis. Damit war Owen weit von der Position abgerückt, die er während der ganzen zweiten Hälfte des Jahres 1992 und fast das ganze folgende Jahr kategorisch vertreten hatte: »Es wird keine Srpska Republika geben.« Jetzt war das Spiel zu Ende, und das wußte er. Nur Gewalt hätte die Serben nun noch zwingen können, irgendeinen Teil der Gebiete um Sarajevo aufzugeben. Außerdem waren, wie Owen anmerkte, jetzt »die Russen drin. Jeder Angriff wäre nun auch ein Anschlag auf ihren Stolz.«

Um einen Luftangriff der Nato zu verhindern, war das russische Blauhelm-Kontingent nur Stunden vor Ablauf des Nato-Ultimatums im Februar 1994 auf der serbischen Seite der Frontlinie stationiert worden. »Die Nato war zu Luftangriffen bereit«, hatte Owen gesagt, doch nachdem die

Russen dort Stellung bezogen hatten, gab es diese Bereitschaft natürlich nicht mehr. Die Großmächte waren sehr viel mehr an Rußland als an Bosnien interessiert. Einen Angriff zu fliegen, bei dem auch nur ein Russe hätte getötet werden können, war ausgeschlossen. Die Serben hatten verstanden. Als die russischen Blauhelme, die zuvor als Teil der UNPROFOR-Truppen im östlichen Kroatien stationiert gewesen waren, in Pale einrückten, wurden sie von den bosnischen Serben wie Befreier begrüßt. Die Einheimischen zeigten den Dreifingergruß der serbischen Nationalisten und verteilten Slibowitz, Würstchen, Käse und Brot. Die Russen antworteten ebenfalls mit dem Dreifingergruß und hoben die Kinder auf ihre Panzer. Später tauschten sie unter großem Gelächter mit ihren serbischen Kollegen die blauen UN-Barette mit den Tschakos der bosnisch-serbischen Armee. Dann bezogen sie entlang der Front Stellung. Mit ihrer Stationierung in Grbavica gab es für die bosnische Regierung keine Möglichkeit mehr, auch nur einen Fußbreit von Sarajevo mit Gewalt zurückzuerobern, wie sie es noch im Dezember 1993 versucht hatte.

Vielleicht war das alles tatsächlich unvermeidlich. Owen sagte einmal: »Wir würden uns selbst belügen, wenn wir uns einredeten, die Leute könnten in die serbisch besetzten Gebiete zurückkehren.« Aber diese Einschätzung der Lage wollten weder die Vereinten Nationen noch die in Bosnien engagierten westlichen Regierungen offiziell teilen. Es hatte lange gedauert, bis es endlich zu einem Nato-Ultimatum gekommen war, doch dann wurden seine positiven Folgen für Sarajevo als großer Sieg gefeiert – vor allem in den Vereinigten Staaten, wo das Gefühl, versagt zu haben, besonders stark war. Aber es war alles andere als ein Sieg. Es war nichts weiter als die Bestätigung einer Entscheidung, welche die Großmächte längst getroffen hatten. Und die besagte, daß die bosnische Krise nur durch eine Teilung des Staates gelöst werden könnte, die es den Serben gestatten würde, einen Großteil der von ihnen eroberten und ethnisch gesäuberten Gebiete zu behalten. Vermutlich wäre überhaupt nichts für Sarajevo getan worden, hätten die Großmächte kein Image-Problem gehabt, nachdem die öffentliche Meinung in ihren Ländern – sentimental und irrational – auf die Fernsehbilder vom Massaker auf dem Marktplatz von Sarajevo am 5. Februar 1994 heftig reagiert hatte. So wurde eben das Minimum getan.

Daß das Kräfteverhältnis zwischen Uno, Nato und den Serben im Grunde unverändert war, sollte sich zwei Monate später, im April 1994 zeigen, als General Mladić in Ostbosnien eine Offensive auf den Kessel von Goražde startete. Goražde war eine der drei Enklaven des Widerstands der bosnischen Regierungsseite im Drina-Tal, wo vor 1992 mehrheitlich Moslems gelebt hatten. Die anderen Städte dieser Region – Foca, Cajnice, Bijeljina und Zvornik – waren bereits zu Beginn des Krieges gefallen und auf ganz besonders grausame Weise ethnisch gesäubert worden. Drei Gebiete jedoch, jedes mit einer Kreisstadt – Srebrenica, Zepa und Goražde – und ein paar Dörfern, waren in den Händen der bosnischen Regierung geblieben. Sie steckten General Mladić wie Gräten im Hals, denn sie standen seinem Plan eines Großserbien vom serbischen Restjugoslawien quer durch ganz Bosnien bis in die Krajina im Wege. Außerdem konnten die bosnischen Außenposten mit ihren gut ausgebildeten Guerillakämpfern die Verbindungswege der Serben nach Osten in Richtung Kroatien und nach Süden entlang der Drina bis hinein nach Montenegro und zur Adria blockieren.

Srebrenica hatte Mladić im Frühjahr 1993 erledigt. Er hatte große Truppenkontingente und jede Menge Artillerie rund um die Enklave in Stellung gebracht und dann begonnen, langsam vorzurücken. Wie immer hatte Mladić die Standarddoktrin der Jugoslawischen Volksarmee wie des Warschauer Pakts – schicke nie einen Mann rein, wo eine Kugel zuerst rein kann – mit der Vorliebe der bosnischen Serben für den Beschuß von Krankenhäusern, Wasserversorgungsanlagen und Flüchtlingslager verbunden, um in der Bevölkerung ein Höchstmaß an Terror zu verbreiten. Dorf um Dorf fiel, bis Mladićs Truppen schließlich am Stadtrand von Srebrenica standen. An einem einzigen Tag kamen im Granathagel der bosnisch-serbischen Armee sechzig Zivilisten um, darunter viele Kinder – worauf der Weltsicherheitsrat die Schutzzonen-Resolution verabschiedete. Abgesehen vom Einzug des damaligen UNPROFOR-Kommandeurs General Philippe Morillon, der den Menschen versprach, »ich werde euch nie wieder verlassen«, um eine Woche später nach Sarajevo zurückzukehren, war ihr einziges Resultat, daß das wirtschaftlich total ruinierte Stadtzentrum in bosnischer Hand blieb.

Was mit Srebrenica geschehen war, wiederholte sich in Goražde. Doch diesmal waren es der gerühmte Diplomat Akashi und der harte Soldat Rose, welche die Serben weder aufhalten noch deren genauen Absichten herausfinden konnten. »Man hat mich angelogen«, erklärte General Rose indigniert, als habe man noch nie von einer solchen Taktik seitens Karadžićs und Mladićs gehört. Und Rose fügte hinzu: »Ich werde den Serben nie wieder trauen.« Akashi wirkte wie erschlagen, ebenso der russische Unterhändler, der stellvertretende Außenminister Vitaly Tschurkin, der bis dahin nahezu alles, was die Serben taten, verteidigt hatte. Als der Beschuß von Goražde weiterging, forderte die UNPROFOR zwei völlig wirkungslose Luftangriffe an. Dann proklamierte die Nato eine Waffenverbotszone um die Stadt. In letzter Minute zogen die Serben einen Großteil ihrer schweren Waffen zurück. Akashi und Rose verkündeten, die Krise sei bewältigt.

Nun begann die UNPROFOR, die Geschichte des Geschehens in Goražde neu zu schreiben. Demnach sei die Belagerung gar nicht so schlimm gewesen. Als das UNHCR die

UNPROFOR zuvor unter Druck gesetzt hatte, wegen Goražde etwas zu unternehmen, hatten Angehörige des Hauptquartiers von Rose wissen lassen, die Berichte der UNHCR-Mitglieder vor Ort seien nicht vertrauenswürdig, ja sogar die Berichte des kanadischen Leiters des Militärbeobachterteams der Uno in Goražde, Major Pat Strogan, seien wertlos, weil, wie mehrere Assistenten von Rose den Journalisten steckten, der Major unter dem Streß zusammengebrochen sei. Doch selbst nach Einstellung des Beschusses auf Goražde behaupteten Rose und sein Stab noch, daß das Ganze aufgebauscht worden sei. Nach der Rückkehr von seinem ersten Blitzbesuch in der Stadt erklärte Rose in einer Pressekonferenz, das Ausmaß der Zerstörung wie auch die Zahl der Toten seien maßlos übertrieben worden. »Wir evakuieren verwundete Kämpfer, die aus unseren Hubschraubern hüpfen«, sagte er ärgerlich. In Wirklichkeit war er wütend, weil er glaubte, die bosnischen Regierungstruppen hätten einen Soldaten seiner britischen Spezialeinheit, der als vorgeschobener Boden-Luft-Leitposten im Einsatz gewesen war, in eine Falle gelockt, indem sie ihn aufgefordert hätten, in eine ihrer Stellungen zu kommen, dann auf die Serben geschossen und den britischen Offizier im Gegenfeuer hätten umkommen lassen. Das Internationale Komitee vom Roten Kreuz und das UNHCR, die beide während und nach dem Beschuß internationale Mitarbeiter in Goražde gehabt hatten, wiesen die Darstellung von Rose heftig zurück. »Wir stehen hier vor einer humanitären Katastrophe«, sagte Peter Kessler vom UNHCR, der bereits so viele Jahre im ehemaligen Jugoslawien verbracht hatte wie Rose Monate.

In der Zwischenzeit demonstrierten die bosnischen Serben, wie sie das Nato-Ultimatum, den Beschuß von Goražde einzustellen und ihre schweren Waffen zurückzuziehen, verstanden. Nur wenige Tage, nachdem sie angeblich wie gefordert alle Soldaten und alles Material zurückgezogen hatten, begannen sie erneut Truppen in Richtung Innenstadt zu bewegen. Dann schickten sie eine Gruppe bosnisch-serbischer Flüchtlinge hinein, eskortiert von bosnisch-serbischen Soldaten in blauen Polizeiuniformen. »Wir werden den serbischen Teil von Goražde niemals aufgeben«, verkündete Karadžić und wiederholte damit auf unheimliche Weise seine Äußerungen über Sarajevo. Zuerst bestritten die Vereinten Nationen Berichte über die Anwesenheit serbischer Soldaten und Siedler in der Stadt. »Wir werden nicht in den Krieg ziehen, nur weil die Serben irgendwo einen rostigen Panzer liegengelassen haben«, meinte General Rose. Dann räumte UNPROFOR ein, es könnten sich noch »ein paar« Serben in der Waffenverbotszone aufhalten. Schließlich, als die Berichte der Mitarbeiter des UNHCR nicht länger ignoriert werden konnten, gab General Rose zu, daß es in Goražde »Probleme« gäbe. Und die waren in Wahrheit natürlich nicht deshalb entstanden, weil die UNPROFOR unfähig war, sondern weil Akashi und Rose es vorgezogen hatten, nicht zu kämpfen. Soweit es die UNPROFOR betraf, konnten die Serben machen, was sie wollten. Die UN-Truppe würde nicht zu intervenieren versuchen. Sie würde nicht einmal Alarm geben, außer sie hätte absolut keine andere Wahl.

Eines der ersten Dinge, die UN-Vertreter Besuchern gern erzählten, war, daß im ehemaligen Jugoslawien alle logen. Vielleicht hatten sie recht. Doch wer Zeuge des Mordens in Bosnien geworden war, dem schien es, als seien die UN-Vertreter selbst die größten Lügner. Sie lieferten das humanitäre Feigenblatt für das, was in Bosnien wirklich geschah, und taten so, als verträten sie nicht die engstirnigen Interessen einer moralisch wie geistig bankrotten Organisation, die vom Sicherheitsrat gezwungen worden war, eine Aufgabe zu übernehmen, die ehrenvoll zu erfüllen sie nicht in der Lage war. UNPROFOR und DPKO wurden mitschuldig am Völkermord, indem sie darauf bestanden, nur ihr Mandat auszuführen. Hat man dergleichen nicht schon einmal gehört? Erinnerten sie sich nicht selbst an ähnliche Sprüche ein halbes Jahrhundert zuvor, die sich nur darin unterschieden, daß statt des Wortes »Mandat« das Wort »Befehl« gebraucht worden war? Aber vielleicht hatten die Beamten der Vereinten Nationen recht, vielleicht logen alle in diesem Konflikt. Das Ekelhafte an den Lügen, die die Vereinten Nationen sich selbst und der Welt erzählten, war allerdings, daß sie dabei noch stolz auf sich waren. Sie hielten sich für die humanitären Wohltäter. Sie hielten sich für die Friedensstifter.

9

DIE EHRE DER WELT wurde in Bosnien von den humanitären Helfern der regierungsunabhängigen Organisationen (Nongovernmental Organizations, NGOs), des Internationalen Roten Kreuzes und des Flüchtlingshochkommissariats der Vereinten Nationen wiederhergestellt. Sie verfolgten mit ihrer Arbeit keine versteckten Absichten und wehrten sich standhaft gegen die Vorstellung, daß sie, nur weil ein so großer Teil ihrer finanziellen Mittel von den Großmächten kam, auch deren politische Interessen vertreten müßten. Wenn sie versuchten, sich unparteiisch zu verhalten, dann nicht so wie die UNPROFOR, die so tat, als sei es möglich oder sogar wünschenswert, zwischen Mördern und deren Opfern eine »Balance« zu halten, und sie versuchten auch nicht, wo immer möglich, gute Beziehungen zu den Mördern herzustellen. Rony Braumann, Mitbegründer der französischen NGO Médicins Sans Frontières (MSF, Ärzte ohne Grenzen), prahlte nicht damit, gute persönliche Beziehungen zu Radovan Karadžić geknüpft zu haben. Ebensowenig tat dies Bernard Kouchner, der ehemalige Minister für Humanitäre Angelegenheiten unter François Mitterrand, mit dem er, obwohl die beiden ursprünglich gemeinsam die MSF gegründet hatten, kaum je einer Meinung war.

Wie die meisten Mitarbeiter der großen regierungsunabhängigen Organisationen in Bosnien betrachteten sie es als ihre Pflicht, zu helfen und dabei gerecht zu bleiben, nicht aber eine Unparteilichkeit vorzutäuschen, die sich allein auf Realpolitik und die Phantasie von Bürokraten gründete. Zumindest haben die NGOs, indem sie sich an diese Prinzipien hielten und oft – wie Bernard Kouchner – öffentlich eine militärische Intervention forderten, um der ethnischen Säuberung Einhalt zu gebieten, *nicht weniger* erreicht, als sie erreicht hätten, wären sie den Weg der Uno im ehemaligen Jugoslawien gegangen. Obwohl ihre Haltung zu endlosen Konflikten mit der UNPROFOR und dem UN-Sekretariat führte, bestanden diese Gruppen die bosnische Feuerprobe, ohne unabsichtlich am Völkermord mitschuldig geworden zu sein.

Mitarbeiter der UNPROFOR, die persönlich oft großen Respekt vor den regierungsunabhängigen Organisationen und ihrer erfolgreichen Arbeit in Kroatien und Bosnien hatten, sahen die Gründe für die unterschiedlichen Herangehensweisen gewöhnlich in den unterschiedlichen Forderungen ihres jeweiligen Mandats. »NGOs können offen Dinge aussprechen, die wir nicht sagen können«, meinte ein Mitarbeiter des UN Civil Affairs in Zagreb. »Wir arbeiten gern mit ihnen zusammen, wo immer es geht, und das nicht nur, weil die meisten von ihnen gute Arbeit leisten, sondern weil es einen geben muß, der die Dinge beim Namen nennt. Würde UNPROFOR dies tun, wäre unsere Mission hier beendet, und zwar ziemlich schnell, könnte ich mir denken. Man kann leicht darüber reden, daß wir mehr auf Konfrontationskurs gehen müßten. Aber stellen Sie sich mal vor, wir täten das und würden dann ausgewiesen. Würde das die Dinge in Bosnien wirklich verbessern? Die Wahrheit ist, daß ihr Journalisten die ersten wärt, die nach unserer Rückkehr rufen würden.«

»Wir haben unser Mandat gar nicht so unentschlossen ausgeführt«, fuhr er fort, »obwohl mir der Unterschied zwischen unserem Mandat und der Lösung des Konflikts sehr wohl bewußt ist. Ihr Journalisten fordert uns ständig auf,

mehr Rückgrat zu zeigen. Das fordern auch viele NGOs. Aber wir sind im Grunde schon jetzt nahe daran, die Schwelle des gerade noch akzeptablen Risikos zu überschreiten. Sich mit Gewalt den Weg freizukämpfen, wie ihr es wollt, und zugleich humanitäre Hilfe zu leisten, ist und wird jedoch immer der falsche Ansatz sein. Das eine schließt das andere aus.« Er machte eine Pause. »Sehen Sie«, sagte er, »denken Sie, was Sie wollen, aber einige von uns haben schwere moralische Bedenken in bezug auf das, was wir hier tun, oder ob wir überhaupt hierbleiben sollten. Also bitte, lasten Sie nicht immer alles der Uno an. Machen Sie es nicht wie die meisten anderen Journalisten, geben Sie nicht allein uns die Schuld. Wir sind als Organisation dem Frieden verpflichtet. Das ist unsere Rolle, die NGOs haben ihre, und ihr von der Presse die eure.«
Was er sagte, war bezeichnend für eine gewisse Einstellung bei den Vereinten Nationen, und zeigte deutlich, wie verärgert, aber auch bestürzt man dort über die unnachgiebig kritische Haltung der Presse gegenüber der UN-Schutztruppe war. In einem anonymen Brief eines UN-Vertreters an die Zeitschrift *Foreign Affairs* war zu lesen, daß die Entschlossenheit der Presse, eine Intervention zugunsten der bosnischen Regierung herbeizuführen, »bei manchen zu einem persönlichen Engagement – um nicht zu sagen zu einem kreuzfahrerähnlichen Verhalten – geführt hat, das mit den Grundsätzen ihres Berufes nicht mehr in Einklang steht«. Ob ein Vertreter der Vereinten Nationen – einer Organisation, die sich der Presse gegenüber traditionell so transparent und offen zeigt wie der Vatikan oder die ehemalige Rote Armee – wirklich qualifiziert war, eine Predigt über die Pflichten oder Versäumnisse der freien Presse zu halten, war fragwürdig genug. Noch interessanter war jedoch die Behauptung des Verfassers, die Vereinten Nationen hätten keinerlei Anteil gehabt an der »gewaltsamen Zerstückelung einer pluralistischen Gesellschaft in mono-

ethnische Kleinststaaten« – ein Akt, der, wie er gegen Ende seines Briefes einräumte, in der Tat »unvereinbar mit den allgemein anerkannten demokratischen Werten« sei.

Doch der Ärger der Presse hatte sich ja gar nicht gegen das Versäumnis der Uno gerichtet, demokratische Werte zu unterstützen, sondern gegen ihre Weigerung, etwas gegen den Völkermord zu unternehmen. Die Repräsentanten der UNPROFOR und des UN-Sekretariats hatten das sehr wohl begriffen, nur waren sie kaum je bereit, dies auch öffentlich zuzugeben. Eine Ausnahme war seltsamerweise ausgerechnet Cedric Thornberry, der 1992 und 1993 Leiter von UNPROFOR Civil Affairs im ehemaligen Jugoslawien gewesen war. In einer Rede, die er in Stockholm gehalten hat, sagte er: »Uns wurde hauptsächlich mangelndes Engagement angesichts einer neuen Art von Holocaust vorgeworfen ... Gewöhnlich wird die Uno jedoch immer, wenn sie dort ist, wo schreckliche Dinge geschehen, dafür verantwortlich gemacht.« Thornberry betonte zwar, daß die Mission an sich ein Erfolg gewesen sei, konzedierte aber, daß die Uno unter zumindest einem entscheidenden Aspekt anzuklagen sei. »Da die Medien uns als Symbol der internationalen Gemeinschaft sehen, beschuldigen sie in Wirklichkeit die Völker und Regierungen der Welt, sie hätten es versäumt, besser mit einer Situation fertig zu werden, die Europa am Ende des 20. Jahrhunderts traumatisiert und in Erstaunen versetzt hat.«

So weit, so gut. Die Uno *war* für die Weltgemeinschaft das Feigenblatt, mit dem einige Länder wie die USA ihre Unfähigkeit kaschieren konnten, den Willen zum Handeln aufzubringen, andere hingegen – wie Großbritannien und Frankreich – ihre Unfähigkeit, ihrer eigenen Öffentlichkeit gegenüber einzugestehen, daß sie sich entschieden hatten, das Morden in Bosnien weitergehen zu lassen. Das Verwunderliche an der Haltung von UNPROFOR und UN-Sekretariat jedoch war, daß sie tatsächlich glaubten, sie stünden, nachdem sie den Großmächten als Feigenblatt gedient hatten, noch immer mit weißer Weste da. Im weiteren Verlauf seiner Rede vertrat Thornberry dann die übliche UN-Linie: »Wer auch immer angefangen haben mag, heute gibt es jedenfalls keine unschuldige Partei mehr in Sarajevo oder Bosnien.« Man dürfe nicht vergessen, sagte er, daß »Greueltaten alle Betroffenen verderben«.

Die Führung von UNPROFOR oder DPKO schien allerdings nicht besonders besorgt, daß das Argument, auch die bosnische Seite – oder, wie General Morillon verräterischerweise zu sagen pflegte, »moslemische Seite«[1] – habe Verbrechen begangen, auch auf sie selbst zutreffen könnte. Die Presse hatte schließlich nicht einfach beschlossen, die Uno unfairerweise zum Prügelknaben für Verbrechen zu machen, die eigentlich den Großmächten zur Last zu legen wären. Sie hatte auch nicht einfach grundlos nach Intervention gerufen, ohne zu erkennen, was die UNPROFOR geleistet hat. Was die meisten Presseleute schockierte und wütend machte, war vielmehr die Unfähigkeit der Uno, endlich zu begreifen, wie unmoralisch sie handelte, wenn sie ständig zwischen Mördern und Vergewaltigern und jenen zu vermitteln versuchte, an denen sie sich vergingen, – was sie nicht nur anfangs getan hat, sondern selbst dann noch, als längst jedem klar war, daß die Mörder und Vergewaltiger weiter planmäßig mordeten und vergewaltigten, egal was sie versprechen mochten. Geradeso wie Cedric Thornberry nicht ganz zu Unrecht angenommen hatte, daß viele auf der bosnischen Seite durch die Kämpfe verdorben worden seien, waren viele von uns Journalisten, die über dieses Gemetzel berichteten, zu der Überzeugung gelangt, daß nicht zuletzt die Uno selbst von ihrem Mandat und dem, was es angeblich von ihr zu tun und zu lassen forderte, verdorben worden war.

Ich glaube, unser Ärger und unsere Entrüstung über das Verhalten der Vereinten Nationen wurde vor allem deshalb so groß, weil viele von uns mit mehr Respekt vor den Vereinten Nationen als Institution und Ideal auf den Balkan gekommen waren, als diese ganz offenbar vor sich selbst hatten. Vielleicht stimmt es ja, wie mir ein hochrangiger UN-Vertreter sagte, daß Distanz die Realität schöner erscheinen läßt, als sie ist. Aber ob es die UN-Beamten wahrhaben wollten oder nicht: Sie vertraten eine Institution, in der viele von uns mehr gesehen hatten als ein ausführendes Organ des Willens des Sicherheitsrats oder die Summe ihrer institutionellen Praktiken und bürokratischen Normen. Natürlich war die Uno keine Weltregierung, doch wir hatten geglaubt, daß sie wenigstens in Extremsituationen wie einem Genozid nicht ausschließlich im Sinne der strategischen Interessen ihrer Mitgliedsstaaten, sondern ebenso im Namen der Menschlichkeit handeln würde. Wenn UNPROFOR und DPKO sich dafür entschieden, das Mandat so eng auszulegen wie möglich, dann hatte dies unserer Meinung nach ebenso damit zu tun, daß Boutros Boutros-Ghali seiner Pflicht nicht nachkam, die moralischen Grundsätze zu verteidigen, für welche die Vereinten Nationen angeblich standen, und auch damit, daß die fünf ständigen Mitglieder des Sicherheitsrats die UNPROFOR nur zu ganz bestimmten Dingen ermächtigt hatten.

Der Zorn, den dieses moralische Versagen der Vereinten Nationen bei einer ganzen Menge Journalisten hervorgerufen hat – und das war bei weitem nicht so selbstverständlich, wie UN-Vertreter oft glaubten –, brachte uns beruflich in eine ziemlich unangenehme Lage. Was mich angeht, so weiß ich, daß ich mit meiner üblichen Haltung nach Bosnien gefahren war, die sich allen Aufforderungen, mich über dies oder jenes zu entrüsten, stets widersetzt hatte. Entrüstung, glaubte ich, schade nur dem Verstehen – wie UN-Vertreter in New York es gern ausdrückten –, denn am Ende führe sie immer zu einem emotionalen und begrenzten Verständnis des Geschehens. Ich weiß nicht recht, wie ich heute darüber denke. Natürlich war Geschichte, und nicht nur die des Balkan, in gewisser Weise immer eine Geschichte von Gemetzeln. Doch in Bosnien hätte das Morden nicht unentwegt weitergehen müssen. Die Großmächte hätten ihm ein Ende setzen können. Die führenden Mitglieder des UN-Sekretariats, ganz gewiß aber der Generalsekretär selbst, hätten sich dafür einsetzen können, daß die Großmächte das Gemetzel beenden, anstatt alles in ihren Kräften Stehende zu tun, um eine Intervention zu verhindern.

Die Journalisten, mit denen ich durch Bosnien reiste, waren im großen ganzen noch skeptischer als ich. Für die meisten war es nicht die erste Erfahrung mit den Greueln eines Krieges zwischen Volksgruppen. Dennoch waren fast alle schockiert über das, was sie in Bosnien mit ansehen mußten, oder über die Rolle, welche die Uno dabei spielte. Wenn sie denn tatsächlich zu »Eingeborenen« geworden waren, wie UN-Vertreter und auch einige ihrer Kollegen zu Hause gern spotteten, brauchten sie sich dessen jedenfalls nicht zu schämen. John Sweeney, Korrespondent des Londoner *Observer*, erinnert sich: »Für viele Journalisten war es der bezeichnendste Moment dieses Krieges, als ein UN-Sprecher bei einer Pressekonferenz in Sarajevo sagte, man habe einen Waffenstillstand vereinbart und wolle den Serben für ihre Mitwirkung danken. Einen Augenblick später wurden alle durch serbisches Artilleriefeuer zu Boden geworfen.«

Doch diese Episode war kein bezeichnender Moment, sie war alltäglich. Manchmal hätte der Slogan: »UNPROFOR Working for Peace« besser heißen sollen: »UNPROFOR Working for Bosnian Surrender«. Wäre die Kapitulation der bosnischen Regierung etwa nicht der sicherste Weg zum Frieden in Bosnien gewesen? So jedenfalls dachten die Vereinten Nationen, auch wenn sie sich stets bemühten,

diese Einstellung durch fromme Worte der Humanität zu verschleiern. Das geradezu systematisch wirkende Bemühen der UNPROFOR und des UN-Sonderbeauftragten, serbische Verbrechen herunterzuspielen – entweder wurde das volle Ausmaß des serbischen Tuns verschleiert, oder man versuchte zu betonen, alle Seiten verhielten sich gleichermaßen kriminell –, wurde moralisch keinen Deut besser durch die implizite Rechtfertigung, daß man alles nur auf Geheiß der Großmächte und deshalb tue, um die Chancen für einen Frieden zu fördern. Die Uno wurde nicht müde zu betonen, daß sie diese Situation nicht herbeigeführt habe. Als ob das eine Rechtfertigung wäre und als ob es bei großen Verbrechen immer nur *freiwillige* Mittäter gegeben hätte!
Gelegentlich gab sogar ein UN-Vertreter zu – selbstverständlich vertraulich –, daß er sich etwas unbehaglich in bezug auf die Rolle fühle, welche die UNPROFOR in Bosnien zu spielen »gezwungen« sei. Doch dann fügte der oder die Betroffene gleich hinzu, die Vereinten Nationen könnten nicht handeln wie die Presse oder wie regierungsunabhängige Organisationen. Das klang so lange überzeugend, bis man sich daran erinnerte, daß in Bosnien noch andere UN-Organisationen tätig waren. Und zumindest eine von ihnen hatte bewiesen, daß man das Mandat auch ganz anders auslegen konnte. Das UN-Flüchtlingshochkommissariat bewegte sich auf einem ganz anderen moralischen Niveau als die UNPROFOR und das Büro des UN-Sonderbeauftragten. Von einigen wenigen Ausnahmen abgesehen weigerten sich seine Mitarbeiter, zu akzeptieren, daß es ein paar Dinge gäbe, die sie tun dürften, alles andere hingegen unzulässig sei. Das UNHCR versteckte sich nicht hinter legalistischen Verweisen auf sein Mandat. Und es lastete auch nicht – wie die Vertreter des DPKO und der UNPROFOR – ihr eigenes Versagen der internationalen Gemeinschaft an, mit der Begründung, es sei noch nie

zuvor einer ähnlichen Situation wie in Bosnien ausgesetzt gewesen.

Im Gegenteil, die internationalen wie lokalen Mitarbeiter des UNHCR kämpften und improvisierten, so gut es ging. Selbst in schwierigsten Situationen, für die es keine Präzedenzfälle gab, vollbrachten sie immer wieder die reinsten Wunder. Nach den Regeln der Uno galten nahezu alle Gebiete, in denen das UNHCR *routinemäßig* operierte, als zu gefährlich, um als Operationsgebiet ausgewiesen zu werden. Das UNHCR war dort. Mit oder ohne militärischen Geleitschutz brachten seine Fahrer die Hilfskonvois irgendwie ans Ziel, vorbei an den Räuberhorden, die an den serbischen Kontrollpunkten Dienst taten, und nicht selten unter Beschuß. Im Gegensatz zu den Fahrzeugen der UN-Schutztruppe waren die meisten Wagen des UNHCR ungepanzert. Die Beispiele für den persönlichen Mut seines internationalen Stabes waren so zahlreich, daß sogar die Leute des UNHCR anfingen, ihn als selbstverständlich zu betrachten. Wenn Marc Vachon, ein junger frankokanadischer Logistiker, im Herbst 1992 und Winter 1993 einen ungepanzerten Tankwagen am Flughafen von Sarajevo über die Belagerungslinien fuhr – in einer Zeit, in der sich das UNPROFOR-Personal, wenn überhaupt, nur in gepanzerten Wagen hinauswagte –, dann fand er das völlig normal. Höchstens sagte er: »Dieser Krieg knallt dich ganz schön mit Adrenalin voll.« Und wenn Schutzbeauftragte des UNHCR wie Pierre Ollier und Philippos Papaphilippou aus Banja Luka allein und unbewaffnet nach Prijedor fuhren, um den Bürgermeister aufzufordern, etwas gegen die ethnische Säuberung zu unternehmen – eine Fahrt, auf der sie ständig in Lebensgefahr waren –, dann betrachteten auch sie das nur als Teil ihrer Aufgabe. »Wenn sie lieber hätten Schuhe verkaufen wollen«, sagte Jose Maria Mendiluce, der damalige Chef des UNHCR im ehemaligen Jugoslawien, wobei die Rührung in seiner Stimme seine Worte

Lügen strafte, »dann hätten sie eben in Rio, New York oder Paris bleiben müssen.« Und das dachte auch Mendiluces Stab.

Nichts in der Geschichte des UNHCR hatte darauf gedeutet, daß es sich im ehemaligen Jugoslawien auf so außerordentliche Art und Weise engagieren würde. Das UNHCR war 1951 als Nachfolgeorganisation des Flüchtlingshochkommissariats des Völkerbunds und der unerfahrenen Internationalen UN-Flüchtlingsorganisation IRO gegründet worden. Sein »Mandat« lautete, Flüchtlingen und Personen, die entweder innerhalb ihres Landes vertrieben worden oder über die Grenzen ihres Landes hinaus geflohen waren, internationalen Schutz zu bieten. Außer um den Schutz von Flüchtlingen in aller Welt bemühte sich das UNHCR auch um ihre Neuansiedlung oder, wann immer möglich, Wiederansiedlung in der Heimat, sobald die Krise beigelegt war, die sie überhaupt erst hatte flüchten lassen. Da der Flüchtlingsstrom immer größer wurde und immer weniger Drittländer bereit waren, die Flüchtlinge aufzunehmen, war die Aufgabe des UNHCR Jahr für Jahr schwieriger geworden. 1970 betrug die Zahl der Flüchtlinge auf der Welt schätzungsweise zweieinhalb Millionen, 1980 waren es elf Millionen und 1993 nahezu neunzehn Millionen. Aber selbst diese Zahlen enthalten nur die, die als Reaktion auf eine eindeutig politische Bedrohung eine politische Grenze überschritten haben. Die sogenannten »internen Vertriebenen« – Menschen, die nach Ansicht des UNHCR desselben Schutzes und derselben Hilfe bedürfen wie externe Flüchtlinge, die kaum Hoffnung hatten, ein Land erreichen zu können, das ihnen Asyl gewähren würde – umfaßten weitere vierundzwanzig Millionen. Zu diesen kamen noch einmal rund einhundert Millionen Menschen hinzu, die sich auf der Suche nach einer erträglichen Zukunft für sich und ihre Familien auf den Weg gemacht hat-

ten und daher als »Wirtschaftsmigranten« eingestuft wurden. Im Bericht der UN-Flüchtlingshochkommissarin Sadako Ogata für das Jahr 1993 heißt es: »In einer Welt, in der Verfolgung, massive Menschenrechtsverletzungen und bewaffnete Konflikte eine tägliche Realität bleiben werden, ist die Notwendigkeit für den Schutz von Flüchtlingen größer denn je.« Und weiter: »Das gegenwärtige Ausmaß und die Art der Flüchtlingsproblematik sowie die begrenzte Aufnahmefähigkeit der Asylländer haben zur Folge, daß traditionelle Schutzmethoden nicht mehr ausreichen. Sie müssen durch flexiblere Ansätze ergänzt werden, die der gegenwärtigen, von Umwälzungen und Aufständen geprägten Periode der Welt gerecht werden.«
Obwohl es Sadako Ogata in ihrem Bericht nicht sagte, war es vor allem die Erfahrung im ehemaligen Jugoslawien, die das UNHCR hatte erkennen lassen, wie unzulänglich seine alten, noch heute im Arbeitshandbuch des UNHCR, dem sogenannten »Blauen Buch«, festgelegten Methoden waren. Im privaten Gespräch soll Frau Ogata einmal die Bemerkung gemacht haben, sie sei eigentlich gar nicht die Flüchtlingshochkommissarin, sondern nur die Leiterin des Büros des UNHCR für das ehemalige Jugoslawien. Ihre Besorgnis war durchaus verständlich, denn schon 1993 verschlang der Einsatz des UNHCR auf dem Balkan nahezu die Hälfte seines gesamten Jahresbudgets und beschäftigte einen Großteil seines geschulten internationalen Personals[2]. Die Leute wurden von Flüchtlingslagern in Ostasien, Wiederansiedlungsprogrammen in Malawi oder von der Asylantenbetreuung in Westeuropa abgezogen und nach Bosnien, Kroatien und Serbien geschickt. Im Genfer Hauptquartier des UNHCR witzelte man, für aus Jugoslawien zurückkehrende Mitarbeiter sei die Gefahr, von wütenden Kollegen aus anderen Gebieten gelyncht zu werden, fast so groß, wie in Bosnien beschossen zu werden. Die Leute waren wütend, weil diese Operation die Mittel der

Organisation von anderen Projekten abzog. Vor Beginn der Krise in Jugoslawien war das UNHCR allzu sehr verschlankt worden. Wie die neue Flüchtlingskatastrophe entlang der Grenzen Ruandas mit Tanzania und Zaire zeigen sollte, konnte das UNHCR aber nicht seine ganze Aufmerksamkeit auf den Balkan richten und dort alle seiner besten Leute konzentrieren. In Ruanda betrug die Zahl der Flüchtlinge an *einem einzigen Tag* zweihundertfünfzigtausend, innerhalb weniger Wochen waren es mehrere Millionen – so viele in einer so kurzen Zeitspanne hatte es noch nie gegeben.

In gewisser Weise war der Auftrag des UNHCR im ehemaligen Jugoslawien eine Anerkennung – worauf die Leiter der Organisation wahrscheinlich lieber verzichtet hätten – für ihre Erfolge bei jener UNHCR-Operation, die in den Medien die meiste Beachtung gefunden hatte, nämlich der Hilfsaktion, die es nach dem Golfkrieg in Kurdistan geleistet hatte. Daß der Weltsicherheitsrat die Uno mit dem Peacekeeping in Somalia und Bosnien beauftragt hatte, lag zumindest teilweise daran, daß man nach dem Ende des Kalten Krieges generell überschätzte, was Peacekeeping erreichen konnte. Daß das UN-Sekretariat dem UNHCR die Rolle der Führungsorganisation im ehemaligen Jugoslawien übertrug, geschah wegen seiner Leistungen in Kurdistan. Die Anweisungen für den Einsatz des UNHCR auf dem Balkan waren allumfassend und nicht klar abgegrenzt. Und bis zur Ernennung von Yasushi Akashi zum Sonderbevollmächtigten des UN-Generalsekretärs war Sadako Ogatas Sonderbevollmächtigter in Zagreb der höchstrangige UN-Vertreter in dieser Region gewesen – wenngleich das im UNPROFOR-Hauptquartier auf der anderen Seite der Stadt ganz und gar nicht so gesehen wurde.

Daß es überhaupt zur Entscheidung kam, eine humanitäre, nur in der Versorgung und Betreuung von Flüchtlingen erfahrene Organisation an die Spitze der UN-Operation im ersten Krieg, der seit einem halben Jahrhundert in Europa stattfand, zu setzen, war ein früher Hinweis auf das Zögern der Vereinten Nationen, sich dem wirklichen Geschehen in Bosnien zu stellen. Dies war vor allem Krieg und Völkermord und weniger eine humanitäre Katastrophe. Und doch, wie es ein Mitglied einer regierungsunabhängigen Organisation einmal sagte, »tat die Welt lange Zeit nichts anderes, als reden und nochmals reden. Das UNHCR war praktisch die einzige Institution, die vor Ort überhaupt etwas unternahm, um all den schönen Worten auch Taten folgen zu lassen. Es tat, was es konnte, aber es ist eine Tragödie, daß das alles war, wozu sich die Welt aufraffen konnte. Man hält einen Genozid nicht auf, indem man ein Feldlazarett aufstellt für die, die das Glück hatten, ihm zu entkommen«. Bei allen Fähigkeiten und bei aller Einsatzbereitschaft, mit der die Mitarbeiter des UNHCR mit den Folgen des Krieges fertig zu werden versuchten, hatten die meisten, die nach Bosnien geschickt wurden, kaum Kriegserfahrung. Aber nicht nur sie hatten ihr Leben bislang ausschließlich damit verbracht, in Europa Asylanträge für Flüchtlinge auszufüllen oder in Afrika und Ostasien Flüchtlingslager zu leiten. Niemand beim UNHCR besaß auch nur die geringste Erfahrung mit Hilfsaktionen während eines Krieges. Eben dazu aber hatte man sie antreten lassen – zuerst in Kroatien und dann in Bosnien. Fred Cuny, der, als er nach Bosnien kam, wahrscheinlich über mehr Erfahrungen mit humanitärer Hilfeleistung zu Kriegszeiten verfügte als der gesamte Führungsstab des UNHCR, sagte einmal: »Allen UN-Organisationen fehlte es an operativem Wissen und an operativer Erfahrung, die nötig gewesen wären, sie einen Gesamtplan für Bosnien entwickeln zu lassen. In Genf oder New York hat es nie einen Gesamtplan gegeben, nie eine Vorstellung davon, was man eigentlich erreichen wollte. Das Ergebnis war, daß eine Organisation wie das UNHCR

auf die Ereignisse immer nur reagieren, nie aber versuchen konnte, sie auch zu lenken.«
Nicht lange nachdem sie ihre Arbeit im ehemaligen Jugoslawien begonnen hatten, war den führenden UNHCR-Vertretern bewußt geworden, daß ihre Einsätze in Kurdistan und in Bosnien zwar beide als humanitäre Aktionen der »zweiten Generation« bezeichnet werden konnten, im Grunde aber kaum miteinander vergleichbar waren. In Kurdistan war das UNHCR nach Ende des Golfkriegs eingesetzt worden, nachdem nahezu eine halbe Million ethnischer Kurden vor Saddam Husseins Armee geflüchtet waren. Die Vereinten Nationen hatten das Gebiet nördlich des 38. Breitengrads zur Waffenverbotszone erklärt und gelobt, dem auch militärisch Nachdruck zu verleihen. Einem anfänglich zögernden UNHCR wurde aufgetragen, sich um die Kurden innerhalb dieser Zone zu kümmern. Wie es hieß, habe der Leiter des UNHCR für Kurdistan, der Australier Nicholas Morris, sich zunächst diesem Mandat widersetzt, obwohl in den Bergen Kurden zu Hunderten starben. Seiner Meinung nach war es nicht Teil des Mandats, Vertriebenen inmitten eines Kriegsgebiets zu helfen. Unter starkem amerikanischen Druck übernahm es das UNHCR schließlich doch, humanitäre Hilfe zu leisten, und zur Überraschung vieler – nicht zuletzt innerhalb der eigenen Organisation – waren diese Bemühungen weitgehend erfolgreich.
Die Erfahrung, daß Hilfeleistungen während eines Krieges möglich sind, schien daher nahezulegen, daß eine ähnliche Operation auch in Bosnien durchführbar sei. Dem UNHCR die Leitung des Ganzen zu übertragen, war ohnehin der einzig gangbare Weg, der dem UN-Sekretariat und den fünf ständigen Mitgliedern des Sicherheitsrats noch geblieben war, nachdem sie beschlossen hatten, keine militärische Intervention wie im Irak zuzulassen. Man glaubte oder zumindest hoffte man, daß seine in Kurdistan gesammelten

Erfahrungen dem UNHCR erlauben würden, den humanitären Großeinsatz zu bewerkstelligen, dessen es im ehemaligen Jugoslawien bedurfte. Vor allem mußte es so aussehen, als täten die Großmächte überhaupt etwas. Und selbst wenn das objektiv nicht mehr sein würde, als die Folgen eines Gemetzels zu lindern, zu dessen Beendigung man keinen politischen Willen aufbrachte, schien das die Regierungschefs der Nato-Staaten nicht weiter zu stören. Im UN-Sekretariat sah man das nüchterner: Hier hatte man sich weniger deshalb für das UNHCR entschieden, weil man geglaubt hätte, damit die Erfolgsaussichten zu verbessern, als vielmehr deshalb, weil man es für die einzige Organisation hielt, die wenigstens eine kleine Chance auf Erfolg zu haben schien.

In Wirklichkeit aber war das UNHCR noch schlechter für diese Aufgabe gerüstet, als sich irgend jemand vorgestellt hatte. Als Jose Maria Mendiluce – ein baskischer Diplomat, der jahrelang in Mittelamerika Dienst getan hatte und dann als zweiter Mann des UNHCR nach Kurdistan gegangen war, bevor er als Sonderbevollmächtigter der Flüchtlingshochkommissarin Ogata ins ehemalige Jugoslawien kam – begriffen hatte, was in Bosnien wirklich vor sich ging, war ihm sofort klar, daß das, was das UNHCR im Nahen Osten gelernt hatte, nicht auf den Balkan übertragbar sein würde. »Was wir auch tun werden«, hatte er seinem Stab mit jener seltsamen Mischung aus Frohsinn und Schwermut mitgeteilt, die ihn so oft zu umgeben schien, »das Blaue Buch werden wir vergessen müssen.« Dies pflegte er nach Aussage seiner Mitarbeiter auch den meisten neuen Helfern gleich bei der ersten Begegnung nach ihrer Ankunft zu sagen. Aber er wollte nicht nur, daß sie Genf vergaßen, sondern auch Kurdistan. Im ehemaligen Jugoslawien würde ihnen nichts anderes übrigbleiben, als alles auf völlig neue Weise anzupacken. Das würde nicht so einfach sein. »Kurdistan war schwierig«, pflegte Mendiluce zu sagen, »schrecklich schwierig. Aber Kurdistan war ein Kaffeekränzchen verglichen mit dem, was wir hier erleben.«

Zu Mendiluces erster Konfrontation mit den Realitäten der ethnischen Säuberung war es eher zufällig gekommen. Im Frühjahr 1992 fuhr er nach einer Besprechung in Belgrad zu seinem Büro nach Sarajevo zurück, denn wie die UN-PROFOR hatte auch das UNHCR während des serbisch-kroatischen Krieges seine Operationen von der angeblich neutralen bosnischen Hauptstadt aus geleitet. Zufällig erreichte er in genau dem Moment das bosnische Ufer der Drina in Zvornik, als die Stadt von einem als »Weiße Adler« bekannten serbischen Freischärlertrupp überrannt wurde. »Ich sah, wie Kinder von erwachsenen Männern vor die Panzerketten gelegt und dann von anderen erwachsenen Männern überfahren wurden«, erinnerte er sich mit Grausen. »Von überall her wurde wild geschossen. Die Kämpfer liefen durch die Stadt und brachten systematisch jeden Moslem um, den sie in die Finger bekamen. Sie waren wie berauscht. Die serbischen Medien hatten ständig über Moslems berichtet, die Serben aus Zvornik vertreiben und dort alle möglichen Grausamkeiten an ihnen begehen würden. Aber selbst wenn das eine oder andere davon wahr gewesen sein sollte, waren es normalerweise die Serben, die von ihren Anführern zu solchen Taten getrieben wurden. Jedenfalls stammten die Serben, die an jenem Tag mordend durch Zvornik zogen, nicht von dort. Die Krise begann nicht als Krieg zwischen Moslems und Serben, sondern als Krieg von fanatischen Nationalisten. Diese Leute hatten eine einheitliche Strategie, bei der es im Grunde immer nur darum ging, unter der Zivilbevölkerung so viel Terror wie nur möglich zu verbreiten, so viele Häuser wie nur möglich zu zerstören und so viel Gewalt wie nur möglich gegen Frauen und Kinder zu üben. Nachdem die Freischärler ihre

Arbeit getan hatten, kamen die neuen Machthaber – die Jugoslawische Volksarmee, Karadžićs Truppen oder die örtliche Polizei – und sorgten scheinbar wieder für Ordnung. Das hieß natürlich nichts anderes, als daß die ethnische Säuberung erfolgreich abgeschlossen worden war und die Weißen Adler weiterziehen konnten.«

An diesem Tag, berichtete Mendiluce, habe er in Zvornik so viele der überlebenden Moslems zusammengesucht, wie er nur konnte, und den örtlichen serbischen Kommandanten erklärt, daß er die Bewohner der Stadt unter den Schutz des UNHCR stelle. Doch was rückblickend wie schiere Tollkühnheit wirkte, hatte letztlich seinen Preis. Denn obwohl Mendiluce das Wunder gelang, Hunderten von Menschen das Leben zu retten, indem er die Moslems aus der Stadt evakuierte und für ihren Transport nach Tuzla sorgte, hatte er in bester Absicht zugleich garantiert, daß Zvornik von nun an eine serbische Stadt sein würde – was von Anfang an der politische Zweck des Überfalls der Weißen Adler gewesen war. Mendiluce war selbst der erste, der dies zugab. »Wir haben keine Mechanismen, um mit der ethnischen Säuberung fertig zu werden«, sagte er mir. »Wir können die Symptome der Krankheit behandeln, durch eine Verbesserung der Schutzbedingungen in den Gebieten, in denen noch keine ethnischen Säuberungen stattgefunden haben, oder indem wir unser möglichstes tun, um die internationale Gemeinschaft wachzurütteln und über das ganze Ausmaß dieser Tragödie zu informieren. Oder wir verteilen mit unseren Hilfskonvois Lebensmittel und versuchen, die belagerten Gebiete aus der Luft zu versorgen. Aber wir können wohl kaum die Parteien dazu zwingen, den Krieg zu beenden, oder eine Militärintervention erzwingen, um die ethnische Säuberung zu stoppen.«

»Es ist eine unerträgliche Situation«, fuhr er fort. »Von Anfang an hat man versucht, dem Problem mit Worten beizukommen. Heute spricht man von der Libanisierung

des Balkan, wie man vor ein paar Jahren von der Balkanisierung des Libanon gesprochen hat. In Wirklichkeit wurde bis heute keine Seite besiegt, auch nicht die Bosnier. Es fehlt am guten Willen, kein Patt wurde erreicht und allen Bemühungen von Vance und Owen zum Trotz gibt es keinen wirklichen internationalen Druck.« Das hatte Mendiluce im Herbst 1992 gesagt, als er noch vergleichsweise optimistisch gewesen war. Als er etwas über ein Jahr später fortging – das Geschehen hatte sein Herz gebrochen und seine Gesundheit ruiniert –, war die Situation nur noch schlimmer geworden. Aber seine damalige Beurteilung der Lage traf auch 1994 noch zu. Man mußte nur den Namen Zvornik durch Goražde ersetzen und die Nato addieren, ansonsten aber war fast alles beim alten geblieben.
»Manchmal«, hatte Mendiluce gesagt, »erinnert mich das Leben in diesem Land an Macondo, weißt du, in García Márquez' *Hundert Jahre Einsamkeit*. Es war nicht einfach gewesen in Kurdistan oder in Mittelamerika, das war wahrhaftig kein Honigschlecken. Aber jetzt wünsche ich mir manchmal nur noch, daß man mich irgendwohin in die Tropen schickt, wo die Dinge schwarz-weiß sind, wo es Flüchtlinge gibt, Spender- und Empfängerländer, und keine weiteren Komplikationen. Mit solchen Krisen umzugehen ist schon schwer genug. Aber mitten in einem Krieg Schutzzonen zu errichten und Gebiete zu schützen, in denen sich die Front ständig verändert und die Flüchtlinge nicht Nebenprodukt des Krieges sind wie in El Salvador, sondern das eigentliche Ziel jeder Aktion – wie soll das UNHCR das alles schaffen? Man bietet uns mehr Soldaten an. Ich habe nie auch nur einen einzigen angefordert. Was ich habe, sind fünfzig Lastwagen, um Hunderttausende von Menschen zu versorgen. Allein diese Wagen rund um die Uhr fahren zu lassen, wie soll ich das machen? Wir haben so viele Wunder vollbracht, wie wir konnten, aber jetzt geht uns die Luft aus, und der Winter steht vor der

Tür, ein Winter, der alles noch schwieriger machen wird, vom Einsatz der Lkws bis zur Ernährung der Flüchtlinge und ihrer Versorgung mit Kleidung.«

Das UNHCR hat diesen Winter in Bosnien geschafft und auch die nächsten. Sie waren glücklicherweise relativ mild, und Mendiluce und seinem Nachfolger, ironischerweise Nicholas Morris, dem ehemaligen Leiter des UNHCR in Kurdistan, gelang es tatsächlich, weitere Wunder zu vollbringen. Vielen Flüchtlingen konnte ein Dach über dem Kopf gegeben und ein paar Glückliche konnten sogar im Ausland angesiedelt werden. Mehr und bessere Ausrüstung wurde geschickt, vor allem von den skandinavischen Ländern und der British Overseas Development Administration. Die Luftbrücke nach Sarajevo, die Mendiluce und sein großartiger junger Assistent Fabrizio Hochchild, ein Anglo-Chilene, selbst dann aufrechterhalten hatten, als die Paletten mit Lebensmitteln noch per Hand und häufig unter Beschuß aus den Flugzeugen entladen werden mußten, funktionierte besser, als irgend jemand zu träumen gewagt hatte. Ende 1993 schien in fast allen Gebieten Bosniens die humanitäre Katastrophe vermieden worden zu sein. Was die Menschen jetzt noch umbrachte, waren nicht die von vielen vorausgesagten Hungerkatastrophen und Krankheiten, sondern Granaten, Kugeln und Schrapnelle. Gemessen an den generell bescheidenen humanitären Standards konnte die Hilfe durch die internationale Gemeinschaft als Erfolg gewertet werden. Das Problem war jedoch, daß nicht nur die Bosnier sie für einen Fehlschlag hielten, sondern auch viele der besten Leute des UNHCR. Und gerade weil sie dies erkannt hatten, waren die Mitarbeiter des UNHCR in einer moralisch so schwierigen Lage gegenüber ihren Kollegen von der UN-Schutztruppe.

Wer Jose Maria Mendiluce begegnete, bewunderte ihn oft schon nach dem ersten Gespräch. Mir jedenfalls ging es so.

Aber es gab auch eine eloquente Minderheit, die sein Tun in Bosnien äußerst kritisch betrachtete. Trotz seines großen persönlichen Einsatzes war Mendiluce ihrer Meinung nach ebenso ein Sklave der UN-Regeln wie alle anderen hochrangigen Beamten. Ein Korrespondent in Sarajevo sagte mir einmal: »Ja, er ist großartig. Aber ich würde ihn mehr respektieren, wenn er sich endlich mal gegen das DPKO und die UNPROFOR stellen würde, anstatt immer nur über General Morillon zu klatschen oder seine persönliche Vendetta mit dem UN Civil Affairs auszufechten. Mendiluce ist immer nur *nahe daran,* aus der Haut zu fahren. Im Grunde sagt er nach jedem neuen Streit mit UNPROFOR immer nur: ›Also jetzt reicht es mir *bald.*‹ Ich weiß, das UNHCR ist in einer unerträglichen Lage, und Gott weiß, daß es das bosnische Gewissen der Uno ist. Aber solange sich die besten Uno-Leute weigern, gegen das zu protestieren, was ihre Organisation hier macht, solange für sie schon die Vorstellung undenkbar ist, daß man aus politischen Gründen seine Mitarbeit aufkündigen kann, wird dieses Fiasko kein Ende nehmen.«

»Vielleicht gerade, weil man sich bei der Uno schon so daran gewöhnt hat«, fuhr er fort, »daß wir sie, die Briten, die Russen, dauernd angreifen, feiern sie schon die kleinsten Siege. Die UNPROFOR-Leute sagen: ›Na ja, die ethnische Säuberung läuft noch immer, aber der Flughafen von Sarajevo ist normalerweise offen. Was sollen wir denn tun? Weggehen? Die Menschen hier sind am Leben, weil wir überhaupt was tun.‹ Mendiluce weiß es besser, als daß er die Antwort für ausreichend halten könnte. Wenn die UNPROFOR damit prahlte, daß es nur ihren Bemühungen zu verdanken sei, wenn die Massenvertreibungen in einigen Gebieten aufgehört haben, dann weiß er, daß dies in der Hälfte der Fälle nichts anderes bedeutet, als daß es dort einfach keine Moslems mehr gab, die die Serben vertreiben konnten. Vor allem aber weiß er, was für eine Katastrophe diese ganze Operation war – für die Vereinten Nationen genauso wie für Bosnien. Er weiß es, weil unter seiner kugelsicheren blauen Weste in Wirklichkeit ein europäischer Intellektueller steckt. Aber er flüchtet sich in seine kleinen Siege, die darin bestehen, hier einen Konvoi hineinzukriegen und dort einen Deal auszuhandeln, um ein paar Leute aus ihrem alten Familiensitz von der Front zu evakuieren. Er will nicht einmal darüber nachdenken, wie wenige Konvois er tatsächlich durchgebracht hat oder wie wenig er wirklich tun konnte, um die ethnische Säuberung zu stoppen. Aber vielleicht hat er sogar recht. Die Leute vom UNHCR, die das wirklich begriffen haben, sind völlig ausgebrannt. Und das kann ich ihnen nicht verdenken. Stell dir doch nur vor, was die alles gesehen haben!«

Er hätte hinzufügen können, wie teuer die »kleinen Siege« dem UNHCR gekommen waren. Was an Mendiluce und seinem Führungspersonal am häufigsten kritisiert wurde, war, daß einzelne Konvois oft überhaupt nur deshalb durchkamen, weil sie selbst an die einzelnen Kontrollpunkte fuhren, um sie durchzuschleusen. Fast immer zogen sich solche Verhandlungen über Tage hin. Und während ein Mendiluce oder Manoel de Almeida, der Leiter der Abteilung für Auswärtige Beziehungen des UNHCR, an einer Brücke standen und die bosnischen Serben zu überreden versuchten, einen Konvoi passieren zu lassen, wurde woanders ein Dutzend anderer Konvois blockiert. Das aber lag nur am System – beziehungsweise Unsystem –, das Mendiluce aufgebaut hatte. Wenn er nicht in seinem Zagreber Hauptquartier war, waren die für Planung und Rücksiedlung zuständigen Leute des UNHCR, deren Arbeit für die Tätigkeit des UNHCR mindestens so wichtig war wie die Organisierung von Konvois, ganz auf sich gestellt. Alte Hasen unter den humanitären Helfern wie Fred Cuny hatten immer darauf hingewiesen, daß die meisten von ihnen viel zu unerfahren waren, um sie sich selbst zu überlassen.

Sogar die glühendsten Bewunderer Mendiluces räumten ein, daß er kein guter Administrator war. Aber der Kern des Problems saß tiefer: Im Grunde hatte man dem UNHCR viel zu viele Aufgaben auf einmal übertragen. Mendiluce fühlte sich nicht nur verpflichtet, seine Rolle als internationaler Diplomat zu spielen, sondern eben auch noch die eines Außendienstlers des UNHCR. Ein schwächerer Charakter hätte längst aufgegeben, denn diese Anforderungen waren überwältigend. Es ehrt Mendiluce, daß er nicht dieselbe kaltblütige Entschlossenheit wie UNPROFOR und DPKO an den Tag legte, nicht über die Grenzen seiner Mission hinauszugehen. Auch war er ganz gewiß nicht besessen von der fixen Idee, selbst angesichts eines Völkermords die »Unparteilichkeit« des UNHCR zu wahren. Wenn die Mission dennoch hoffnungslos war, wenn das Mandat und die Mittel, die ihm zur Verfügung standen, kaum mehr waren als ein schlechter Witz, und wenn alles, was er erreichen konnte, ein Bus mit Flüchtlingen war, den er aus der Bosanska Krajina heraus- oder ein Konvoi, den er in eine zentralbosnische Stadt hineinbekam – Mendiluce gab einfach nicht auf.
Ich glaube, er hat das ehemalige Jugoslawien dennoch im Bewußtsein verlassen, gescheitert zu sein. In einem Artikel, den er wenige Monate später für die Madrider Tageszeitung *El País* über die Lage in Bosnien schrieb, ließ er dies jedenfalls durchblicken. Der letzte Satz lautete: »Ja zu einer Intervention«, aber dazu war es längst zu spät. Worüber man nun nachdachte, waren nurmehr die Bedingungen, unter denen Bosnien geteilt, nicht jedoch, wie es gerettet werden könnte. Was das UNHCR selbst betraf, so waren seine Ziele schon seit geraumer Zeit den Wünschen der UNPROFOR untergeordnet worden, obwohl es nominell noch immer die leitende UN-Organisation in Bosnien war. Mendiluce hat das wahrscheinlich nicht sehr überrascht. Lange zuvor hatte er mir einmal gesagt, er spüre, wie

Europa »wieder in der Mittelmäßigkeit seiner Nationalismen versinkt«, und hinzugefügt: »Wir, die wir an etwas Besseres glauben, sind entsetzt. Da gibt es den Streit um GATT, den Streit um dieses und den Streit um jenes. Sie ziehen es vor, über alles mögliche nachzudenken, nur nicht über Bosnien.« Dennoch hatte er zugegeben, daß auch er Schuld trug. »Wir waren nicht darauf vorbereitet«, hatte er gesagt, »daß Bosnier uns etwas lehren können. Statt dessen haben wir darauf bestanden, sie als Opfer zu behandeln, als Empfängerbevölkerung.«

Mendiluce hatte sich von Anfang an dagegen gewehrt, die Hilfe mit militärischen Mitteln zu organisieren. Zum Entsetzen seiner Mitarbeiter stellte er gern den Heldenmut seiner zivilen Fahrer der gebotstreuen Sturheit und Vorsicht der Soldaten entgegen. Doch schon bevor Mendiluce das ehemalige Jugoslawien verließ, hatten die Vereinten Nationen die Notwendigkeit einer stärkeren militärischen Unterstützung der Hilfsaktion zum Credo erhoben. Ich habe nie recht verstanden warum, denn da es den UN-Blauhelmen nicht erlaubt war, den Hilfskonvois den Weg frei zu schießen, mußte man sich fragen, ob ein Geleitschutz für die Konvois überhaupt sinnvoll war. Viele Konvois ohne Geleitschutz – zumal die der Jüdischen Gemeinde von Sarajevo oder von Adra, der humanitären Organisation der Adventisten – waren sogar in Zeiten schwerster Kämpfe durchgekommen.

Die naheliegendste Erklärung für diese Entscheidung der Uno war, daß sie die Kontrolle behalten wollte, und daß sie sich selbst wie ihren Mitgliedstaaten, in deren Namen zu handeln sie behauptete, die Peinlichkeit ersparen wollte, daß offenbar würde, was in Bosnien wirklich geschah und was das UNHCR zu veröffentlichen pflegte. Daß die Sprecher des UNHCR offen ihre Meinung sagten, war daher ganz und gar nicht gern gesehen. Die UN-Schutztruppe wollte keine Äußerungen hören wie die von Louis Gentile, der vom Herbst 1993 bis zum Frühjahr 1994 Leiter des UNHCR-Büros in Banja Luka gewesen war und gesagt hatte, was die Welt in Bosnien zugelassen habe, »kann niemals vergeben werden«. Sie wollte auch kein Klagelied hören wie das von Larry Hollingworth angesichts des Beschusses von Srebrenica durch die Serben, denen, wie er es formulierte, »der heißeste Platz in der Hölle« sicher sei. Um der Verhandlungen willen wollte die UNPROFOR die Konflikte zwischen der Uno und den Serben auf ein Minimum beschränkt und nicht von Mitarbeitern des UNHCR geschürt sehen, die nicht begriffen, daß es Wahrheiten gäbe, die man für sich behalten müsse.

Mendiluce hat seine Mitarbeiter von Anfang an ermutigt, das Grauen, dessen Zeugen sie geworden waren, ohne Rücksicht auf mögliche politische Folgen an den Tag zu bringen. Ob es um die Einzelheiten bei der Belagerung von Goražde oder um die fortdauernde ethnische Säuberung in Banja Luka ging, auf die Aussagen der UNHCR-Vertreter war Verlaß. Vielleicht war das alles, was sie für Bosnien tun konnten. Louis Gentile hätte die ethnische Säuberung in der Bosanska Krajina ebensowenig stoppen können wie Mary McGloughlin, die irische Ärztin des UNHCR, während der Belagerung von Goražde mehr für die Verwundeten hätte tun können. Doch die Wahrheit zu sagen ist keine geringe Leistung. Daß die Mitarbeiter des UNHCR unerschütterlich die Wahrheit sagten, wird ihnen ewig zu danken sein. Der Pressestab der UNPROFOR und so mancher hochrangige Offizier haben dann dagegengehalten, die Berichte des UNHCR seien übertrieben und das wahre Ausmaß der Zerstörung – die Zahl der Getöteten, die Zahl der Verschleppten, der Grad der Not – sei viel geringer als anfänglich berichtet. Und da die Opfer dabei fast immer Bosnier waren, ließen die UNPROFOR-Leute durchblicken – auf unheimliche Weise klang da die Propaganda aus Pale und Belgrad an –, daß die Bosnier die Tatsachen manipuliert

hätten, um den Westen dazu zu bringen, militärisch zu intervenieren.
Wenn General Michael Rose von Goražde nach Sarajevo zurückkehrte und erklärte, die Berichte über einen wiederholten Beschuß des Krankenhauses seien falsch und die meisten Verwundeten dort seien junge Männer im kampffähigen Alter gewesen, implizierte dies, die Serben hätten nur ein legitimes militärisches Ziel beschossen und kein Kriegsverbrechen an Zivilisten begangen. Gefragt, wie es dann käme, daß Mitarbeiter des UNHCR und der französischen Ärzte ohne Grenzen im wesentlichen dieselben Beschuldigungen vorgebracht und die Zahlen der Opfer exakt so geschätzt hätten wie die Bosnier, deren Berichte Rose so kategorisch abtat, antwortete der General, er wisse das auch nicht, aber da sie so viel Zeit in Kellern verbracht hätten, könnte das meiste ihrer Beobachtungen nur den bosnischen Berichten entnommen worden sein. Mit versteinerter Miene sagte darauf Peter Kessler vom UNHCR, daß er an seinen Darstellungen festhalte. Doch selbst noch nachdem Dr. McGloughlin die bosnische Version des Geschehens bestätigt hatte, sollten Vertreter der UNPROFOR den Journalisten im Vertrauen sagen, die Ärztin wie auch der kanadische UN-Militärbeobachter seien von dem, was sie erlebt hatten, zu erschüttert gewesen, um als Zeugen vertrauenswürdig zu sein.
So also steht es um die Vertrauenswürdigkeit des Peacekeepings der Vereinten Nationen. Diejenigen von uns, die oft genug erlebt hatten, wie die UNPROFOR die Serben in Schutz nahm, waren über die Worte von General Rose nicht sonderlich überrascht. Er hatte wenigstens zugegeben, daß auch »einige« Zivilisten in Goražde getötet worden waren. Bei einem Mann, der angeblich glaubte, daß die Bosnier selbst und nicht die Serben für das Massaker auf dem Marktplatz in Sarajevo verantwortlich gewesen seien, konnte man dies schon fast als Fortschritt bezeichnen.

General Mackenzie hatte immerhin ein volles Jahr darauf bestanden, daß das Massaker vom August 1992 unter den Menschen, die vor der Brotausgabe Schlange gestanden hatten, nicht mit Sicherheit den Serben angelastet werden könne. Und General Briquemont hatte dagegen opponiert, Goražde zur Schutzzone zu erklären, weil die Stadt von »den Moslems« dann als Basis für ihre Angriffe auf die Serben genutzt werden würde. Briquemont hatte sogar behauptet, daß die Serben von allen Gruppen, mit denen er während seiner Zeit in Bosnien verhandeln mußte, die Verläßlichsten gewesen seien. Das hinderte ihn aber nicht daran, die Bürger von Sarajevo in seinem Abschiedsschreiben wissen zu lassen, daß er die Stadt vermissen werde, weil sie ebenso multikulturell sei wie sein geliebtes Brüssel.
Jose Maria Mendiluce hat nie gesagt, daß er Sarajevo vermissen werde. Tief bewegt verabschiedete er sich von seinen Kollegen vom UNHCR. *Sie* werde er vermissen, hatte er gesagt. Am Ende seiner Dienstzeit als Sonderbeauftragter war deutlich zu spüren, daß er genug hatte von Grausamkeiten und Lügen. Wie so viele der tüchtigen Leute, die im Laufe der vorangegangenen zwei Jahre für ihn gearbeitet hatten und unter der Last des physischen und psychischen Stresses zusammengebrochen waren, war auch er völlig ausgebrannt. Vielen Reportern, Mitarbeitern von regierungsunabhängigen Organisationen und UNPROFOR-Vertretern ging es nicht anders. General Briquemont soll im kleinen Kreis sogar gesagt haben, er sehne sich, nach Hause zu kommen, weil er immerhin drei Monate lang unter Beschuß gestanden hätte (vermutlich wollte er damit sagen, daß er in Sarajevo Quartier bezogen hatte). Es war eben nur so, daß manche Leute einen größeren Anspruch auf ihren Burnout hatten als andere, so wie manche Leute mehr Grund zur Verzweiflung hatten als andere.
Mendiluce und die anderen Leute vom UNHCR hatten allen Grund, verzweifelt zu sein. Je mehr sie sich plagten, um so

mehr dämmerte ihnen, daß ihre Zukunft von Mißerfolgen gezeichnet sein würde – egal wie groß ihr persönlicher Einsatz auch sein mochte. Der eigentliche Grund dafür war, daß sie einfach nicht wußten, was die Welt von ihnen erwartete. Tony Land, ein Veteran des UNHCR, der 1993 und 1994 das Büro in Sarajevo geleitet hatte, sagte mir einmal: »Welche Verpflichtungen wollen der Westen und die Uno denn nun wirklich eingehen? Die Schutzzonen-Taktik könnte unter bestimmten Umständen vielleicht sogar funktionieren, aber nicht, ohne daß den Leuten dort wenigstens ein Minimum an Lebensqualität garantiert wird. In Srebrenica gibt es kein Wasser. Wenn die Serben uns die Rohre nicht reparieren lassen – heißt das, daß wir das Wasser dann in Tankwagen reinkarren sollen? Wir stehen überall vor den gleichen praktischen Problemen. Und dabei spreche ich noch nicht mal von der Moral der Leute, denn um die ist es inzwischen traurig bestellt.«
»Wir wissen heute schon, daß die Kosten enorm sein werden, selbst wenn es morgen einen allgemeinen Waffenstillstand geben würde. Die Frage ist nur, nach welchen Prinzipien man von uns erwartet, hier zu arbeiten. Ich frage dich: Ist Wasser ein Menschenrecht für diese Leute? Ihr Journalisten redet vom Menschenrecht, als ginge es immer nur darum, daß einer nicht jede Woche von der Polizei zusammengeschlagen werden darf. Oder ihr redet mit Recht von Vergewaltigung und ethnischer Säuberung. Aber wie steht es mit Ausbildung? Oder Strom? Und wie ist es, wenn man all dies in einer Situation wiederherzustellen versucht, in der unentwegt Kämpfe, Vergewaltigungen und ethnische Säuberungen stattfinden? Es stellt sich immer dieselbe Frage: Was sollen wir hier eigentlich tun? Wir müssen das endlich entscheiden, aber das haben wir selbst nach zwei Jahren noch nicht geschafft.«
Unvermeidlich schadete auch das UNHCR durch das, was es in Bosnien tun mußte, seinem Ansehen. Obwohl es mehr

als alle anderen Organisationen dazu beigetragen hat, daß die Wahrheit über die ethnische Säuberung an die Öffentlichkeit drang, hatte es Zeiten gegeben, in denen das UNHCR gezwungen war, ihr in Wirklichkeit Vorschub zu leisten. »Ich ziehe dreißigtausend Evakuierte dreißigtausend Leichen vor«, hatte Mendiluce einmal gesagt. 1993 hatte das UNHCR eine Massenevakuierung der Zivilbevölkerung durch serbisch kontrolliertes Gebiet von Srebrenica nach Tuzla organisiert. Natürlich wurde niemand zum Gehen gedrängt, aber jeder wollte, wie ein Mitarbeiter des UNHCR damals sagte, »nichts wie raus aus Srebrenica. Sie wissen, daß es hier keine Zukunft für sie gibt.« Und doch bemerkte ein bosnischer Soldat bitter, während er den ersten Konvoi beobachtete, der das Niemandsland durchquerte und an seiner Stellung vorbei in Richtung Tuzla fuhr: »Das ist nichts anderes als ethnische Säuberung. Das UNHCR nimmt den Serben die Arbeit ab.«

Der diese Evakuierung leitende Vertreter des UNHCR betonte, er habe eine »rein humanitäre« Aufgabe erfüllt. Er wies darauf hin, daß die Operation von Srebrenica zwar die größte gewesen sei, die das UNHCR bislang auf die Beine gestellt habe, aber gewiß nicht die letzte. Wie alle Leute in Bosnien, die zu einer apokalyptischen Sicht der Dinge neigten, sollte auch er recht behalten. Im Frühjahr 1994, nachdem dem UNHCR klargeworden war, daß die Serben in der Bosanska Krajina und vor allem im Gebiet um Prijedor wieder systematisch Mord- und Brandzüge gegen die rund sechstausend verbliebenen Moslems unternahmen, plante man, auch sie nach Kroatien zu evakuieren, denn kein Moslem hätte sich selbständig auf den Weg machen können. An der Bushaltestelle von Banja Luka war im Herbst 1993 plötzlich ein Schild aufgetaucht, das den Moslems verbot, mit Bussen zu fahren. Ein Graffito an der Außenwand lieferte den auf der ganzen Welt üblichen, rassistischen Begleitkommentar: »Keine Hunde oder Moslems«

Widerstrebend versuchten das UNHCR und das Internationale Rote Kreuz daher, die Evakuierung in die Wege zu leiten. Aber einem Gerücht aus Zagreb zufolge war die Summe, die man den lokalen serbischen Machthabern unter der Hand angeboten hatte, nicht hoch genug gewesen, so daß der Evakuierungsplan scheiterte. Doch der Präzedenzfall von Srebrenica – im folgenden Jahr gab es in ganz Bosnien weitere Evakuierungen kleineren Stils und in der Bosanska Krajina wurden sie begonnen, aber nicht weitergeführt – hatte gezeigt, worauf das UNHCR-Mandat zum »Schutz« der Flüchtlinge letztlich hinauslief. Tatsächlich war das UNHCR in die mißliche Lage geraten, entweder untätig dazustehen und zuzuschauen, wie das Morden weiterging, oder selbst dem langfristigen serbischen Kriegsziel zu dienen, indem es die nichtserbische Bevölkerung aus den von der bosnisch-serbischen Armee kontrollierten Gebieten umsiedelte. Für die Mitarbeiter des UNHCR, die ihr Leben der Flüchtlingshilfe widmeten, war diese Wahl absolut unerträglich, auch wenn sie sich in ihre Unvermeidlichkeit fügen mochten.

Rückblickend betrachtet war die Hinrichtung Bosniens nach Srebrenica unvermeidlich geworden. Larry Hollingworth vom UNHCR meinte: »Wir hätten von Anfang an entschlossener auftreten müssen. Heute, in unserer Zeit, sollte es ein absolutes Recht sein, Menschen mit Nahrung zu versorgen. Wir aber haben statt dessen versucht, irgendwelche korrekten Vereinbarungen zu treffen, welche die Serben dazu bewegen könnten, es uns zu erlauben. Von August 1992 bis März 1993 brachten wir kaum Hilfsgüter durch. Währenddessen rückten die Serben auf Srebrenica vor, nahmen die Dörfer ein und zwangen die Menschen zur Flucht, wodurch die Lage in den Gebieten, die sie noch nicht erobert hatten, immer verzweifelter wurde.« Bevor das UNHCR schließlich beschloß, Zivilisten aus der Enklave zu evakuieren, hatte Jose Maria Mendiluce zornig erklärt, der von den Serben sogenannte »humanitäre Korridor«, den sie der Uno nordöstlich durch ihre Linien zu öffnen angeboten hatten, sei nichts weiter als ein Korridor für die ethnische Säuberung. »Wir finden, daß die Menschen ein Recht auf humanitäre Hilfe haben, wo sie leben, und nicht erst nachdem man sie aus ihren Häusern herausgebombt und herausgehungert hat«, fügte er hinzu.

Daß die Mitarbeiter des UNHCR anfänglich nicht voll und ganz begriffen, womit sie hier konfrontiert waren, war nicht verwunderlich. Pierre Ollier vom UNHCR – jener junge Franzose, dem ich zum ersten Mal 1992 in Banja Luka begegnet war und der sich zu praktisch jeder Dreckarbeit, die es in Bosnien zu tun gab, freiwillig gemeldet hatte (später sollte er auf dem Weg nach Makedonien bei einem Flugzeugabsturz ums Leben kommen) – hatte einmal gesagt: »Es hat noch nie einen Krieg gegeben, dessen militärisches Hauptziel es war, massenhaft Flüchtlinge zu produzieren. Die Folge ist, daß das UNHCR im allgemeinen und Mendiluce im besonderen in eine politische und sogar in eine militärische Rolle gedrängt wurden. Es sagt sich leicht, daß das UNHCR seine Finger von der Politik lassen sollte – daß also ein junger Mann wie ich, ohne viel politische Erfahrung, nicht mit den bosnischen Serben, der HVO oder der bosnischen Regierung verhandeln sollte. Mit Flüchtlingen im Mittelpunkt der politischen wie militärischen Krise ging es aber gar nicht anders. Ob Mendiluce wollte oder nicht, ja sogar ob er sich dafür eignete oder nicht: Er mußte in der hohen Politik mitmischen. Das UNHCR war von Anfang an in dieser Rolle gefangen.«

Ollier hatte recht. Mendiluce und seine Kollegen hatten seit Beginn der Operation Politik gemacht, allerdings ohne über die Mittel zu verfügen, die Politik erfordert. »Diplomatie ohne Gewalt wenigstens androhen zu können«, hatte Herbert Okun einmal gespottet, »ist wie Baseball ohne Schläger.« Als Larry Hollingworth im Frühjahr 1994 Bosnien endgültig verließ, hatte er einem Reporter der Londoner *Sunday Times* erklärt: »Wir hätten von Anfang an viel härter auftreten müssen. Die Uno hat die Chance verpaßt, die Initiative zu ergreifen und mächtiger zu werden. Was wir erlebt haben, ist ein allmählicher Verfall ihrer Autorität... Hätten wir von Anfang an gesagt, ›entweder ihr hört auf mit diesen Streitereien oder wir ziehen ab und dann bekommt niemand etwas‹, hätten wir ein wenig Einfluß gewonnen.«

Die Vertreter der UNPROFOR schienen mit ihrer eigenen Ohnmacht dadurch fertig werden zu wollen, daß sie ständig so taten, als würde sich die Lage bald bessern und aus den Verhandlungen am Ende doch noch etwas herauskommen. Dieses Wunschdenken führte dazu, daß sie sich nicht einmal selbst die Wahrheit eingestanden. Als Reporter David Owen aufforderten, den Serben gegenüber die Vergewaltigungslager zur Sprache zu bringen, lächelte er dünn, als sei diese Forderung völlig abwegig, und antwortete: »Es ist sehr schwierig, mit den Serben über solche Dinge zu reden.« Doch als die Serben von den Vereinten Nationen gefordert hatten, sie sollten aufhören, die Belagerung Sarajevos eine Belagerung zu nennen, hatte sich die UNPROFOR augenblicklich gefügt. Das UNHCR blieb wenigstens bei seiner Empörung. Von Srebrenica nach Sarajevo zurückgekehrt erklärte Larry Hollingworth: »Was da draußen geschieht, ist Mord. Das muß aufhören. Und wenn dazu Kanonen nötig sind, dann muß es eben sein.«

Anders als Mendiluce hatte Hollingworth die Stationierung der UNPROFOR-Truppen anfänglich begrüßt. »Es sah so aus, als würde dies meinen Job einfacher machen«, sollte er später sagen, »und als könnte dadurch auch das Leben von Tausenden von Bosniern etwas erträglicher werden. Die Aufgabe der Truppen schien klar: Hilfskonvois zu eskortieren und sich nicht in den Krieg einzumischen. Andererseits, wenn man schon eine Armee schickt, ihr aber verbietet anzugreifen, warum dann überhaupt Waffen und Panzer schicken? Leider bleibt mir nur die eine Schlußfolgerung, nämlich daß die Truppen nicht geschickt wurden, um markig zu sein, sondern um markig zu wirken.« In der Tat war es genau das, was ein hochrangiger Kommandeur der UNPROFOR im Frühjahr 1994 kurz vor seiner Rückversetzung nach Hause einer Gruppe von Journalisten in Zagreb anvertraut hatte. »Unser Auftrag hier ist es nicht, wirklich etwas zu tun«, hatte er in einem Ton gesagt, der gleichermaßen seine Verachtung für die Befehle durchklingen ließ, die er so gewissenhaft ausgeführt hatte, wie für all jene, die noch immer nicht verstanden hatten, wozu UNPROFOR wirklich auf dem Balkan war. »Unser Auftrag lautet, so zu tun, als täten wir was«, lachte er. »Das ist ein sehr schwieriger Einsatz.«

Obwohl sich auch die Mitarbeiter des UNHCR der Sichtweise der Vereinten Nationen, unparteiisch bleiben zu müssen, letzten Endes anschlossen, wehrten sie sich tapfer gegen die Vorstellung, damit gleichzeitig von der moralischen Pflicht zum persönlichen Engagement entbunden worden zu sein. Mendiluce hatte offen von seiner Enttäuschung gesprochen, »als Mitglied der internationalen Gemeinschaft« nicht mehr tun zu können. Mit anderen Worten, er hat nie akzeptiert, daß ihn seine Rolle als Vertreter des UNHCR von seinen moralischen Pflichten als Mensch entbinde. Was nicht heißt, Mendiluce und das UNHCR hätten ihrer eigenen Wege gehen können. Objektiv gesehen konnten sogar ihre humanitären Bemühungen als Feigenblatt für die Ablehnung der Großmächte gelten, sich militärisch in den Bosnien-Konflikt hineinziehen zu lassen. »Die humanitäre Falle« pflegte das ein französischer Journalist in Sarajevo zu nennen. Doch im täglichen Einsatz, wo sie mit Dingen konfrontiert waren, bei denen es auf Leben und Tod ging, versuchten die Mitarbeiter des UNHCR unermüdlich zu helfen. Sie wußten, daß ihre

Schutzbeauftragten wenig tun konnten, um die Bosnier zu schützen, und daß ihre Konvois kaum durchkommen würden, aber das hat sie nicht zynisch gemacht wie so viele Mitarbeiter der UNPROFOR. Es hat sie in ihrer Entschlossenheit höchstens noch bestärkt. Im Hauptquartier des UNHCR in Zagreb litten die Ranghöheren darunter, an ihre Schreibtische gefesselt zu sein, und nutzten jeden noch so fadenscheinigen Vorwand, nach Bosnien zurückzukehren. Jose Maria Mendiluce war beispielsweise bekannt dafür, daß er die Gesellschaft seiner Lastwagenfahrer der von Diplomaten vorzog, mit denen er so viel Zeit verbrachte. Aber zuletzt hat auch er alle Hoffnung verloren.

»Offen gestanden«, sagte er mir, kurz bevor er Bosnien verließ, »fühlen wir uns beim UNHCR von der internationalen Gemeinschaft und der Uno in New York im Stich gelassen. Wir fühlen uns wie Waisenkinder. Als die Lage in Ostbosnien endgültig den Bach runterging, waren wir in der moralisch unerträglichen Situation, der ethnischen Säuberung die Bahn ebnen zu müssen, um Menschenleben zu retten. Doch der Sicherheitsrat, die Vance-Owen-Unterhändler und der Generalsekretär schwiegen dazu. Es schien, als wären wir in dieser unerträglichen Lage völlig allein gelassen. Wir entwickeln uns zu einem Transportunternehmen und müssen alle humanitären und menschenrechtlichen Dinge, die den Kern *unseres* Mandats bilden, ignorieren. Wir karren die Lebensmittel rein und dienen ansonsten – was niemanden beleidigen soll – als Reisebüro für ausländische Besucher.«

»Lange Zeit hatte ich, so schlecht die Dinge auch standen, Hoffnung gehabt«, fuhr Mendiluce fort. »Ich erinnere mich, daß ich gedacht habe, an einem bestimmten Punkt werde die internationale Gemeinschaft einfach aufhören müssen zu reden und zu handeln beginnen. Bei deinen früheren Besuchen, bei denen ich über Wunder und Grenzen sprach, ging es natürlich darum, weiterzumachen, bis irgendwas getan würde. Und ich bin sehr stolz auf das, was wir beim UNHCR im ehemaligen Jugoslawien geleistet haben. Denn im Grunde ist es im wesentlichen uns zu verdanken, daß die Menschen in Sarajevo nicht verhungert sind. Aber überall sonst ...« Seine Stimme versagte ihm und er zuckte die Achseln. »Fast überall sonst stehen die Dinge sehr schlecht.« Einen Monat später war Mendiluce weg. In den oberen Rängen der UNPROFOR in Zagreb und Sarajevo machte man keinen Hehl daraus, daß man erleichtert war, ihn los zu sein. Sie hatten richtig vermutet: Sein Nachfolger Nicholas Morris sollte keinen derart eigensinnigen Kurs verfolgen. Auch war er nicht so unverhüllt allergisch gegen das Militär wie Mendiluce, und das just in dem Moment, als die UNPROFOR das UNHCR als führende UN-Organisation im ehemaligen Jugoslawien abzulösen begann. Unter Morris wurde das UNHCR wieder zur reinen Hilfsorganisation.

Der Übergang von Mendiluce zu Morris war ein Symptom für den Rollenwechsel des UNHCR und vielleicht auch für einen Wandel im Denken. Zweifellos war Morris der bessere Administrator, der bessere Bürokrat und vielleicht auch im Rahmen der Uno der bessere Politiker. Er galt als Ehrenmann, bei vielen aber auch als phantasielos und rigide. Von ihm war kaum zu erwarten, daß er je »aus der Haut fahren« würde. Immerhin war er es, der gegen eine Ausweitung der Rolle des UNHCR in Kurdistan opponiert hatte – eine Haltung, die ihm damals bei den Reportern im nördlichen Irak den Spitznamen »Nicht-mein-Mandat-Morris« eingebracht hatte. Im Gegensatz zu Mendiluce, der sich standhaft geweigert hatte zu akzeptieren, daß er nichts anderes zu tun habe, als die Katastrophe einzudämmen, oder einfach nur das zu tun, was er konnte, hatte Morris eine sehr viel konventionellere Einstellung. Unter ihm sollte sich das UNHCR im ehemaligen Jugoslawien wieder in eine orthodoxe UN-Organisation zurückentwickeln. Leute, die von Anfang an bei dieser Operation dabeigewesen waren, beschwerten sich über den nun herrschenden Mangel an Elan. Bis Mitte 1994 waren viele von ihnen weggegangen oder sprachen davon, wegzugehen. Als das letzte Mitglied aus Mendiluces innerem Kreis, Manoel de Almeida, im Juni 1994 nach Genf zurückkehrte, symbolisierte dies das Ende der Operation oder, wie er es nannte, »des Monsters«, das Mendiluce geschaffen hatte.

Mendiluce hatte es immer als seine Aufgabe betrachtet, nicht nur Leben zu retten und Hilfe zu leisten, sondern auch den Menschen Hoffnung zu geben. Einer seiner Kollegen sagte nach seinem Weggang aus Bosnien: »Jose Maria mag vielleicht nur hohle Siege errungen haben, aber während er um sie gekämpft hat, konnten die Leute vom UNHCR noch glauben und hoffen. Jetzt haben wir eine Krise, aber keine Hoffnung, und das hat uns alle demoralisiert.«

Nachdem er den Balkan verlassen hatte, fühlte sich Mendiluce frei, das ganze Ausmaß seiner Demoralisation zu offenbaren. »Der Prozeß der Friedensverhandlungen im ehemaligen Jugoslawien hat den Gipfel der Perversion erreicht«, erklärte er. »Zuerst ging es um den Erhalt der Republik Bosnien und Herzegowina, die von der internationalen Gemeinschaft anerkannt worden war. Dann kam der Vorschlag, das Land in zehn Provinzen aufzuteilen. Und nun haben wir den Plan, drei ethno-religiöse Kleinstaaten zu schaffen, womit die Bevölkerung gezwungen wird, sich anhand einer faschistischen Logik ethnisch zu definieren.«

Das, so Mendiluce, sei absolut inakzeptabel. »Die Grenze für Pragmatismus und Dialog«, sagte er, »ist der Völkermord. Da wir nicht bereit waren, gegen ihn einzuschreiten, hätten wir besser zu Hause bleiben sollen. Aber wir waren vor Ort, wir haben humanitär interveniert, und wir haben falsche Erwartungen geweckt.«

Beobachtete man Mitarbeiter des UNHCR bei ihren Einsätzen, so war das Wunderbare immer, daß sie nie Defätisten waren, wie verzweifelt die Lage auch sein mochte. Nun hat Mendiluce selbst die Niederlage zugegeben. Er hat das UN-HCR verlassen, ist wieder in die spanische Politik zurückgekehrt und wurde über die sozialistische Liste ins Europäische Parlament gewählt. Was er »die größte, komplexeste und risikoreichste Operation, die jemals von einer humanitären Organisation unternommen wurde«, genannt hatte, *war* ein Mißerfolg, jedenfalls wenn man die Beendigung des schrecklichen Geschehens zum Kriterium des Erfolgs macht. Sogar Nicholas Morris hatte 1993 gesagt: »Das Versäumnis der internationalen Gemeinschaft, die Logik des Krieges aufzuheben, hatte zur Folge, daß auch versäumt wurde, das Konzept der auf dieser Logik basierenden humanitären Operationen zu ändern.« Larry Hollingworth hat es unverblümter gesagt. Bevor er den Balkan verließ, bemerkte er zornig: »Der Westen muß sich entscheiden, ob er die bosnischen Moslems retten will oder nicht.« Spätestens im Frühjahr 1994 wußte man, wozu er sich entschieden hat. Die Antwort hieß nein, er wollte nicht.

10

IM APRIL 1993 FRAGTE MICH ein alter Mann auf dem Löwenfriedhof in Sarajevo: »Warum werfen die Amerikaner keine Atombombe auf die Serben?« Einen Augenblick später explodierte in etwa dreihundert Meter Entfernung eine Mörsergranate. Trauernde, die gerade einen zwei Tage zuvor von Heckenschützen getöteten vierzehnjährigen Jungen beerdigten, duckten sich, obwohl es nur hinter der halbzerschossenen Löwenstatue in der Mitte des Friedhofs Deckung gab. Nach einem Jahr Belagerung in Sarajevo wurden selbst Gedenktafeln auf den Gräbern nurmehr aus Sperrholz gemacht, und die Totengräber berichteten mir, daß das Holz nur noch halb so dick sei wie noch vor sechs Monaten. Ich starrte nervös auf zwei frisch ausgehobene Gräber zehn Meter weiter. Aus Erfahrung wußte ich, daß sie den besten Schutz boten, wenn der Beschuß ernsthaft losging. Und damit mußte man rechnen, denn es war eine Spezialität der serbischen Truppen auf den umliegenden Hügeln, bei Beerdigungen auf die Trauernden zu zielen.
Verglichen mit anderen Gräberfeldern Sarajevos war der Löwenfriedhof noch verhältnismäßig sicher. So war er den serbischen Heckenschützen nicht annähernd so preisgegeben wie der nahegelegene Fußballplatz, der im Herbst 1992 von den örtlichen Behörden in einen Friedhof verwandelt worden war, um im überfüllten Leichenschauhaus des Koševo-Krankenhauses Platz zu schaffen. Nur ein Jahr später war bereits über ein Drittel seiner Fläche mit Gräbern

bedeckt.[1] In Sarajevo drohte immer Gefahr. Es gab kaum eine Stelle in der Stadt, die vor Mörsergranaten, Artilleriegeschossen oder den Gewehrkugeln der allgegenwärtigen Heckenschützen sicher war.[2] Das Furchterregende und besonders Beklemmende an einem Beschuß durch Heckenschützen ist, daß sie nicht wie Kanoniere auf einzelne Gebäude oder Häuserblocks zielen, sondern auf einzelne Menschen, die sie mit Bedacht auswählen und ins Fadenkreuz ihrer Zielfernrohre nehmen. »Ich denke, ich erschieße mal das Mädchen im roten Parka«, sagt sich ein solcher Schütze oder: »Ich lass' den großen Mann dort die Straße überqueren und versuche nur seinen Begleiter zu erwischen, den kleinen unrasierten Kerl da im Wollmantel, sobald er ihm folgt.«

Bevor wir an diesem Morgen zum Löwenfriedhof aufbrachen, hatte mir ein französischer Freund, ein erfahrener Kriegsfotograf, gesagt: »Es gibt zwei Möglichkeiten, eine Beerdigung zu fotografieren: auf den Füßen unter den Lebenden oder auf den Knien unter den Toten.« Dasselbe hätte er sagen können in bezug auf Sarajevo oder das Gemetzel in Bosnien im allgemeinen. Was einen während der Belagerung in dieser Stadt jedoch vor allem erschütterte, war – abgesehen davon, daß man vor Angst ständig halb von Sinnen war –, daß die Situation im Grunde so einfach schien. Eine europäische Stadt wurde vernichtet. Karthago in Zeitlupe, aber diesmal mit Zuschauern und auf Video gebannt. Nichts, weder die schwierige Geschichte dieser Region noch die eigenen Fehler und Verbrechen der Bosnier, ja nicht einmal die manchmal gerechtfertigten Ängste der bosnischen Serben können das Verbrechen rechtfertigen, das hier verübt wurde. Nichts. Nichts. Nichts.

Die Journalisten waren davon überzeugt gewesen – teils aus der Selbstgerechtigkeit ihres Berufsstands, teils aus einem naiven Vertrauen in die befriedenden Wirkungen des Wohlstands, teils aus der selbstgefälligen Überzeugung heraus, daß Europa ein zivilisiertes Gebiet sei –, daß man nur zu berichten und zu zeigen brauche, was in Sarajevo tatsächlich geschah, daß man nur auf die Bildschirme bringen müsse, wie ein Kind aussieht, das gerade von einem Mantelgeschoß oder von einem Granatsplitter getroffen wurde, oder die Leichen von Menschen, die umgebracht worden waren, während sie um Brot oder Wasser anstanden, um die Menschen zu Hause dazu zu bringen, ihre Regierungen zum Handeln zu zwingen. Die westliche Presse hatte gehofft, eine informierte Öffentlichkeit zu Hause würde von ihrer Regierung verlangen zu verhindern, daß die Bosnier weiterhin massakriert, vergewaltigt oder aus ihren Häusern vertrieben werden. Statt dessen aber führten die sorgsam ausgesuchten Ton- und Bildhäppchen von dem Geschehen viel eher zu Haarspaltereien und Gleichgültigkeit, als daß sie die Menschen wirklich zum Handeln bewegt oder wenigstens Entrüstung bewirkt hätten.

Rückblickend war es einfach naiv zu glauben, es hätte anders kommen können. Wohl gab es im weitesten Sinne einen gewissen »CNN-Effekt«, das heißt, ohne CNN, BBC und die anderen Sender, die ständig darüber berichteten, wäre die bosnische Tragödie bereits nach den ersten paar Monaten in den Köpfen der Menschen verblaßt, obwohl das Ganze vor der Haustür Italiens stattfand. Genaugenommen war es ja wirklich das Fernsehen und nicht die Nato oder gar die Vereinten Nationen, das Anfang Februar 1994 nach dem Massaker auf dem Marktplatz von Sarajevo ein Umdenken bewirkt hat. Die Briten, die Franzosen, die UNPROFOR und das DPKO hatten sich fast zwei Jahre mit Händen und Füßen gegen eine glaubwürdige Gewaltandrohung seitens des Westens gewehrt. Sie hatten behauptet, das Mandat würde dies nicht zulassen und die humanitären Bemühungen würden dadurch zu sehr gefährdet. Überhaupt seien militärische Drohungen letztlich kontraproduktiv. Nach dem Marktplatz-Massaker mußten sie jedoch feststellen, daß der Zorn der Öffentlichkeit in ihren Ländern diesmal so heftig war, daß er sich wohl nicht wieder so schnell legen würde wie nach früheren Greueltaten. Also kamen sie zu dem Schluß, daß einige der Maßnahmen, die sie zuvor als undurchführbar abgelehnt hatten, doch praktikabel wären. Ein Diplomat eines der fünf ständigen Mitgliedsländer im Sicherheitsrat hatte mir gegenüber zynisch bemerkt: »Nicht das Mandat hat sich geändert – die Gefühle der Öffentlichkeit, vor allem in Westeuropa, haben sich gewandelt.«

Viele Journalisten hatten es sich bewußt oder unbewußt von Anfang an zur Aufgabe gemacht, die Einstellung ihrer Leser und Zuschauer angesichts dieses Gemetzels zu verändern. Deshalb waren Reporter und Fernsehteams während der Belagerung von Sarajevo wahrscheinlich die verläßlichsten Verbündeten der Bosnier. Die bosnische Regierung, die voll auf eine Intervention des Auslands gesetzt hatte, hatte schon früh den Einfluß des Pressekorps in Sarajevo erkannt. Durch die Aufrechterhaltung des Waffenembargos aller Mittel zur Selbstverteidigung beraubt, hatte sie begriffen, daß das Erwecken von Mitleid im Ausland und die Bereitschaft der islamischen Welt, Geld zu spenden, die einzigen ihr verbliebenen Druckmittel waren. Es stimmt nicht, wie Vertreter der Vereinten Nationen gern andeuteten, daß die Journalisten aus Mitgefühl verleitet worden seien, ihre Berichte so zu verzerren, daß die bosnische Regierungsseite in einem unverdient guten Licht gezeigt wurde. Solche Anschuldigungen waren eher Ausdruck der verzerrten Moral, welche die Verpflichtung zur »Unparteilichkeit« angesichts der »Forderungen der Kriegsparteien«, wie sie es gern nannten, bei führenden UN-Vertretern hervorgebracht hat. All ihrem empörten Getue zum Trotz müssen diese Beamten gewußt haben, daß das Recht, das die bosnischen Serben für sich beanspruchten, vergleichbar war mit jenem Recht, das die Nazis oder die Roten

Khmer für sich beansprucht hatten. Noch einmal: Was die Serben begingen, war *Völkermord*.

In Wahrheit sympathisierten die meisten Journalisten mit der bosnischen Sache, eben weil das Geschehen in Bosnien Völkermord war. Es war dieselbe Sympathie, wie man sie von ausländischen Journalisten gegenüber den Juden erwartet hätte, wäre es 1943 möglich gewesen, aus dem Warschauer Ghetto zu berichten. Die Logik, welche hinter der Haltung der Vereinten Nationen in Bosnien stand, ließ vermuten, daß die Uno – hätte es sie bereits zur Zeit des Zweiten Weltkriegs gegeben und hätte sie auch damals geglaubt, ein »Mandat« zu haben, das sie zur Unparteilichkeit gegenüber allen Seiten verpflichtete – sich auch zu dieser Zeit über das Unverständnis der Journalisten beschwert hätte, weil der Antisemitismus ein jahrhundertealtes europäisches Problem sei und die Ängste der Deutschen vor dem jüdischen Einfluß im historischen Kontext betrachtet werden müßten. Rein historisch gesehen wäre diese Einstellung damals genauso zutreffend gewesen wie die historische Begründung des serbischen Nationalismus im Jahr 1994. Der Presse gereicht es zur Ehre, daß sie sich auf die UN-Version des alten Spruchs »alles verstehen heißt alles vergeben« nie eingelassen hat. In Bosnien hatten die Reporter Dinge gesehen, die sie einfach nicht vergeben konnten, die aber die UN-Vertreter offenbar um jeden Preis vertuschen wollten.

In einer speziellen Hinsicht haben die Vereinten Nationen sich jedoch zu Recht an den Beziehungen zwischen der bosnischen Regierung und dem ausländischen Pressekorps gestoßen: Die bosnische Regierung hat während der Dauer der Kämpfe ständig versucht, die Sympathie der Journalisten auf eine Weise für sich zu mobilisieren, wie sie vielleicht ihre eigenen jungen Männer für den Kampf mobilisiert haben mochte. Damit hat sie sie fast wie einen wichtigen militärischen Faktor behandelt. Im Laufe der

Zeit wurden die Bosnier darin immer geschickter. Aber mit dieser Taktik haben sie die bosnische Tragödie keineswegs um ihrer eigenen strategischen Ziele willen selbst verursacht. Was immer die Militärs der UNPROFOR von General Mackenzie 1992 bis General Rose 1994 im privaten Gespräch auch gesagt haben mochten: Dafür, daß die Bosnier selbst für das Massaker an der Brotausgabestelle oder auf dem Marktplatz von Sarajevo verantwortlich gewesen wären, hat selbst die Uno nie ausreichende Hinweise gefunden, um den Verdacht öffentlich zu äußern oder der Presse zu erlauben, Einsicht in ihre Unterlagen zu nehmen. Die Tatsache, daß sie die Beweise, über die zu verfügen sie behaupteten und die ihre privat geäußerte Meinung angeblich bestätigten, nie vorgelegt haben, ließ viele von uns vermuten, daß sie in Wirklichkeit nicht mehr wußten, als sie sagten, sondern daß die UNPROFOR wie das UN-Sekretariat mit allen Mitteln an der Darstellung festhalten wollten, Bosnier wie Serben trügen gleichermaßen Schuld. Die Uno, schien es, wollte sich nicht von dem Glauben trennen, daß es in diesem Drama keine Helden gab, sondern nur Schurken.

Dieser Glaube leistete ihnen in Bosnien gute Dienste. Solange die Vereinten Nationen von der Niederträchtigkeit der bosnischen Regierung überzeugt blieben, konnten sie sich auf billige Weise der moralischen Pflicht entziehen, ihre berühmte »Unparteilichkeit« zu überdenken. In Wirklichkeit zogen die UNPROFOR und das UN-Sekretariat es vor, der moralischen Frage aus dem Weg zu gehen. Da war das Mandat, an das man sich halten mußte, gaben sie rasch zu bedenken, oft bevor man dieses Thema überhaupt angeschnitten hatte. Auch wenn UN-Vertreter es nie ausdrücklich sagten, beruhte letztlich ihr ganzes Handeln auf einem bestimmten Prinzip, und dieses unterschied sich nicht wesentlich von einem anderen, einst gefeierten Prinzip institutionalisierter Selbstrechtfertigung: »Ich habe nur

Befehle befolgt.« Da sie der bosnischen Regierung keine Schuld nachweisen konnten, blieb ihnen also nur, sie anzuschwärzen, indem sie ein paar Journalisten, die ohnehin zu den Ansichten der Uno neigten, das sogenannte Geheimnis anvertrauten. Kurz nach dem Massaker auf dem Marktplatz hatte ein hochrangiges Mitglied des Führungsstabs von General Rose mindestens zwei Journalisten die Titelseite eines angeblich vernichtenden ersten Berichts des UN-Teams von Bombenspezialisten gezeigt, mit dem die Schuld der Bosnier an diesem Massaker bewiesen worden sei. Was in diesem Bericht geschrieben stehe, behauptete er, lasse nur diese eine Schlußfolgerung zu.

Offenbar reichte es aber nicht einmal, um die Mitarbeiter des UN-Sekretariats zu überzeugen, denen man kaum eine wohlwollende Haltung gegenüber Izetbegović und Silajdžić nachsagen konnte. Sie verlangten eine zweite, umfassende Untersuchung, die nichts erbringen sollte. Hätte man tatsächlich ein bosnisches Verschulden verschleiern wollen, hätte dies bedeutet, daß auch die russischen Mitglieder der Untersuchungskommission damit einverstanden gewesen wären. Das aber war wenig wahrscheinlich. Ebenso unwahrscheinlich war, daß die Sympathisanten der Serben in der Uno, wo fast nichts Wichtiges lange geheim bleibt, solche Beweise, hätte die Uno sie aus bestimmten Gründen für sich behalten wollen, nicht eilends publik gemacht hätten.

Die Leute von General Rose waren zudem fleißig dabei, noch ein ganz anderes Märchen zu verbreiten. Derselbe Adjutant von Rose, der hatte durchsickern lassen, wer angeblich die Granaten auf den Marktplatz von Sarajevo abgefeuert habe, verbreitete nun vertraulich, Rose habe nur deshalb geschwiegen, um »ein gewisses Druckmittel« gegenüber den bosnischen Behörden in der Hand zu behalten. Rose, berichtete er, habe General Jovan Divjak, den stellvertretenden Kommandeur der bosnischen Armee, nur deshalb zur Teilnahme an den von der Uno initiierten militärischen Verhandlungen am Flughafen von Sarajevo bewegen können, weil er Präsident Izetbegović gedroht habe, sonst »die Wahrheit« über das Massaker auf dem Marktplatz zu veröffentlichen. Izetbegović, ließ er durchblicken, habe sofort zugestimmt, weil ihm klar gewesen sei, daß er in der Falle saß. Mitglieder der bosnischen Regierung freilich stellten die Dinge ganz anders dar. Ihnen zufolge habe Rose in Wahrheit keinerlei Beweise gehabt, sei aber von seiner Darstellung absolut überzeugt gewesen. »Er wollte einfach glauben, daß wir Killer sind, er wollte das unbedingt«, sagte ein bosnischer Regierungsbeamter.

Das war genau die Position, an der die Uno festhielt. Ein UN-Mitarbeiter sagte mir: »Die Serben sind Massenmörder, die Kroaten sind Meuchelmörder und die Bosnier sind Killer.« Eine für die UNPROFOR durchaus bequeme Einstellung, denn so blieb sie in der glücklichen Lage, mit allen Opfern des bosnischen Krieges sympathisieren zu können, ohne selbst Stellung beziehen zu müssen, wer denn nun im Recht oder wer im Unrecht war. Eine andere Position war für sie undenkbar. Das Internationale Komitee vom Roten Kreuz hatte Jahrzehnte gebraucht, um seine moralische Integrität wiederherzustellen, nachdem es praktisch mit den Nazis kooperiert hatte, indem es ins VorzeigeKonzentrationslager Theresienstadt Delegationen geschickt und – sogar noch 1943 – in Genf verkündet hatte, die Bedingungen dort seien zwar hart, unter den gegebenen Umständen aber akzeptabel. Da auch die Vereinten Nationen in Bosnien tatenlos einem Völkermord zugeschaut haben, könnte ihr Handeln (oder besser: Nichthandeln) nun auch sie auf lange Zeit ihr moralisches Ansehen gekostet haben. Die Verachtung, die einst dem Völkerbund entgegengebracht wurde, war die unmittelbare Folge seines Versagens als Instrument im Kampf gegen den Faschismus der dreißiger Jahre. Was die vielen ausländischen humanitären

Helfer und Journalisten, die alle als Freunde der Vereinten Nationen nach Bosnien gekommen waren, den UN-Vertretern immer und immer wieder klarzumachen versuchten, war, daß sich ihre Weigerung, dem ethnischen Faschismus der neunziger Jahre entgegenzutreten, nicht weniger fatal auf das moralische Ansehen der Uno auswirken könnte. Denn zumindest pragmatisch gesehen hängt von diesem Ansehen ab, wie erfolgreich sie ihre Missionen durchführen kann.

Die einzelnen Mitarbeiter der Vereinten Nationen und vor allem die Leute vom UNHCR erkannten durchaus, wie sehr sich ihre Institution durch ihr Verhalten in Bosnien desavouierte, doch die Uno als Ganzes weigerte sich schlicht zuzugeben, daß ebendies geschah. Schuld sei nur das Mandat oder die Rückgratlosigkeit der Großmächte oder eben einfach die Brutalität und Grausamkeit der Kriegsparteien selbst. Und je mehr die Enttäuschung wegen der Schwierigkeiten mit der humanitären Aktion wuchs, je deutlicher wurde, daß humanitäre Hilfe nicht viel mehr bringen konnte als »ein immer unzureichendes Minimum an Menschlichkeit in einer Situation, die es nicht geben dürfte«, wie es Thierry Germind, ein Vertreter des Internationalen Komitees vom Roten Kreuz einmal formuliert hat, um so mehr wuchs die Neigung, die Opfer selbst für ihr Schicksal verantwortlich zu machen. Warum, fragten unzählige UN-Vertreter, bestanden die Bosnier darauf, weiterzukämpfen, wo doch längst klar sei, daß sie verloren hätten? In den Augen vieler UN-Beamter war der bosnische Widerstand selbst zu einer Art Verbrechen gegen die Menschlichkeit geworden. Wenn die Opfer nur endlich ihren Opferstatus akzeptieren würden, gäbe es so viel, was die internationale Gemeinschaft für sie tun könnte.

Da die Vereinten Nationen die bosnische Regierungsseite zunehmend in diesem Licht betrachteten, war nur logisch, daß sie jede, aber auch jede Möglichkeit aufgriffen, die

Bosnier beschuldigen zu können, ihre eigenen Leute umzubringen oder Kriegsverbrechen gegen die bosnischen Serben zu begehen. Am 6. Oktober 1994 griffen bosnische Regierungstruppen serbische Stellungen bei Sarajevo an. Am nächsten Tag wurden die Leichen von zwanzig bosnischen Serben entdeckt, denen man die Kehlen durchgeschnitten hatte. Die bosnischen Serben ließen sofort verlautbaren, der Angriff sei ein »verbrecherischer Akt der Moslems« gewesen. Yasushi Akashi schien ebenfalls dieser Meinung zu sein. Umgehend flog er nach Sarajevo, um persönlich gegen die »Verstümmelung« serbischer Soldaten zu protestieren. Am nächsten Tag gab der UNPROFOR-Sprecher Oberstleutnant Tim Spicer zu, es habe sich um ein selbst in Kriegszeiten beispielloses »Kommandounternehmen« der Serben gehandelt. Die Vereinten Nationen, verkündete Spicer, zögen ihre frühere Aussage zurück.

Wahr ist, daß die bosnische Regierung in ihrer Verzweiflung oft die von den bosnischen Serben begangenen Greueltaten zwar gewiß nicht als solche, wohl aber als Gelegenheit begrüßte, sie fotografisch dokumentieren zu können. So mancher bosnische Beamte hatte verständlicherweise geglaubt, die Bilder von getöteten und verstümmelten Zivilisten könnten die Großmächte endlich dazu bewegen, mehr zum Schutz Bosniens zu tun, als im Weltsicherheitsrat zahllose Resolutionen zu verabschieden, die ein Ende des Gemetzels forderten. Doch darin, wie bei so vielen anderen Hoffnungen, die sie in den Westen gesetzt hatten, irrten sie sich. Die Entrüstung, die das Massaker auf dem Marktplatz bewirkte, sollte die einsame Ausnahme bleiben. Das wurde bereits zwei Monate später deutlich, als die Serben mit dem Beschuß von Goražde begannen und den Bosniern damit klarwurde, daß die Waffenverbotszone um Sarajevo nicht zum Präzedenzfall für andere Waffenstillstandsvereinbarungen im restlichen Bosnien geworden war, wie westliche Politiker zuvor behauptet hatten.

Wären die Serben bereit gewesen, diesem zweiten Nato-Ultimatum Folge zu leisten, wären auch die Vereinten Nationen bereit gewesen, es durchzusetzen. Aber die Serben waren weder schwach, noch waren sie Narren, also haben sie sich in Goražde einfach ein wenig gebeugt, ohne sich freilich zu unterwerfen. Daß serbische Truppen als Polizisten verkleidet wieder in die Verbotszone eingedrungen waren, war selbst dem Ortskommandeur der UNPROFOR, dem britischen Oberstleutnant David Santa Olalla, zuviel. Doch Sergio de Mello, der vor Ablauf des Nato-Ultimatums in Goražde eingezogen war und damit wahrscheinlich mehr als jeder andere UN-Vertreter dafür gesorgt hatte, daß es zu keinen Luftangriffen kam, überging die UNPROFOR einfach und teilte den bosnischen Serben mit, sie könnten ihre Polizisten an Ort und Stelle lassen, Ultimatum hin oder her.

Damit hatte de Mello nicht anders gehandelt als andere leitende UN-Vertreter seit Beginn der Kämpfe. Weshalb also hätten sich die Bosnier angesichts dieser Einstellung der Vereinten Nationen denn nicht an die Presse wenden und den Krieg, den man sie auf dem Schlachtfeld nicht führen ließ, in die Medien tragen sollen? Die einzige Waffe, von der sie wahrlich genug hatten, war ihr eigenes Leid. Wenn sie eine Leiche manchmal erst dann fortschafften, nachdem genügend ausländische Journalisten sie gesehen hatten, oder sich manchmal auf fast schon masochistische Weise weigerten, Vereinbarungen auszuhandeln, die Sarajevo vielleicht etwas mehr Strom und Gas verschafft hätten, dann bedeutete dies noch lange nicht, daß – wie UN-Vertreter in Zagreb, Sarajevo und New York gern behaupteten – sie ihr Leid selbst verursacht hätten. Sie waren die Opfer. Doch ihre Opferrolle schien den UN-Beamten vor Ort wie in New York und Genf zunehmend lästig zu sein und sie oft sogar anzuekeln. Die Offiziere der UNPROFOR jedenfalls machten kaum noch ein Hehl aus ihrer Antipathie gegen die Bosnier.

Der Fehler der Bosnier war nicht, daß sie die UNPROFOR falsch einschätzten – den hatten sie anfangs gemacht, aber dann war ihnen bald klargeworden, daß der Auftrag der UN-Schutztruppe in Bosnien nicht den Schutz der Bosnier einschloß –, sondern die Vorstellung, daß bei den Menschen draußen in der Welt über das Geschehen in Bosnien genügend Empörung erregt werden könnte, um zu bewirken, daß das Schicksal Bosniens der UNPROFOR aus den Händen genommen würde. Aus diesem Grund hatten sich die Bosnier an die Presse gewandt. Die Presse hat – wir haben – alles versucht. Sie hatte – wir hatten – keinen Erfolg. Wir saßen spät nachts in einem Zimmer im Holiday Inn in Sarajevo und tranken die letzte Flasche Whisky, die ein Neuankömmling aus Split oder Ancona hereingebracht hatte, nachdem wir den Tag an der Front, in der Notaufnahme des Französischen Krankenhauses oder bei Menschen verbracht hatten, die in den einst so schönen, nun abgeholzten Parks von Sarajevo die letzten Zweige aufklaubten. Wir konnten einfach nicht glauben, daß der Welt egal wäre, was in Bosnien geschieht, oder – noch schlimmer – sie denken könnte, es handle sich nur um einen uralten ethnischen Konflikt – eben wieder mal um einen Balkankrieg, bei dem eigentlich keine Seite besser sei als die andere.
Wir hatten wirklich geglaubt, noch ein Bild, noch ein Bericht, noch eine Live-Schaltung mit einem Korrespondenten vor einem zerschossenen, schwelenden Gebäude würde die Menschen aufrütteln, würde sie dazu bringen, nicht einfach nur mit den Achseln zu zucken oder gar, wie die Vereinten Nationen, den Opfern die Schuld zuzuschieben. Also schickten wir unsere Berichte per Satellitenfax nach New York, Paris, London und Washington, brachten Fotos hinaus zu den wichtigsten Bildagenturen der Welt und übertrugen unsere Fernsehbilder live, wann immer die Sender sie haben wollten, zu CNN, ITN und Antenne 2. Die Chefredakteure zu Hause räumten diesen Reportagen und

Filmen tatsächlich viel Sendezeit ein, jedenfalls während der ersten beiden Jahre der Kämpfe. Niemand wird in Zukunft sagen können, er habe nicht gewußt, was in Bosnien vorging, wie es so viele Deutsche im nachhinein über die Nazizeit behaupten konnten. Die Vereinten Nationen mögen sich damit trösten, daß die Presse tendenziös gewesen sei. Die Wahrheit aber wurde über kein Gemetzel je gewissenhafter und kompetenter berichtet.

Anders als die Vereinten Nationen hatte die Presse verstanden, daß gerecht sein nicht dasselbe ist wie unparteiisch sein. Mich, der ich niemals wirklich der Tagespresse angehörte – ich habe nie Berichte einreichen, mich mit Chefredakteuren streiten oder irgendwelche sinnlosen Storys von »allgemeinmenschlichem Interesse« schreiben müssen –, wohl aber zwei Jahre eng mit Reportern zusammengearbeitet habe, hat es immer geschmerzt, daß diese professionellen Skeptiker, von denen vermutlich viele Soldat geworden wären, hätten sie keine so anarchisch linke Einstellung gehabt, mehr an die »westlichen Werte« zu glauben schienen als ihre Regierungen. Und dieses Engagement kostete einer erstaunlichen Zahl von ihnen das Leben. Aber selbst jene, die nie physisch verwundet wurden, zahlten für ihren Drang, immer wieder zurückzukehren, einen persönlichen wie beruflichen Preis – was, gemessen an dem, was die Bosnier selbst durchmachen mußten, natürlich fast nichts war. Und doch kehrten sie immer wieder zurück.

Spätestens im Sommer 1993 jedoch waren die Menschen in Bosnien der Presse überdrüssig geworden. Der Behauptung, daß sie irgend etwas *ändern* könnte – schließlich das einzig sinnvolle Kriterium für ihre Daseinsberechtigung –, begegneten sie längst nur noch mit Zynismus. Journalisten, die einst als Freunde begrüßt worden waren und in die die Bosnier – und unter ihnen vor allem die Leute in Sarajevo – solche Hoffnungen gesetzt hatten, wurden nun mit sehr viel weniger Begeisterung empfangen. Nicht, daß die Bosnier geglaubt hätten, die Journalisten hätten nicht die Wahrheit berichtet. Sie glaubten nur nicht, daß sie damit irgendetwas Positives erreicht hatten. Mir kam es vor, als irritiere sie nun die Präsenz der Ausländer, die sie einst als so wohltuend empfunden hatten. »Wieder mal auf Safari?« hatte mich ein Freund in Sarajevo gefragt, als ich zu Beginn des Winters 1993/94 zurückgekehrt war. »Was hoffst Du diesmal zu sehen? Noch mehr Leichen, noch mehr Zerstörung? Wir sollten Eintritt von Dir verlangen.« So etwas wurde zwar ziemlich gleichmütig gesagt, aber immer unversöhnlicher. Die Aufmerksamkeit der Medien, meinte mein Freund, habe nichts gebracht. Ein paar Monate später, nach Beginn des Waffenstillstands – Sarajevo war zwar noch immer belagert, wurde aber wenigstens anfänglich nicht mehr so heftig beschossen –, hatte die Bitterkeit gegenüber Ausländern erheblich zugenommen. Jetzt, wo es relativ gefahrlos war, nach Sarajevo zu fliegen, begannen die hohen Herren nur so in die Stadt zu strömen. Sie unternahmen Ruinenrundfahrten und taten den Bewohnern ihr Mitgefühl kund. Ihre Motive waren im allgemeinen ehrbar, und doch konnten die Bürger Sarajevos gar nicht anders, als sich über ihre Art der Teilnahme zu ärgern – genauso wie darüber, daß sie, sobald sie genug gesehen hatten, einfach mit einem gepanzerten Wagen der UNPROFOR zum Flughafen fahren, ins Flugzeug steigen und nach Hause fliegen konnten. Die Presseberichte wurden allmählich kürzer und weniger, nachdem sich die Drohung einer Nato-Intervention wieder einmal als leer erwiesen hatte. Auf dem Höhepunkt der Kämpfe hatte selbst das kollektive Zeugnis der Presse nicht viel für Sarajevo erreichen können. Nun, nachdem die Kämpfe gerade einmal abgeflaut waren, konnten auch die Besucher nicht viel tun, um die Wunden der Stadt heilen zu helfen, nicht einmal wenn sie und Gleichgesinnte im Westen zum physischen Wiederaufbau Bosniens beisteuern würden. Auch die Chefredakteure zu Hause begannen schließlich Ermüdungserscheinungen zu zeigen und erlaubten ihren besten Reportern nur noch zögernd, immer wieder nach Bosnien zurückzukehren. Im Laufe des Jahres 1994 sollten viele der großen Mediengruppen ihren ständigen Stab von Sarajevo abziehen.

Es bleibt die Frage, ob überhaupt irgendwelche Ausländer, außer humanitäre Helfer oder Waffenschmuggler, auf absehbare Zeit in Bosnien irgendetwas Nützliches tun können. Denn die Kämpfe und das Sterben haben nicht aufgehört und werden noch lange nicht aufhören, egal welche Vereinbarungen unterzeichnet werden, ob das Waffenembargo aufgehoben wird oder nicht, oder ob die UNPROFOR bleiben oder abziehen wird. Was die Zukunft Bosnien – und wohl auch großen Teilen Osteuropas – bringen wird, wird kaum Frieden sein, sondern eher das Schwert. Nach allem, was der Westen und die Uno getan und unterlassen haben, war wohl nichts anderes zu erwarten gewesen. Vielleicht hätten sich all die hoffnungsvollen Erwartungen tatsächlich nur als Träume erwiesen, was immer der Westen und die Vereinten Nationen auch hätten tun können.

Der Untergang großer Reiche geht oft mit grausamen Nachfolgekriegen einher. Gewiß ist nur, daß in den vergangenen dreieinhalb Jahren in Bosnien viele Träume gestorben sind: der Traum, daß die Welt ein Gewissen hat, ebenso wie der Traum, daß es für die Schwachen wie für die Starken Gerechtigkeit gibt. Und niemand wird es überraschen, daß in Bosnien auch der große Jahrtausendtraum gestorben ist, der da hieß: Die Wahrheit wird uns befreien. Daß dem so ist, wird im zerstörten Stadtzentrum von Goražde, von den Überlebenden der »gesäuberten« Dörfer der Bosanska Krajina und von den Trauernden auf dem Löwenfriedhof von Sarajevo besser begriffen als im Palast der Nationen in Genf oder im Uno-Gebäude in New York, wie sehr wir uns das auch anders gewünscht hätten. Die Niederlage ist total, die Schande ist vollbracht.

ANMERKUNGEN DER ÜBERSETZERIN

Die Situation in Bosnien hat sich zwischen Herbst 1994, als David Rieff dieses Buch abgeschlossen hat, und dem Frühjahr 1995 ständig verändert und weiter verschlechtert. In Absprache mit dem Autor wurden daher einige Passagen der amerikanischen Ausgabe aktualisiert. Wenn die Übersetzerin zu einzelnen Punkten ergänzende Anmerkungen gemacht hat, dann gewiß nicht, weil es diesem wichtigen Buch an Information oder Erklärendem mangelte, sondern um zusätzliche Informationen anzubieten, die für den Leser, der sich nicht ständig mit dem Geschehen im ehemaligen Jugoslawien befaßt, von Interesse sein mögen.

KAPITEL 1

1 Der Teilungsplan, der nach Ablauf des Waffenstillstands am 1. Mai 1995 von den bosnischen Serben als »ungerecht« abgelehnt wurde – und die bosnische Regierung damit ihrerseits zwang, einer Verlängerung dieses Waffenstillstands nicht zuzustimmen –, hatte 51 Prozent für Bosnien-Herzegowina vorgesehen.
2 Die Doppeldeutigkeit des englischen »We must deploy memory« wird im Deutschen nicht deutlich. »Deploy« bedeutet im militärischen Sprachgebrauch die Stationierung von Truppen oder Raketen. Wörtlich übersetzt hieße Clintons Satz also: Wir müssen das Gedächtnis stationieren.
3 Der Begriff »bosnische Regierungsseite« soll den legitimen Staat Bosnien-Herzegowina, seine Bürger und seine Armee, von den bosnischen Serben und deren selbsternannten »Serbischen Republik Bosnien-Herzegowina« sowie von den bosnischen Kroaten und deren selbsternannten »Republik Herzeg-Bosna« deutlich abgrenzen.

KAPITEL 3

1 Tatsächlich wurde die Brücke bis heute nicht wiederaufgebaut. Das kroatische Militär errichtete statt dessen 1993 an derselben Stelle eine Ponton-Brücke, die bis heute die einzige Möglichkeit zur Überquerung der Bucht bietet. Benutzen durften sie bis Mai 1994 nur Militärfahrzeuge oder humanitäre Hilfskonvois. Seit einer Vereinbarung zwischen den Kroaten und den Krajina-Serben vom Mai 1994 halten UN-Blauhelme den Kontrollpunkt an der Brücke besetzt.

2 Zwischen 1992 und Ende 1994 durften nur Blauhelme und Zivilpersonal der Uno, offizielle Besucher sowie Angehörige von Hilfsorganisationen mit UN-Ausweisen in den russischen Iljuschins der Vereinten Nationen von Zagreb nach Sarajevo fliegen. Journalisten mußten den Umweg über Split oder Falconara in der Nähe von Ancona nehmen, wo die UN-Transportmaschinen der humanitären Luftbrücke starteten (die von der UNPROFOR in einem seltenen Anflug von Humor wegen des ständig drohenden Beschusses und der Einstellung des Flugbetriebs »Maybe Airlines« getauft wurde).

3 Dasselbe trifft jedoch auch auf Serbien und Bosnien zu. In Sarajevo erfährt man beispielsweise selbst in Kreisen, die noch immer für eine multikulturelle Gesellschaft eintreten, daß Serbisch eine »scheußlich harte Sprache« sei. Angesichts der geringen Sprachunterschiede verrät eine solche Bemerkung weit mehr über die mittlerweile herrschenden Gefühle als über die Sprache selbst.

KAPITEL 4

1 Ende 1994 hat die Regierung von Bosnien-Herzegowina den neuen Dinar herausgegeben. Der Höchstverdienst betrug 400 Dinar, also den Gegenwert von 3 DM (100 g Kaffee kosteten 5 DM). Kurz darauf wurde es – im Prinzip – möglich, über die Deutsche Bank aus dem Ausland DM-Beträge auf Konten einer Bank in Sarajevo zu überweisen. Der Empfänger be-

kommt den Betrag, abzüglich 25 Prozent Steuern, jedoch nur in Dinar ausbezahlt. Dafür aber gibt es in Sarajevo so gut wie nichts zu kaufen.

2 Am 1. Mai 1995 erklärten die bosnischen Serben ihren Vertrag mit der Uno, welcher der UNPROFOR die Kontrolle über den Flughafen von Sarajevo garantiert hatte, für null und nichtig.

3 Der große Bedarf an freiwilligen internationalen Fahrern, die hauptsächlich aus West- und Mitteleuropa kommen, entstand, weil sich die zahlreichen einheimischen Fahrer der UN-Vertretungen nur innerhalb der regierungskontrollierten Gebiete Bosniens und der UN-Schutzzonen bewegen konnten. Bei Durchquerung eines serbisch besetzten Territoriums wären sie sofort gefangengenommen worden.

KAPITEL 5

1 Inzwischen wurden in und um Banja Luka, der Hochburg der serbischen Nationalisten, auch über die Hälfte der katholischen Kirchen gesprengt und mehrere Klöster zerstört. Nonnen und Priester wurden verschleppt und ermordet. Franjo Komarica, der katholische Bischof von Banja Luka, der seine Gläubigen 1993 noch zu bleiben aufgefordert hatte, hat nun – er selbst steht seit April 1995 unter Hausarrest – dazu aufgerufen, »euer Leben aus dieser Stadt, in der nicht einmal mehr das Minimum an Lebensschutz gesichert ist, zu retten«.

2 Im Spätsommer 1994 wurde Risto Džogo, der berühmt-berüchtigte Nachrichtenkommentator des bosnisch-serbischen Fernsehens in Pale, in der Nähe von Zvornik ermordet aufgefunden. Unter den bosnischen Serben hieß es, Karadžić selbst habe diesen Mord angeordnet aus Angst, die extremen Greuelmärchen, die Džogo täglich verbreitete, könnten schließlich sogar bei der eigenen Bevölkerung unglaubwürdig wirken.

3 Die Behörden in Sarajevo haben mittlerweile beschlossen, die Spuren dieses Granateinschlags als Symbol des Leids der Be-

völkerung zu bewahren. »Keine Gedenktafel könnte künftigen Generationen das Geschehen sinnbildlicher vermitteln«, hieß es.

4 Das damals von den Serben besetzte Gebiet wurde mittlerweile von den bosnischen Regierungstruppen zurückerobert.

5 Allerdings konnten die bosnischen Serben, vor allem in der Umgebung von Sarajevo, ebenso das bosnische Fernsehen, das auch CNN-Reportagen übernahm, und die unabhängigen Radiostationen aus Sarajevo empfangen, wie der Sender Pale in Sarajevo gesehen werden konnte. Zwar waren auch die bosnischen Nachrichten nicht immer frei von Propaganda, doch ich kann mich nicht entsinnen, jemals derart aberwitzige Greuelmärchen gehört zu haben, wie sie das Fernsehen aus Pale verbreitete. Jeder Serbe, der es wollte, konnte sich also durchaus ein ausgewogeneres Bild von der Lage machen.

6 Bis zur tiefergelegenen Mauer des Jüdischen Friedhofs wird die Stellung von der bosnischen Regierungsarmee gehalten, an der oberen Begrenzung stehen die Geschütze der Serben, die von dort beispielsweise das Holiday Inn und einen Teil der »Heckenschützenallee« im Visier haben.

7 Beim bislang einzigen Kriegsverbrecherprozeß, der im Zivilgerichtshof von Sarajevo gegen zwei bosnische Serben geführt wurde – sie waren in Gefangenschaft geraten und erst später von der »Dokumentationsstelle für Kriegsverbrechen« in Sarajevo als Gesuchte identifiziert worden –, schilderte einer der beiden Angeklagten vor laufenden Kameras, wie ihre militärischen Vorgesetzten sie die verschiedenen Folter- und Tötungsmethoden »für Moslemschweine« an lebenden Schweinen hatten üben lassen. Für die Verstümmelung von Genitalien habe man ihnen ein besonderes Messer »empfohlen«. Die Angeklagten werden voraussichtlich an das UN-Kriegsverbrechertribunal in Den Haag überstellt werden.

8 Gemeint ist die große Einwanderung der aus Spanien geflohenen sephardischen Juden nach Sarajevo im Jahr 1566.

KAPITEL 6

1 Ein weiteres Ziel dieser »Vergewaltigungstaktik« war, wie mir ein Tschetnik-Milizionär erklärte, vor allem ländliche Familien zu zerstören: Man ging davon aus, daß ein gläubiger Moslem seine Frau verstoßen würde, sobald sie durch die Berührung eines anderen Mannes »unrein« geworden war.

2 In Sarajevo, wo die meisten Büros und Betriebe zerstört oder geschlossen waren, wurde die offizielle Arbeitszeit außer in Regierungsämtern und auf freiwilliger Basis auf 8 Uhr bis 12 Uhr beschränkt.

3 Dobrinja war den Granaten und den Scharfschützen der bosnischen Serben nicht nur seiner spezifischen Lage wegen besonders ausgesetzt, sondern auch weil dort traditionell fast ausschließlich Moslems lebten. Der Stadtteil wurde nahezu restlos zerstört.

4 Unter schwierigsten Umständen erschienen auch regelmäßig das kritische Monatsmagazin *BH Danas* (BH Heute) und, seit Ende 1994, die kulturelle Monatsschrift *Fantom Slobode* (Phantom der Freiheit).

5 Zu bedenken ist hier jedoch, daß die Profiteure zwar überall ähnlich gewesen sein mögen, aber nur in Sarajevo eine belagerte Stadt versorgten, die von den Rationen des UNHCR allein niemals hätte überleben können.

6 Wie inzwischen herauskam, war Caco nicht »auf der Flucht«, sondern bei dem Versuch erschossen worden, sieben bosnische Soldaten als Geiseln zu nehmen; Čelo lebt und geht seinem Gewerbe inzwischen wieder munter in Sarajevo nach. Er war zu zwei Jahren Haft verurteilt, bald darauf jedoch wieder entlassen worden. Er solle »seine Strafe nach dem Krieg abbüßen«, hieß es offiziell, was darauf hinweist, daß sich sogar die Regierung nicht mehr allein auf die Versorgung durch die Uno verlassen wollte. Nachdem sich monatelang Mythen um den Tod der beiden gerankt hatten, veröffentlichte die oppositionelle Zeitschrift *BH Danas* im März 1995 ihre und die Geschichte anderer Mitglieder der Unterwelt von Sarajevo in

der Belagerungszeit. Bislang wurde dieser detaillierte Bericht von keiner Seite dementiert.
7 Der Stationsleiter einer UN-Vertretung in der bosnischen Stadt Zenica beispielsweise war ein 24 Jahre alter Brite, der sein Studium abgebrochen hatte. Die einheimischen Fahrer, Lagerarbeiter und Büroangestellten hingegen waren erfahrene Rechtsanwälte, Psychologen, Lehrer und Journalisten – was jedoch nicht zu Konflikten führte. Der junge Brite wurde vielmehr seines persönlichen Einsatzes wegen von allen Bosniern bewundert.

KAPITEL 7

1 Obwohl die UNPROFOR über kein amerikanisches Truppenkontingent verfügt, sind einzelne Angehörige der US-Armee als »Berater« vor Ort.
2 Viele Bosnier sahen zur Zeit des Gemetzels in Ruanda die Schreckensbilder aus Afrika im Fernsehen – zwischen 7 und 9 Uhr abends gab es gerade Strom in Sarajevo. Während ein Ausländer diese Szene inmitten des Wahnsinns von Sarajevo – Opfer betrachten »Kollege Opfer«, so ein bosnischer Kommentar – völlig absurd fand, zeigten fast alle dieser Menschen ein Mitgefühl, das sehr viel tiefer empfunden wirkte als in den Ländern Europas, in denen Frieden herrschte.
3 Im Mai 1995 schrieb einer der prominentesten Vertreter des multikulturellen Sarajevo in einem Brief an ausländische Freunde: »Ich bin fertig damit. Zum ersten Mal denke ich ans Weggehen. Jetzt entdecken sogar die Besten unter uns, daß all unsere ›Multi-dies und Multi-das‹ nur eine Schimäre waren, und rühren kaum noch einen Finger zu ihrer Verteidigung, es sei denn, es gibt ganz, ganz viele Mark dafür.«
4 Es soll nicht der Eindruck entstehen, als seien all diese UNHCR-Säcke *gefüllt* an die Front gelangt: In den Warenlagern und Verteilungsstellen des UNHCR wurden leere Säcke grundsätzlich zur Weiterverwendung (u.a. als Sandsäcke) gesammelt. Und ich habe keine bewohnte Wohnung in irgend-

einer bosnischen Stadt gesehen, deren zerschossene Fensterscheiben *nicht* durch UNHCR-Plastikplanen ersetzt worden waren.

5 Er hat eine Höhe von etwa 1,60 Meter und ist kaum einen Meter breit. Da er von bosnischen Regierungssoldaten überwacht wird, ist eine Flucht, die nicht zuvor offiziell genehmigt wurde, durch ihn nicht möglich. Mittlerweile ist er nicht nur beleuchtet, sondern auch mit einem Plastikschlauch durchzogen, durch den nachts Schwarzmarktdiesel in die Stadt gepumpt wird. (Was die Bevölkerung zu dem Kommentar veranlaßt hat: »Milch wäre besser gewesen.«)

6 Die UNHCR-Flugbasis Split wurde im Februar 1995 geschlossen, die Flüge nach Frankfurt, das nur die Amerikaner angeflogen hatten, wurden mit Schließung der »Rhine-Main-Airbase« 1994 eingestellt. Nach Zagreb flogen nur UN-Truppentransporter, weshalb diese Strecke die längste Zeit nur für Mitarbeiter der UN-Organisationen, nicht aber für bosnische Bürger ohne offiziellen Auftrag geöffnet war. Seit Frühjahr 1995 ist es für Bosnier somit nur möglich, nach Ancona (Falconara) zu fliegen, wo sie, auch wenn sie keinen Asylantrag stellen wollten, bei der Ankunft mit Schwierigkeiten durch die italienischen Behörden zu rechnen haben.

7 Auch wenn die UNPROFOR ganz gewiß diese Politik verfolgte, sind solche Vorkommnisse letztlich vom Verhalten einzelner abhängig. Im Laufe der drei Jahre, in denen ich ständig nach Sarajevo flog, hatte ich das Glück, trotz aller scharfen Kontrollen ungehindert Hunderte von (allerdings geöffneten) Briefen sowie vieles andere »gegen die Regel« hinein- und herausbringen zu können – außer Zigarettenpapier, da dies »zu Zündern verarbeitet« werden konnte. Im Grunde war dies nur dem Verständnis der einzelnen Militärpolizisten an den UN-Flughäfen zu verdanken: Kanadiern, Skandinaviern, Russen, oder den deutschen Luftwaffenoffizieren in Falconara, je nachdem welches Kontingent gerade Dienst tat.

8 Die Bewohner des kleinen Vororts Hrasnica, der zu bosnisch kontrolliertem Gebiet gehört, unterhielten private Depots mit billigeren Lebensmitteln, als sie auf dem Schwarzmarkt in

Sarajevo angeboten wurden. Viele Einwohner Sarajevos versuchten entweder durch den Tunnel oder über das Rollfeld dorthin zu gelangen, um sich mit dem Notwendigsten einzudecken.

KAPITEL 8

1 Die wichtigsten in Bosnien vertretenen UN-Organisationen, außer dem führenden UNHCR, sind das Kinderhilfswerk UNICEF, die Weltgesundheitsorganisation WHO und das Entwicklungsprogramm UNDP.
2 Dem Begriff »Peacekeeping«, der sich längst auch im deutschen Sprachgebrauch für friedens*erhaltende* Maßnahmen eingebürgert hat, steht der Begriff »Peace Enforcement« für friedens*schaffende* Maßnahmen gegenüber. Auch er wird in der Folge nicht übersetzt.
3 Dies steht im Gegensatz zum amerikanischen Außenministerium, das vier hohe Beamte unter lautstarkem Protest gegen die amerikanische Bosnien-Politik verlassen haben.
4 Am 24. April 1995 erklärte das UN-Kriegsverbrechertribunal in Den Haag, daß es gegen Karadžić, Mladić und den Chef der bosnisch-serbischen Sonderpolizei Stanisić wegen Kriegsverbrechen, Verbrechen gegen die Menschlichkeit, Völkermord und Vergewaltigung ermittele. Die UNPROFOR beschwerte sich daraufhin, daß »dies nicht gerade der glücklichste Zeitpunkt dafür« gewesen sei. Am 15. Mai kündigte das UN-Tribunal an, noch im Jahr 1995 Anklage gegen Karadžić zu erheben. Damit wäre er weltweit zur Fahndung ausgeschrieben – und dann wäre es nicht nur ihm unmöglich, das von ihm kontrollierte Gebiet zu verlassen (beispielsweise um nach Genf zu reisen), auch UNPROFOR-Vertreter und der UN-Sonderbeauftragte Akashi könnten dann nur noch nach Pale fahren, wenn sie bereit wären, ihren eigenen Gerichtshof ad absurdum zu führen.
5 Zum »Nordic Bataillon« gehören schwedische, norwegische und dänische Truppenkontingente.

6 In Knin war das Hauptquartier der kroatischen Serben.
7 Das Spiel zwischen einem UN-Team und einer lokalen Mannschaft hatte sich Rose allerdings von Karadžić persönlich »genehmigen« lassen.
8 Um die Brücke für einen Kurzbesuch im anderen Teil der Stadt überqueren zu können, müssen sich die Bürger beider Seiten von diversen Behörden eine Menge Papiere besorgen. Männer müssen älter als fünfundsechzig sein, Frauen müssen nachweisen, daß sie in ihrem eigenen Stadtteil Angehörige zurücklassen. Nicht ohne Grund nennt man das Ganze in Sarajevo »Berlin-Reise«. Während anfänglich etwa sechs bis zwölf Personen am Tag die Brücke überquerten, finden solche Besuche heute kaum mehr statt: Die bosnischen Serben stellen angeblich kaum mehr Anträge, während sich die – verständlicherweise nahezu ausschließlich serbischen – Besucher aus dem belagerten Stadtgebiet im serbisch besetzten Grbavica derart vielen Schikanen ausgesetzt sehen, daß nur noch wenige die »Reise« wagen. So erhält jeder Besucher einen »Schatten«, und jeder Serbe, der besucht wurde, wird anschließend verhört.

KAPITEL 9

1 Daß auch deutsche Politiker und Kommentatoren immer wieder von »den Moslems« oder »der moslemischen Seite« sprechen, ist zwar in der Regel vermutlich nicht abschätzig gemeint, ist deswegen aber nicht richtiger. Die »Bosniaken« der Republik Bosnien und Herzegowina sind zu nahezu gleichen Teilen bosnische Moslems und bosnische Kroaten, eine wesentlich kleinere Gruppe bilden die bosnischen Serben. Sie alle haben sich bewußt für den multiethnischen Staat entschieden, Kroaten und Serben damit auch gegen die Möglichkeit, in ihren jeweiligen neuen »Nationalstaat« überzusiedeln. Die große Mehrheit ist in allen drei Gruppen säkularisiert, definiert sich selbst also nicht mit Hilfe einer bestimmten Religionszugehörigkeit. Es ist daher in doppelter Hinsicht völlig

irreführend und falsch, von den Bürgern oder der Regierungsarmee Bosnien-Herzegowinas als »den Moslems« zu sprechen.

2 Seit Mitte 1994 wurden die finanziellen Mittel aller UN-Organisationen im ehemaligen Jugoslawien massiv reduziert. Bei UNHCR und UNICEF kam es zudem zu einem Einstellungsstop für internationale wie lokale Mitarbeiter.

KAPITEL 10

1 Heute ist auf dem Fußballfeld, im Olympiastadion, in Parks oder an anderen Flächen kaum noch Platz für neue Gräber. Man begann bereits, die Toten in »mehreren Schichten« zu beerdigen.
2 Weil selten erwähnt, soll hier angemerkt werden, daß die bosnischen Serben nicht »nur« Mörsergranaten, sondern sogar Flugabwehrgeschosse und Phosphorraketen gegen Zivilisten einsetzen – ein massiver Verstoß nicht zuletzt gegen die Genfer Konvention.